R을 이용한

R 머신러닝과 텍스트마이닝

Machine Learning and Text Mining with R

곽기영

도서출판
청람

이 책의 동영상 강의와 R 스크립트 코드는 다음 사이트에서 볼 수 있습니다.

▶ 동영상 강의: https://www.youtube.com/곽기영

⬇ R 스크립트 코드: https://github.com/kykwahk

머리말

머신러닝은 오늘날 생활의 한 부분으로 여겨질 만큼 폭넓게 활용되고 있습니다. 질병 진단부터 자율주행 자동차에 이르기까지 이미 우리 생활 속 깊숙이 자리잡고 있습니다. 기업에서는 머신러닝을 활용하여 과거에는 할 수 없었던 새로운 사업 기회를 포착하고 예기치 않은 위험에 선제적으로 대응할 수 있는 다양한 수단을 개발하고 있습니다. 또한 디지털화된 텍스트 데이터의 급격한 증가로 인해 그로부터 의미 있는 정보를 추출하기 위한 텍스트마이닝의 필요성도 꾸준히 커지고 있습니다. 따라서 머신러닝과 이를 바탕으로 한 텍스트마이닝에 대한 이해는 정도의 차이는 있지만 이제 데이터분석 전문가뿐만 아니라 조직구성원 누구에게나 필요한 일이 되었습니다. 하지만 데이터분석 분야에 막 발을 들여놓은 초보자 입장에서 머신러닝과 텍스트마이닝 기법을 이해하고 활용하는 것은 여전히 쉽사리 접근할 수 없는 어려운 과제임에 틀림없습니다.

이 책은 머신러닝 및 텍스트마이닝 입문자에게 가능하면 쉽게 주요 분석기법을 소개하는 것을 목적으로 하고 있습니다. 이 책은 다음과 같은 특징을 갖습니다. 첫째, 가능한 수식의 사용 없이 분석기법을 설명하려고 노력하였습니다. 머신러닝 및 텍스트마이닝 알고리즘은 수많은 수학과 통계학 이론을 바탕으로 하고 있기 때문에 분석기법의 올바른 활용과 응용을 위해서는 알고리즘의 수학적 표현을 이해하는 것이 필수적일 수 있습니다. 하지만 수학적 배경 지식이 부족한 사람들에게 알고리즘을 수식만으로 설명하는 것은 오히려 분석기법을 이해하는 데 있어서 방해가 될 수 있습니다. 또한 업무나 연구에 분석기법을 단순 적용하려고 하는 사람들에게는 복잡한 수식 대신에 일상 언어로 알고리즘을 이해하는 것이 분석기법을 실무적으로 활용하는 데 있어서 더 유용할 수 있습니다. 둘째, 책에 소개된 분석기법은 모두 데이터분석 및 통계분석 프로그래밍 언어인 R을 이용하여 실습을 통해 확인해볼 수 있도록 하였습니다. R을 이용하여 단순히 분석기법을 적용하는 방법을 소개하는 데 그치지 않고 출력결과가 담고 있는 의미를 이론적 개념과 연계하여 설명하였습니다. 출력결과에 대한 깊이 있는 이해는 당면한 문제를 효과적으로 해결하고 나아가 다른 문제에 응용할 때에도 보탬이 될 것입니다. 셋째, R에 대한 기억을 새롭게 하려는 독자를 위해 R을 이용한 데이터전처리 방법을 부록에 포함하였습니다. 본문에서 다루는 다양한 분석기법을 학습하고 활용할 때 도움이 될 것으로 기대합니다.

이 책을 집필하고 출간하기까지는 많은 사람들의 도움이 있었습니다. 도서출판 청람의 이수영 대표는 이 책이 출판될 수 있도록 아낌없는 지원을 하였으며, 편집부는 편집과 관련된 전문적 의견을 제시하여 필자가 내용을 가다듬는 데 보다 집중할 수 있도록 도움을 주었습니다. 집필 과정에서 의지할 수 있는 가족이 없었다면 이 책의 출간은 더욱 오랜 시간이 걸렸을지도 모릅니다. 끝으로 아내와 아들, 딸에게 고마움을 전합니다.

2023년 4월

곽기영

차례

Contents

1

Chapter

머신러닝 개요

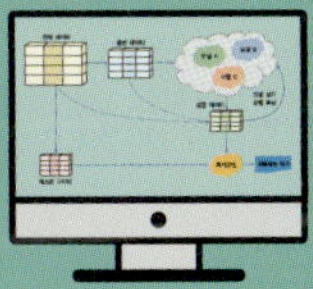

R을 이용한 머신러닝과 텍스트마이닝
Machine Learning and Text Mining with R

CHAPTER 1

머신러닝 개요

머신러닝(machine learning)은 과거 데이터로부터 학습한 결과를 바탕으로 데이터 속에 내재되어 있는 패턴을 식별하여 미래의 상황을 예측하는 데이터분석 방법이다. 여기에는 데이터를 분석하기 위한 다양한 도구와 기법이 포함된다. 데이터의 규모와 다양성이 증가하고 저비용의 강력한 컴퓨팅 자원이 등장함에 따라 머신러닝은 과거 그 어느 때보다 더 사람들의 관심을 끌고 있다. 이러한 환경의 변화는 매우 방대한 데이터를 바탕으로 복잡한 데이터를 빠르고 정확하게 분석할 수 있는 모델을 신속하게 자동으로 구축할 수 있다는 것을 의미한다. 정교하고 신뢰할 만한 예측모델을 구축함으로써 기업은 새로운 수익을 창출하거나 알려지지 않은 위험을 회피할 수 있는 더 나은 기회를 가질 수 있다.

머신러닝은 조직에서 비즈니스 프로세스를 분석하고 비즈니스 의사결정 과정 및 성과를 개선하기 위한 수단으로서 업종이나 분야에 관계없이 그 중요성이 꾸준히 커지고 있다. 예를 들어, 머신러닝은 다음과 같은 업무를 수행하는 데 도움을 줄 수 있다.

- 은행에서 대출 신청자의 신용점수를 예측하여 상환 가능성을 심사한다.
- 이동통신회사에서 고객의 이탈 가능성을 예측하여 이탈 방지를 위한 맞춤형 프로모션을 제공한다.
- 백화점에서 고객의 구매 패턴을 바탕으로 타깃 마케팅을 위한 고객 세분화 전략을 수립한다.
- 병원에서 환자의 조직검사 결과를 바탕으로 유방암 발병 확률을 예측하여 적절한 치료 방법을 제안한다.
- 보험회사에서 보험금 청구 내역을 검토하여 보험사기 가능성을 탐지한다.

이러한 과업은 본질적으로 데이터로부터 학습을 통해 해답을 찾는다. 머신러닝 프로세스에 포함된 다양한 도구와 기법이 학습 과정에 활용된다. 주어진 데이터를 이용하여 알고리즘을 학습시키고 문제 해결을 위한 의미 있는 결과를 도출한다. 예측모델에 적용된 데이터분석 알고리즘은 데이터셋에 포함된 결과변수(outcome variable, 예측하려는 목표값)와 나머지 예측변수(predictor variable) 간의 관계를 규명하여 모델링하고 새로운 데이터셋이 주어졌을 때(즉 예측하려는 새로운 상황이 발생했을 때) 예측변수를 이용하여 결과변수를 예측한다.[1)]

머신러닝의 목표는 예측모델이 훈련에 사용된 과거 데이터를 잘 적합시킬 뿐만 아니라, 더욱 중요한 것은 아직 발생하지 않은 미래의 결과값을 정확히 예측하는 것이다. 이를 예측모델의 일반화가능성(generalizability)이라고 한다. 머신러닝 모델링 과정은 일반적으로 데이터셋을 훈련 데이터(train data)와 테스트 데이터(test data)로 나누는 작업부터 시작한다. 이렇게 함으로써 머신러닝을 수행하는 동안 구축한 예측모델이 아직 보지 못한 새로운 데이터로 얼마나 잘 일반화되는지 평가할 수 있다.

- 훈련 데이터: 예측변수를 선택하고, 알고리즘을 훈련시키고, 파라미터(parameter)를 튜닝하고, 대안모델을 비교하는 등 최종모델을 결정하기 위해 필요한 모든 활동에 사용되는 데이터
- 테스트 데이터: 최종모델이 선정된 후 그 예측모델의 성능을 평가하기 위해 사용되는 데이터

훈련 데이터는 예측모델을 개발하는 데 사용되며 생성된 예측모델의 정확도는 테스트 데이터를 이용하여 평가한다. 머신러닝 기법은 주어진 데이터에 대해 가장 최적화된 예측모델을 생성하기 때문에 모델을 개발하는 데 사용한 것과 동일한 데이터를 이용하여 모델의 성능을 평가하면 그 결과는 실제보다 과장될 수 있다. 따라서 훈련 데이터를 이용하여 생성한 예측모델을 훈련 데이터와 다른 별도의 테스트 데이터에 적용함으로써 좀 더 현실적으로 모델의 예측력을 평가할 필요가 있다.[2)] 이러한 절차를 거쳐 정확도가 검증된 예측모델이 개발되면 새로운

---

1) 예측변수는 독립변수(independent variable), 속성(attribute), 특성/피처(feature)로 불리기도 하며 모델링에서 X 변수로 표현된다. 결과변수는 종속변수(dependent variable), 목표변수(target variable), 반응변수(response variable)라고도 하며 모델링에서 Y 변수로 표현된다.

2) 테스트 데이터는 최종모델 결정 전에 사용되어서는 안 된다. 왜냐하면 최종모델을 선정하기 전에 테스트 데이터를 이용하여 성능을 평가하여 그 결과를 모델 파라미터 개선에 반영하면 테스트 데이터가 모델 개발 과정의 일부로서 관여하게 되는 것이므로 모델 선정 과정에 영향을 미칠 수 있기 때문이다.

케이스에 대해 예측변수값만을 이용하여 결과값을 예측한다.

엄격히 정해진 분할 비율이 있는 것은 아니지만 훈련 데이터와 테스트 데이터의 비율은 일반적으로 7:3 또는 8:2가 많이 사용된다. 훈련 데이터의 비중이 지나치게 높으면 예측성능에 대한 평가가 적절히 수행되지 못할 수 있다. 그래서 훈련 데이터에 대해서는 매우 잘 맞으나 그 모델을 다른 데이터(예를 들면, 테스트 데이터)로 일반화시킬 수 없는 예측모델이 구축될 수 있다. 반면에 테스트 데이터의 비중이 너무 높으면 훈련 데이터의 부족으로 데이터를 제대로 학습하지 못해 최적의 모델을 도출하지 못한 취약한 예측모델이 만들어질 수 있다.

데이터셋을 훈련 데이터와 테스트 데이터로만 분할하면 모델을 구축하는 과정에서 모델의 일반화가능성을 평가할 수 없는 문제가 있다. 왜냐하면 훈련 데이터는 오직 모델 개발을 위해서만 사용되고 테스트 데이터는 개발된 모델에 대해 최종성능 평가를 위해 단 한 차례만 사용되기 때문이다. 그래서 모델의 일반화가능성을 평가하기 위해 일반적으로 훈련 데이터를 다시 두 부분으로 나눈다: 훈련 데이터와 검증 데이터(validation data). 새로운 훈련 데이터를 이용하여 모델을 학습시키고 검증 데이터로 그 모델의 성능을 평가한다. 검증 데이터는 훈련 데이터로부터 생성된 모델이 과적합(overfitting)되지 않도록 검증하는 역할을 하며 모델의 선정작업에

[그림 1-1] 모델링 과정. 데이터셋을 용도에 따라 분할한 후 분할된 데이터셋을 바탕으로 모델을 생성하고 성능을 평가한다.

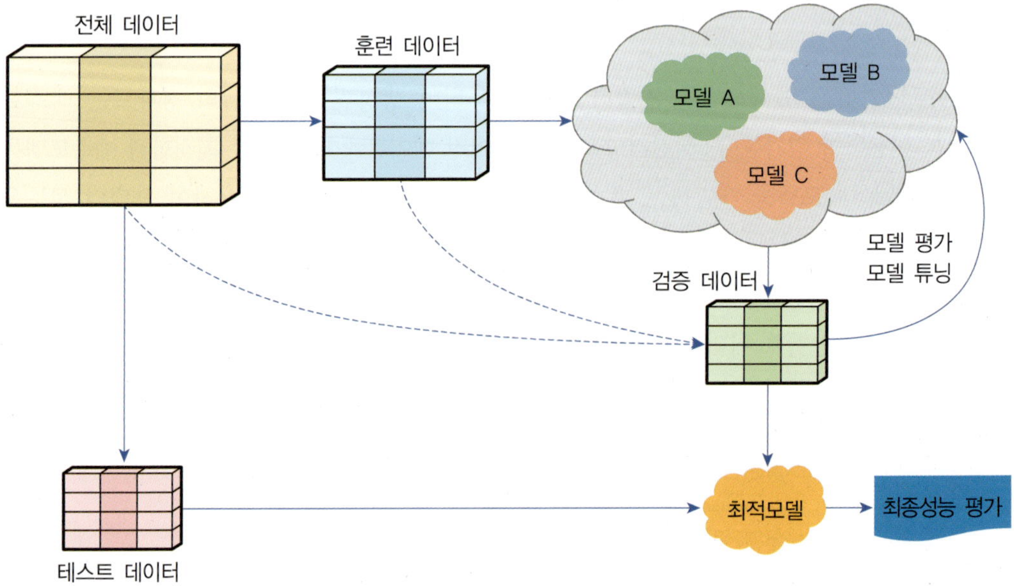

사용된다.[3] 검증 데이터로 성능을 평가한 후 그 결과에 따라 모델을 수정한다. 검증 데이터를 이용하여 이러한 모델 수정 과정을 반복한 후 최고 최적의 성능을 보이는 모델을 최종모델로 결정한다. 끝으로 테스트 데이터를 이용하여 최종모델의 성능을 평가한다([그림 1-1]).[4]

훈련 데이터와 테스트 데이터 이외에 검증 데이터를 별도로 가질 경우 크게 두 가지 접근법이 있을 수 있다. 우선 데이터셋을 처음부터 훈련 데이터, 검증 데이터, 테스트 데이터로 나누어서 모델 구축, 검증 및 모델 수정, 최종성능 평가에 차례대로 사용하는 방법이 있다. 이 방법은 간단하기는 하지만 한 개의 검증 데이터만을 이용하여 모델의 성능을 평가하기 때문에 성능 평가 결과의 변동성과 데이터 편향이 커서 신뢰하기 어려울 수 있다는 한계가 있다. 사용하는 데이터셋의 크기가 매우 크다면 이러한 문제는 중요하지 않을 수 있다. 하지만 데이터셋의 크기가 작으면 그 위험은 증가한다. 이 방법이 갖고 있는 또 다른 문제는 전체 데이터 가운데 상당량의 데이터를 모델의 검증과 테스트를 위해 별도로 갖고 있어야 한다는 점이다. 데이터셋의 크기가 충분히 크다면 별 문제가 없지만 갖고 있는 데이터셋의 크기가 작은 경우에는 검증 데이터와 테스트 데이터는 훈련에 사용할 수 없기 때문에 그만큼 훈련에 사용할 데이터의 크기가 줄어들게 된다. 따라서 훈련 데이터가 충분하지 못할 경우에는 다소 좋지 않은 성능을 얻게 될 가능성이 커진다. 이러한 문제를 해결하기 위한 방법으로서 k-묶음 교차검증(k-fold cross-validation)이 종종 사용된다. 최종성능 평가를 위한 테스트 데이터를 제외한 나머지 데이터를 k개의 서브셋으로 분할한 후 각 서브셋과 나머지 $\langle k-1 \rangle$개의 서브셋을 각각 검증 데이터와 훈련 데이터로 사용하여 성능평가와 모델생성 작업을 수행한다. k번의 성능평가 결과를 평균하여 모델의 최종 성능을 산출한다. k는 어떤 값이든 될 수 있지만 일반적으로 10-묶음 교차검증이 많이 사용된다.

머신러닝은 알고리즘의 종류가 방대할 뿐만 아니라 그 응용 범위 또한 매우 넓다. 머신러닝이 가장 광범위하게 활용되는 분야 가운데 하나는 분류문제(classification problem)이다. 분류문제는 예측변수를 이용하여 범주형 결과변수인 집단을 예측하는 것으로서 목표값이 범주형인 문제를 다룬다. 예를 들어, 대출 신청자의 인구통계학적 특성과 재무상태 데이터를 토대로 상환 가능성을 심사한다거나, 이메일에 포함된 키워드, 이미지, 링크, 헤더, 발송자 데이터 등을 이용하여

---

3) 과적합이란 훈련 데이터에 대해서는 정확도가 높으나 그 외의 데이터에 대해서는 성능이 좋지 않아 예측모델을 일반화하기 어려운 상태를 의미한다.

4) 데이터셋을 훈련 데이터, 검증 데이터, 테스트 데이터로 나누어서 머신러닝 작업을 수행하는 것이 바람직하다. 그러나 이 책에서는 분석 목적상 필요한 경우 이외에는 설명을 단순화하기 위해 데이터셋을 훈련 데이터와 테스트 데이터로 2분할한다.

스팸메일 여부를 판단한다거나, 기업의 재무제표와 신용 데이터 등을 이용하여 부도 가능성을 예측할 수 있다. 분류분석(classification analysis)을 수행하기 위해서는 예측에 사용되는 변수의 값뿐만 아니라 예측하려는 결과변수의 값을 알고 있어야 한다.5) 즉 데이터의 각 개별 케이스가 어느 집단으로 분류되는지 사전에 알고 있어야 한다. 분류분석은 이러한 개별 케이스와 귀속 집단 간의 관계를 토대로 예측모델을 개발하여 이를 통해 새로운 케이스의 집단을 예측하는 것을 목표로 한다. 이 책에서는 상대적으로 활용도가 높은 나이브베이즈(naive Bayes), 의사결정나무(decision tree), 랜덤포레스트(random forest), SVM(support vector machine) 등의 분류분석 기법을 살펴본다.6)

머신러닝 알고리즘은 비정형의 텍스트를 분석할 때도 유용하게 사용된다. 텍스트마이닝(text mining)은 텍스트로부터 의미 있는 정보를 추출하는 데이터분석 기법으로 텍스트분석(text analysis) 또는 텍스트애널리틱스(text analytics)라고도 한다. 텍스트마이닝은 비정형의 텍스트를 구조화된 데이터로 변환하여 텍스트 안에 내재된 패턴을 탐색하고 평가하고 해석하는 일련의 과정을 포함한다. 다양한 머신러닝 기법이 구조화된 텍스트 데이터로부터 의미 있는 정보를 추출하는 데 활용될 수 있다. 텍스트마이닝을 통해 문서를 자동으로 분류할 수 있고, 문서나 단어 간의 연관성을 분석할 수 있으며, 텍스트에 담겨 있는 감성(즉 평가, 성향 등)을 예측할 수 있고, 시간의 흐름에 따른 이슈의 변화 과정을 추적할 수 있다. 이 책에서는 텍스트를 구조화하는 방법을 포함하여 빈도분석, 감성분석, 분류분석, 토픽모델링 등의 주요 텍스트마이닝 기법을 소개한다.

---

5) 분류문제에서 결과변수의 값은 레이블(label)이라고 한다.

6) 대부분의 머신러닝 문제는 목표값(target)의 성격에 따라 회귀문제(regression problem)와 분류문제(classification problem)로 구분할 수 있다. 회귀문제는 목표값이 연속형인 문제를 다룬다(예를 들면, 주택 가격 예측). 회귀문제와 분류문제 가운데 어느 한 유형의 문제에만 적용할 수 있는 머신러닝 알고리즘이 존재하기는 하지만 대부분의 머신러닝 알고리즘은 두 유형의 문제 모두에 적용할 수 있다. 이 책에서는 분류문제에 초점을 맞추어 설명한다.

2
Chapter

나이브베이즈

R을 이용한 머신러닝과 텍스트마이닝
Machine Learning and Text Mining with R

2.1 분석기법 이해
2.2 사례: 의원 소속정당

CHAPTER 2

나이브베이즈

2.1 분석기법 이해

나이브베이즈(naive Bayes)는 베이즈정리(Bayes' theorem)를 이용하여 관심 있는 사건(예를 들면, 비행기 연착, 스팸메일, 악성종양 등)이 발생할 확률을 추정한다. 베이즈정리는 사전에 알고 있는 정보를 바탕으로 어떤 사건이 발생할 확률을 계산한다. 이때 예측하려는 사건에 해당하는 결과변수는 범주형 변수이어야 하며, 사전에 알고 있는 정보는 예측변수로서 범주형 변수를 가정한다. 베이즈정리에 따르면 B가 발생했다는 정보를 사전에 알고 있을 때 A가 발생할 확률은 다음과 같다([그림 2-1]).[1]

$$P(A|B) = \frac{P(B|A)P(A)}{P(B)}$$

이때 $P(A)$를 사전확률(prior probability)이라고 하고, 우리가 알고자 하는 조건부확률(conditional probability) $P(A|B)$를 사후확률(posterior probability)이라고 한다. A가 발생하지 않는 사건을 ¬A라고 했을 때 앞의 산식은 다음과 같이 나타낼 수 있다.[2]

$$P(A|B) = \frac{P(B|A)P(A)}{P(B)} = \frac{P(B|A)P(A)}{P(B|A)P(A) + P(B|\neg A)P(\neg A)}$$

---

1) 베이즈정리는 조건부확률의 정의로부터 유도될 수 있다: $P(A|B) = \frac{P(A \cap B)}{P(B)} = \frac{P(B|A)P(A)}{P(B)}$. $P(A|B)$는 'probability of A given B'를 의미한다.

2) ¬A는 'not A' 또는 'negation A'를 의미한다.

[그림 2-1] **베이즈정리.** B가 발생했다는 정보가 주어졌을 때 A가 발생할 조건부확률을 구할 수 있다.

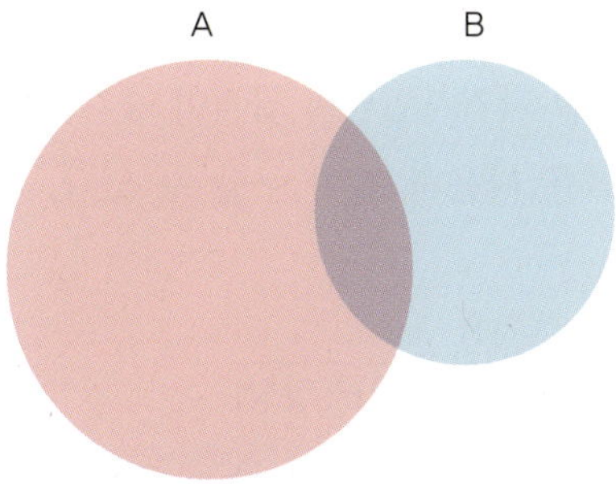

$$P(A|B) = \frac{P(A \cap B)}{P(B)} = \frac{P(B|A)P(A)}{P(B)}$$

이를 일반화하면 어떤 정보 B가 주어졌을 때 사건 A_1부터 A_n까지 n개의 사건 가운데 사건 A_i가 발생할 확률은 다음과 같다. 앞의 경우는 사건이 A와 ¬A 두 가지로 구성된 경우이다 (즉 n=2).

$$P(A_i|B) = \frac{P(B|A_i)P(A_i)}{\sum_{j=1}^{n} P(B|A_j)P(A_j)}$$

나이브베이즈가 유용한 이유는 우리가 알고자 하는 조건부확률인 사후확률 $P(A|B)$는 일반적으로 구하기 어려운 반면, 그 반대의 경우인 $P(B|A)$는 과거 기록으로부터 상대적으로 쉽게 계산할 수 있고 이를 바탕으로 베이즈정리에 의해 우리가 원하는 사후확률을 어렵지 않게 산출할 수 있기 때문이다. 예를 들어, 하늘에 구름이 잔뜩 끼었을 때 비가 올 확률(P(비|구름))이 우리가 알고자 하는 확률이라고 하면 이를 직접적으로 계산하기 위한 정보는 일반적으로 찾기 어렵다. 왜냐하면 비를 내리게 하는 요인은 무수히 많아서 그런 원인에 해당하는 요인을 중심으로 한 데이터는 대체로 적기 때문이다. 하지만 그 반대의 경우인 비가 왔을 때 구름이 끼었던 날의 기록은 비교적 쉽게 구할 수 있다. '비'라는 사건은 우리가 대체로 관심 있어 하는 사건이고 이를 중심으로 한 데이터는 상대적으로 많기 때문이다. 따라서 비교적 쉽게 구할 수 있는 비가 왔을 때 구름이 끼었을 확률(P(구름|비))을 이용하여 상대적으로 알기 어렵지만 우리가 궁금해 할 가능성이 높은 구름이 끼었을 때 비가 올 확률(P(비|구름))을 구할 수 있다는 것은 나이브베이즈의 유용한 장점이다.

예를 들어, 과거의 기업 사례로부터 기업이 도산할 확률이 10%로 알려져 있다고 가정하자.

그런데 어떤 기업의 단기차입금이 빠르게 증가하고 있다는 정보가 입수되었다. 과거 기업이 도산했던 사례에서 단기차입금이 급격이 증가했던 비율은 40%라고 한다. 반면에 기업이 도산하지 않았을 때에도(즉 정상적 경영상태에서 일시적 필요에 의해) 단기차입금이 급격이 증가했던 비율은 3.3% 정도라고 한다. 그러면 이 기업이 도산할 확률은 다음과 같이 구할 수 있다.

$$P(\text{도산} \mid \text{차입금}) = \frac{P(\text{차입금} \mid \text{도산})P(\text{도산})}{P(\text{차입금} \mid \text{도산})P(\text{도산}) + P(\text{차입금} \mid \text{정상})P(\text{정상})}$$
$$= \frac{0.4 \times 0.1}{0.4 \times 0.1 + 0.033 \times 0.9} = 0.57$$

추가로 입수한 정보에 의해 도산확률은 10%에서 57%로 수정된다. 이때 기업의 이직률이 증가하고 있다는 새로운 정보가 입수되었다. 과거 기업이 도산했던 사례에서 이직률이 큰 폭으로 증가했던 비율은 60%라고 한다. 반면에 기업이 도산하지 않았을 때에도 2.2% 정도는 어떤 이유에서든 이직률의 증가가 발생했다. 그러면 이 기업이 도산할 확률은 다음과 같이 구할 수 있다. 이때 이 기업이 도산할 사전확률(P(도산))은 차입금 정보가 반영된 57%의 수정확률을 사용한다.

$$P(\text{도산} \mid \text{이직률}) = \frac{P(\text{이직률} \mid \text{도산})P(\text{도산})}{P(\text{이직률} \mid \text{도산})P(\text{도산}) + P(\text{이직률} \mid \text{정상})P(\text{정상})}$$
$$= \frac{0.6 \times 0.57}{0.6 \times 0.57 + 0.022 \times 0.43} = 0.97$$

차입금 증가 정보와 이직률 증가 정보를 순차적으로 반영하자 기업의 도산확률이 최초 10%에서 97%로 급격히 증가하였다. 기업이 도산했을 때 차입금이 증가한 사건과 기업이 도산했을 때 이직률이 증가한 사건은 서로 관계 없기 때문에(즉 두 사건은 서로 독립) 기업 도산의 사후확률은 다음과 같이 차입금 및 이직률 정보를 동시에 고려하여 계산할 수도 있다.[3] 결과는 동일하다.

---

3) 어떤 두 사건 A와 B가 서로 독립일 때 두 사건이 동시에 발생할 확률은 간단히 두 발생확률의 곱으로 계산할 수 있다: $P(A \cap B) = P(A) \times P(B)$.

$$P(\text{도산} \mid \text{차입금} \cap \text{이직률}) = \frac{P(\text{차입금} \cap \text{이직률} \mid \text{도산})P(\text{도산})}{P(\text{차입금} \cap \text{이직률} \mid \text{도산})P(\text{도산}) + P(\text{차입금} \cap \text{이직률} \mid \text{정상})P(\text{정상})}$$

$$= \frac{P(\text{차입금} \mid \text{도산})P(\text{이직률} \mid \text{도산})P(\text{도산})}{P(\text{차입금} \mid \text{도산})P(\text{이직률} \mid \text{도산})P(\text{도산}) + P(\text{차입금} \mid \text{정상})P(\text{이직률} \mid \text{정상})P(\text{정상})}$$

$$= \frac{0.4 \times 0.6 \times 0.1}{0.4 \times 0.6 \times 0.1 + 0.033 \times 0.022 \times 0.9} = 0.97$$

새로운 정보가 추가될 때마다 기업 도산확률은 10%에서 57%로, 그리고 최종적으로 97%까지 상승하였다. 이처럼 베이즈정리는 새로운 정보를 접했을 때 사건이 발생할 확률을 어떻게 조정하고 수정해야 하는지 보여준다.

나이브베이즈에서 예측변수의 값은 사전에 알고 있는 정보에 해당한다. 어떤 사건이 발생할 조건부확률은 예측변수의 값이 주어졌을 때 우리가 관심을 갖는 특정 범주가 발생할 확률을 의미한다. 예측변수 $x_1, x_2, x_3, \cdots, x_k$가 발생했다는 조건하에서 관심 있는 사건이 발생할 확률(즉 $P(\text{사건발생} \mid x_1, x_2, x_3, \cdots, x_k)$)은 베이즈정리에 따라 다음과 같이 계산할 수 있다.

$$P(\text{사건발생} \mid x_1, x_2, x_3, \cdots, x_k) = \frac{P(x_1, x_2, x_3, \cdots, x_k \mid \text{사건발생})P(\text{사건발생})}{P(x_1, x_2, x_3, \cdots, x_k \mid \text{사건발생})P(\text{사건발생}) + P(x_1, x_2, x_3, \cdots, x_k \mid \text{사건미발생})P(\text{사건미발생})}$$

베이즈정리는 동일한 범주 조건하에서는 예측변수 간 독립을 가정하기 때문에 $P(x_1, x_2, x_3, \cdots, x_k \mid \text{사건발생}) = P(x_1 \mid \text{사건발생}) \cdots P(x_k \mid \text{사건발생})$이고, 유사하게 $P(x_1, x_2, x_3, \cdots, x_k \mid \text{사건미발생}) = P(x_1 \mid \text{사건미발생}) \cdots P(x_k \mid \text{사건미발생})$이다. 따라서 앞의 산식은 다음과 같이 나타낼 수 있다.

$$P(\text{사건발생} \mid x_1, x_2, x_3, \cdots, x_k) = \frac{P(x_1 \mid \text{사건발생}) \cdots P(x_k \mid \text{사건발생})P(\text{사건발생})}{P(x_1 \mid \text{사건발생}) \cdots P(x_k \mid \text{사건발생})P(\text{사건발생}) + P(x_1 \mid \text{사건미발생}) \cdots P(x_k \mid \text{사건미발생})P(\text{사건미발생})}$$

각 케이스별로 사건발생의 예측확률이 계산되면 이 값을 사전에 설정한 임계값(threshold, cut-off value)과 비교하여 그보다 크면 사건발생으로, 그렇지 않으면 사건미발생으로 분류한다. 예를 들면, 임계값을 0.5로 했을 때 도출된 예측확률이 0.5보다 크면 사건이 발생하고 0.5보다 작거나 같으면 사건이 발생하지 않는 것으로 예측한다.

앞에서 다루었던 기업도산의 예를 확장하여 나이브베이즈분석을 수행해보자. 예측변수로는 차입금 증가, 이직률 증가, 경영자 교체 등의 세 가지 변수를 사용한다. [그림 2-2]는 100개 기업에 대해 세 예측변수의 두 가지 범주별(Yes/No)로 도산(사건발생)인 경우와 그렇지 않은 경우(사건미발생)의 빈도를 기록한 표이다. 나이브베이즈분석을 수행하기 위해서는 이러한 빈도를 [그림 2-3]과 같이 각 사건이 발생할 사전확률과 조건에 따른 조건부확률로 변환해야 한다.

예를 들어, 기업이 도산할 사전확률은 100개의 기업 가운데 10개가 도산했으므로 $P(\text{도산}) = \frac{10}{100}$ 이다. 기업이 도산했다는 것을 알고 있을 때 그 기업의 차입금이 증가할 조건부확률은 도산한 10개의 기업 가운데 4개 기업의 차입금이 증가했으므로 $P(\text{차입금} \mid \text{도산}) = \frac{4}{10}$ 이다. 또한 기업이 도산하지 않았음에도 불구하고 차입금이 증가할 조건부확률은 도산하지 않은 정상 기업 90개 가운데 3개 기업이 이에 해당하므로 $P(\text{차입금} \mid \text{정상}) = \frac{3}{90}$ 이다.

이제 이러한 사전확률과 조건부확률을 바탕으로 새로운 기업에 대한 도산확률을 예측할 수 있다. 도산 가능성을 예측하려는 기업의 차입금 증가 여부, 이직률 증가 여부, 경영자 교체 여부를 알고 있을 때 이 기업이 도산할 사후확률을 계산한다. 예를 들어, 예측 대상 기업의 차입금이 증가했고, 이직률이 증가했으며, 최근 경영자의 교체가 있었다면 이 기업의 도산 가능성은 다음과 같이 계산된다.

[그림 2-2] **기업도산예측.** 차입금 증가, 이직률 증가, 경영자 교체 여부를 바탕으로 기업의 도산 가능성을 예측한다.

	차입금 증가		이직률 증가		경영자 교체		
빈도	Yes	No	Yes	No	Yes	No	합계
도산	4	6	6	4	10	0	10
정상	3	87	2	88	10	80	90
합계	7	93	8	92	20	80	100

[그림 2-3] **기업도산예측.** 나이브베이즈모델은 각 사건이 발생할 사전확률과 조건에 따른 조건부확률을 바탕으로 기업의 도산 가능성을 예측한다.

	차입금 증가		이직률 증가		경영자 교체		
확률	Yes	No	Yes	No	Yes	No	합계
도산	4/10	6/10	6/10	4/10	10/10	0/10	10/100
정상	3/90	87/90	2/90	88/90	10/90	80/90	90/100
합계	7/100	93/100	8/100	92/100	20/100	80/100	100/100

$$P(\text{도산}|\text{차입금}\cap\text{이직률}\cap\text{경영자})=\frac{P(\text{차입금}\cap\text{이직률}\cap\text{경영자}|\text{도산})P(\text{도산})}{P(\text{차입금}\cap\text{이직률}\cap\text{경영자})}$$

$$=\frac{P(\text{차입금}|\text{도산})P(\text{이직률}|\text{도산})P(\text{경영자}|\text{도산})P(\text{도산})}{P(\text{차입금}\cap\text{이직률}\cap\text{경영자}|\text{도산})P(\text{도산})+P(\text{차입금}\cap\text{이직률}\cap\text{경영자}|\text{정상})P(\text{정상})}$$

$$=\frac{(4/10)\times(6/10)\times(10/10)\times(10/100)}{(4/10)\times(6/10)\times(10/10)\times(10/100)+(3/90)\times(2/90)\times(10/90)\times(90/100)}$$

$$=0.997$$

또는 다음과 같이 계산할 수도 있다. 분모 $P(\text{차입금}\cap\text{이직률}\cap\text{경영자})$는 기업의 도산 여부와는 무관하기 때문에(즉 기업이 도산할 사후확률을 구할 때든 정상일 사후확률을 구할 때든 동일하기 때문에) 일단 계산에서 제외한다. 그러면 기업이 도산할 사후확률은 다음과 같이 단순화시킬 수 있다.[4)]

$$P(\text{도산}|\text{차입금}\cap\text{이직률}\cap\text{경영자})\propto P(\text{차입금}\cap\text{이직률}\cap\text{경영자}|\text{도산})P(\text{도산})$$
$$=P(\text{차입금}|\text{도산})P(\text{이직률}|\text{도산})P(\text{경영자}|\text{도산})P(\text{도산})$$
$$=\left(\frac{4}{10}\right)\times\left(\frac{6}{10}\right)\times\left(\frac{10}{10}\right)\times\left(\frac{10}{100}\right)$$
$$=0.024$$

마찬가지로 기업이 정상일 사후확률은 다음과 같이 나타낼 수 있다.

$$P(\text{정상}|\text{차입금}\cap\text{이직률}\cap\text{경영자})\propto P(\text{차입금}\cap\text{이직률}\cap\text{경영자}|\text{정상})P(\text{정상})$$
$$=P(\text{차입금}|\text{정상})P(\text{이직률}|\text{정상})P(\text{경영자}|\text{정상})P(\text{정상})$$
$$=\left(\frac{3}{90}\right)\times\left(\frac{2}{90}\right)\times\left(\frac{10}{90}\right)\times\left(\frac{90}{100}\right)$$
$$=0.00007$$

기업이 도산할 조건부확률과 정상일 조건부확률의 비율이 324$\left(=\frac{0.024}{0.00007}\right)$이므로 이 기업의 도산할 가능성은 그렇지 않을 가능성에 비해 324배 더 크다. 기업이 도산할 확률과

---

4) '∝'는 비례를 나타내는 기호이다. 'varies as' 또는 'proportional to'를 의미한다.

정상일 확률의 합은 1이므로 도산할 사후확률과 정상일 사후확률은 각각 다음과 같이 계산할 수 있다. 차입금이 증가하고, 이직률이 증가하며, 경영자의 교체가 있으면 기업의 도산 가능성은 99.7%에 이른다.

$$P(\text{도산} \mid \text{차입금} \cap \text{이직률} \cap \text{경영자}) = \frac{0.024}{0.024+0.00007} = 0.997$$

$$P(\text{정상} \mid \text{차입금} \cap \text{이직률} \cap \text{경영자}) = \frac{0.00007}{0.024+0.00007} = 0.003$$

나이브베이즈는 예측변수 가운데 하나라도 0의 확률을 가지면 전체 조건부확률이 0이 되어 버리는 문제가 있다. 예를 들어, 예측 대상 기업의 차입금이 증가했고, 이직률이 증가했으나, 앞의 예와 달리 이번에는 경영자의 교체가 이루어지지 않았다고 가정하자. 그러면 이 기업의 도산 가능성은 다음과 같이 계산된다.

$$\begin{aligned} P(\text{도산} \mid \text{차입금} \cap \text{이직률} \cap \neg\text{경영자}) &\propto P(\text{차입금} \cap \text{이직률} \cap \neg\text{경영자} \mid \text{도산})P(\text{도산}) \\ &= P(\text{차입금} \mid \text{도산})P(\text{이직률} \mid \text{도산})P(\neg\text{경영자} \mid \text{도산})P(\text{도산}) \\ &= \left(\frac{4}{10}\right)\times\left(\frac{6}{10}\right)\times\left(\frac{0}{10}\right)\times\left(\frac{10}{100}\right) = 0 \end{aligned}$$

$$\begin{aligned} P(\text{정상} \mid \text{차입금} \cap \text{이직률} \cap \neg\text{경영자}) &\propto P(\text{차입금} \cap \text{이직률} \cap \neg\text{경영자} \mid \text{정상})P(\text{정상}) \\ &= P(\text{차입금} \mid \text{정상})P(\text{이직률} \mid \text{정상})P(\neg\text{경영자} \mid \text{정상})P(\text{정상}) \\ &= \left(\frac{3}{90}\right)\times\left(\frac{2}{90}\right)\times\left(\frac{80}{90}\right)\times\left(\frac{90}{100}\right) = 0.00059 \end{aligned}$$

$$P(\text{도산} \mid \text{차입금} \cap \text{이직률} \cap \neg\text{경영자}) = \frac{0}{0+0.00059} = 0$$

$$P(\text{정상} \mid \text{차입금} \cap \text{이직률} \cap \neg\text{경영자}) = \frac{0.00059}{0+0.00059} = 1$$

이 기업의 도산 가능성은 0%이고 정상일 가능성은 100%이다. 하지만 이는 분명 뭔가 잘못된 예측이다. 왜냐하면 이 기업은 차입금 증가와 이직률 증가라는 기업도산과 관련된 명백한 징후를 이미 갖고 있기 때문이다. 이러한 문제는 어떤 사건이 우리가 관심 있어 하는 범주에서 전혀 나타나지 않을 때 발생한다. 예를 들어, 여기에서 예측을 위해 사용한 훈련 데이터에는 도산한

기업 가운데 경영자 교체가 이루어지지 않은 기업은 하나도 없다. 따라서 $P(\neg\text{경영자}|\text{도산}) = \frac{0}{10} = 0$이 된다. 나이브베이즈에서 사후확률은 사건이 발생할 조건부확률을 연속으로 곱해서 계산하기 때문에 이 0이라는 값은 기업이 도산할 사후확률을 항상 0%로 만든다.

이러한 문제는 라플라스 추정치(Laplace estimator)를 이용하여 해결할 수 있다. 라플라스 추청치에 의한 보정은 훈련 데이터의 각 빈도값에 작은 값을 더함으로써 모든 예측변수가 각 범주에서 발생할 확률이 0이 되지 않도록 한다. 일반적으로 라플라스 추청치는 1로 설정되며, 이는 모든 결과변수 범주와 예측변수 범주의 조합이 최소한 한 번 이상 발생하도록 보장한다.

라플라스 추정치를 1로 설정한 후 앞의 예에서의 기업의 도산확률을 다시 계산해보자. 분자에 모두 1씩을 더한다. 추가로 더해진 1의 총합은 각 조건부확률의 분모에 또한 더해져야 한다. 그러면 이 기업의 도산 가능성은 다음과 같이 수정 계산된다. 이 기업의 도산 가능성은 59.4%로 예측되었다. 앞에서와 달리 좀 더 설득력 있는 예측결과가 산출되었다.

$$P(\text{도산}|\text{차입금}\cap\text{이직률}\cap\neg\text{경영자}) \propto \left(\frac{5}{13}\right)\times\left(\frac{7}{13}\right)\times\left(\frac{1}{13}\right)\times\left(\frac{10}{100}\right) = 0.00159$$

$$P(\text{정상}|\text{차입금}\cap\text{이직률}\cap\neg\text{경영자}) \propto \left(\frac{4}{93}\right)\times\left(\frac{3}{93}\right)\times\left(\frac{81}{93}\right)\times\left(\frac{90}{100}\right) = 0.00109$$

$$P(\text{도산}|\text{차입금}\cap\text{이직률}\cap\neg\text{경영자}) = \frac{0.00159}{0.00159+0.00109} = 0.594$$

$$P(\text{정상}|\text{차입금}\cap\text{이직률}\cap\neg\text{경영자}) = \frac{0.00109}{0.00159+0.00109} = 0.406$$

나이브베이즈는 빈도를 바탕으로 훈련 데이터를 학습하기 때문에(즉 사전확률 및 조건부확률을 계산하기 때문에) 예측변수는 모두 범주형 변수이어야 한다. 따라서 연속형 변수에는 나이브베이즈 알고리즘을 그대로 적용할 수 없다. 훈련 데이터에 연속형 변수가 포함되어 있을 경우에는 우선 연속형 변수를 몇 개의 구간으로 나누어 범주형 변수로 변환한다. 예를 들어, 기업도산 예측의 예에서 훈련 데이터에 부채비율이 포함되어 있다고 가정하자. 나이브베이즈에서 연속형 수치로 표현된 부채비율을 예측변수로 활용하기 위해서는 먼저 이 변수를 범주형 변수로 변환하여 빈도표를 만든다. 예를 들면, 다섯 개의 범주(100% 미만, 100%~199%, 200%~299%, 300%~399%, 400% 이상)로 구분할 수 있고, 그러면 기업의 도산 또는 정상일 때 다섯 개 범주별 발생빈도를 바탕으로 조건부확률을 계산하여 나이브베이즈분석에 활용할 수 있다. 몇 개의 구간으로 나눌지는 데이터의 성격에 따라 달라질 수 있으며, 적정 구간 개수를 선택하는 일반적인 규칙은 없다. 너무 적은 개수의 구간은 예측변수의 특성을 적절히 반영하지 못할 수 있으며, 반면에 너무 많은 개수의 구간은 각 범주별 빈도가 너무 작아서 노이즈 데이터에 과도하게 영향을 받을 수 있다.

나이브베이즈는 현실과 다소 다른 가정을 하고 있다는 단점을 갖고 있다. 즉 예측변수들이 서로 독립이며 모두 동일하게 중요하다고 가정한다. 그러나 현실에서는 예측변수들이 서로 완전히 독립일 수 없으며 어떤 변수는 다른 변수보다 결과변수를 예측하는 데 있어서 더 중요한 역할을 한다.[5] 예를 들어, 기업의 도산을 예측할 때 최고경영자의 빈번한 교체는 이직률의 증가와 무관하지 않다. 또한 단기차입금이 급격히 증가한다는 정보는 최고경영자가 빈번히 교체된다는 정보보다 더 중요할 수 있다. 하지만 이러한 단점에도 불구하고 나이브베이즈는 단순하고 이해하기 쉬우면서도 비교적 우수한 성능을 보여준다는 장점으로 인해 다양한 분야에서 널리 활용되고 있다.

2.2 사례: 의원 소속정당

mlbench 패키지에 포함된 HouseVotes84 데이터셋을 이용하여 나이브베이즈분석을 수행해 보자. 분석의 편의를 위해 데이터셋 이름을 votes로 변경한다.

```
> library(mlbench)
> data(HouseVotes84)
> votes <- HouseVotes84
> str(votes)
'data.frame': 435 obs. of  17 variables:
 $ Class: Factor w/ 2 levels "democrat","republican": 2 2 1 1 1 1 1 2 2 1 ...
 $ V1   : Factor w/ 2 levels "n","y": 1 1 NA 1 2 1 1 1 1 2 ...
 $ V2   : Factor w/ 2 levels "n","y": 2 2 2 2 2 2 2 2 2 2 ...
 $ V3   : Factor w/ 2 levels "n","y": 1 1 2 2 2 2 1 1 1 2 ...
```

5) 이처럼 현실과는 다소 차이가 있는 '단순한'(naive) 가정을 한다고 하여 나이브베이즈(naive Bayes)라는 이름이 탄생하였다고도 한다.

```
…(중략)
 $ V14  : Factor w/ 2 levels "n","y": 2 2 2 1 2 2 2 2 2 1 ...
 $ V15  : Factor w/ 2 levels "n","y": 1 1 1 1 2 2 2 NA 1 NA ...
 $ V16  : Factor w/ 2 levels "n","y": 2 NA 1 2 2 2 2 2 2 NA ...
```

HouseVotes84 데이터셋에는 미국 의회에 제출된 16개 안건(V1~V16 변수)에 대한 435명 국회의원의 찬반 투표결과가 기록되어 있다. 각 안건에 대해 찬성은 y로, 반대는 n으로 코딩되었다. 또한 이 데이터셋에는 각 국회의원의 소속정당(Class 변수) 데이터가 포함되어 있다. 민주당은 democrat로, 공화당은 republican으로 코딩되었다. 16개 안건에 대한 찬반 투표 성향을 토대로 국회의원의 소속정당을 예측해보자. 즉 나이브베이즈를 이용하여 P(Class="democrat"$|V_1, V_2, V_3, \cdots, V_{16}$) 또는 P(Class="republican"$|V_1, V_2, V_3, \cdots, V_{16}$)을 추정한다.

먼저 데이터셋을 살펴보도록 하자. [그림 2-4]와 같이 안건1에 대한 투표결과를 정당별로 살펴보면 공화당 의원보다는 민주당 의원이 더 많은 찬성표를 던졌다. 이는 소속정당에 따라 국회의원의 투표 성향 차이가 존재할 수 있다는 것을 시사한다.[6)]

```
> library(ggplot2)
> vote1 <- na.omit(votes[,c(1, 2)])
> vote1$V1 <- factor(vote1$V1, levels=c("n", "y"), labels=c("No", "Yes"))
> ggplot(vote1, aes(x=V1, fill=Class)) +
+   geom_bar(position="dodge", width=0.7) +
+   labs(title="Pros and Cons for Vote 1",
+        x="Vote 1", y="Number of Congressmen", fill="Party")
```

데이터셋을 살펴볼 때는 얼마나 많은 결측값이 포함되어 있는지 주의 깊게 볼 필요가 있다. 왜냐하면 지나치게 많은 결측값은 분석에 영향을 미칠 수 있기 때문이다. HouseVotes84 데이터셋에는 총 392개의 NA값이 포함되어 있다. 나이브베이즈를 수행할 때 단순히 NA값을 무시하거나 NA값이 포함된 행 전체를 분석 대상에서 제외할 수도 있지만 여기에서는 정보의 손실을 최소화하기 위하여 NA값을 다른 적절한 값으로 대체하려고 한다. 어떤 안건에서 발생한

6) ggplot2 패키지는 R의 표준패키지인 graphics 패키지가 제공하는 그래픽보다 일반적으로 좀 더 세련되고 다양한 형태의 그래프를 생성한다. 곽기영 교수의 유튜브 채널에서 ggplot2 패키지에 대한 동영상 강의를 시청할 수 있다(https://www.youtube.com/곽기영).

[그림 2-4] **안건1에 대한 투표결과.** 소속정당은 국회의원의 투표 성향에 영향을 미친다.

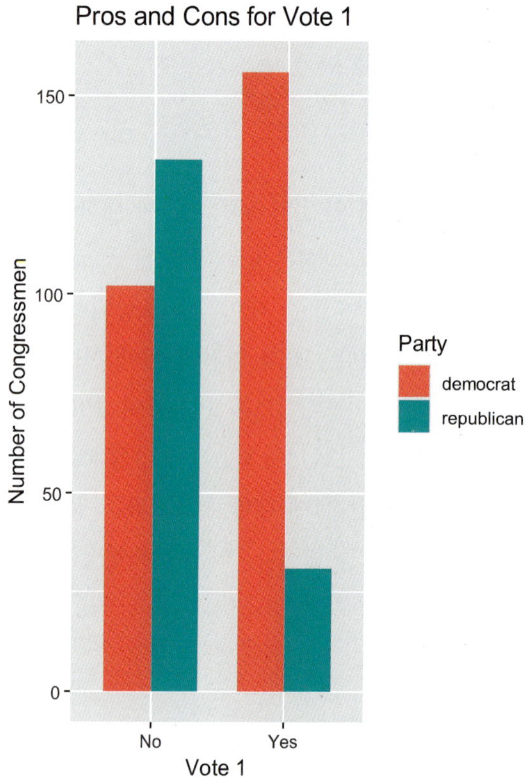

NA값을 그 안건에 대한 같은 정당 소속의원의 투표 성향(즉 찬성 비율)을 토대로 찬성 또는 반대로 대체한다.

```
> head(votes)
       Class   V1 V2 V3   V4   V5 V6 V7 V8 V9 V10  V11  V12 V13 V14 V15  V16
1 republican    n  y  n    y    y  y  n  n  n   y <NA>    y   y   y   n    y
2 republican    n  y  n    y    y  y  n  n  n   n    n    y   y   y   n <NA>
3   democrat <NA>  y  y <NA>    y  y  n  n  n   n    y    n   y   y   n    n
4   democrat    n  y  y    n <NA>  y  n  n  n   n    y    n   y   n   n    y
5   democrat    y  y  y    n    y  y  n  n  n   n    y <NA>   y   y   y    y
6   democrat    n  y  y    n    y  y  n  n  n   n    n    n   y   y   y    y
> sum(is.na(votes))
[1] 392
```

NA값을 대체하기 위하여 두 개의 함수를 작성한다. 첫 번째 함수는 안건에 대응되는 열 번호와 정당 이름을 인수로 받아 안건별 정당별로 NA값이 몇 개인지를 찾아준다. 이 함수를 적용해보면, 예를 들어 첫 번째 안건(두 번째 열)에서 민주당 의원의 투표결과가 NA인 경우는 아홉 건이 있다. 공화당 의원의 경우는 세 건이 존재한다.

```
> naCount <- function(col, cls) {
+   return(sum(is.na(votes[,col]) & votes$Class==cls))
+ }
> naCount(2, "democrat")
[1] 9
> naCount(2, "republican")
[1] 3
```

두 번째 함수는 안건에 대응되는 열 번호와 정당 이름을 인수로 받아 주어진 안건에 대한 해당 정당의 찬성 비율을 계산한다. 이 함수를 적용해보면, 예를 들어 첫 번째 안건에 대한 민주당 의원의 찬성 비율은 60.5%이고, 공화당 의원의 찬성 비율은 18.8%이다.

```
> yesProb <- function(col, cls) {
+   sum.y <- sum(votes[,col]=="y" & votes$Class==cls, na.rm=TRUE)
+   sum.n <- sum(votes[,col]=="n" & votes$Class==cls, na.rm=TRUE)
+   return(sum.y/(sum.y+sum.n))
+ }
> yesProb(2, "democrat")
[1] 0.6046512
> yesProb(2, "republican")
[1] 0.1878788
```

이제 이 두 함수를 이용하여 다음과 같이 NA값을 대체해보자. 어떤 안건에 대한 민주당 의원의 NA값은 해당 안건에 대한 민주당 의원의 찬성 비율을 토대로 찬성 또는 반대로 무작위 할당하고, 공화당 의원의 NA값은 해당 안건에 대한 공화당 의원의 찬성 비율을 토대로 찬성 또는 반대로 무작위 할당한다.

```
> set.seed(123)
> for (i in 2:ncol(votes)) {
+   if(sum(is.na(votes[,i])) > 0) {
+     d.na <- which(is.na(votes[,i]) & votes$Class=="democrat")
+     r.na <- which(is.na(votes[,i]) & votes$Class=="republican")
+     votes[d.na, i] <- ifelse(runif(naCount(i, "democrat"))
+                           < yesProb(i, "democrat"), "y", "n")
+     votes[r.na, i] <- ifelse(runif(naCount(i, "republican"))
+                           < yesProb(i, "republican"), "y", "n")
+   }
+ }
```

절차는 다음과 같다. 우선 16개 각 안건별로 which() 함수를 이용하여 대체해야 할 NA 위치의 행 인덱스를 추출한다. 그런 다음 NA 개수만큼 0에서 1 사이의 난수를 생성한다(runif() 함수와 naCount() 함수 이용). 이어서 찬성 비율을 계산한다(yesProb() 함수 이용). 끝으로 각 난수값을 찬성 비율과 비교하여 난수값이 찬성 비율보다 작으면 NA를 y(즉 찬성)로 대체하고 그렇지 않으면 n(즉 반대)으로 대체한다.7) 이렇게 하면 어떤 안건에 대한 NA값들은 확률적으로 소속정당의 찬성 비율만큼 찬성 투표로 대체된다. 다음과 같이 NA값이 모두 제거된 것을 확인할 수 있다.

```
> sum(is.na(votes))
[1] 0
```

---

7) 여기서 하려는 방식은 구체적으로 다음과 같다. 예를 들어, 안건2에 대한 민주당 소속의원의 찬성 비율이 60%이고, 민주당 소속의원 가운데 안건2에 대한 투표값을 모르는 의원이 5명이 있다고 가정해보자(즉 결측값이 5개). 지금 하려는 작업은 찬성인지 반대인지 모르는 5명 개별 의원의 투표값을 소속정당의 투표 성향을 토대로 대체하려는 것이다. 이때 찬성과 반대 비율을 하나의 확률분포처럼 이용한다. 왜냐하면 각 의원이 실제 찬성일지 반대일지는 모르기 때문이다. 다만 우리가 알고 있는 정보에 따르면(즉 소속의원의 찬성 비율을 바탕으로 생각하면) 각 의원이 찬성할 확률은 60%이고 반대할 확률은 40%이다. 그러면 의원1, 의원2, 의원3, 의원4, 의원5 등 다섯 명의 의원 각각이 실제로 어떻게 투표할지는 모르지만 우리는 저러한 확률분포에 따라 찬성 또는 반대의 값을 결정할 수 있다. 각 의원에 대해 0과 1 사이의 난수를 하나 뽑아서 그 값이 확률분포상 어디에 속하는지 본다. 난수가 0과 0.6 사이면 그 난수는 찬성을 의미하는 것으로 볼 수 있고, 0.6과 1 사이면 그 난수는 반대를 뜻하는 것으로 간주할 수 있다. 즉 난수가 찬성 비율(0.6)보다 작으면 y(찬성)로 대체한다.

```
> head(votes)
      Class V1 V2 V3 V4 V5 V6 V7 V8 V9 V10 V11 V12 V13 V14 V15 V16
1 republican  n  y  n  y  y  y  n  n  n   y   n   y   y   y   n   y
2 republican  n  y  n  y  y  y  n  n  n   n   n   y   y   y   n   y
3   democrat  y  y  y  n  y  y  n  n  n   n   y   n   y   y   n   n
4   democrat  n  y  y  n  n  y  n  n  n   n   y   n   y   n   n   y
5   democrat  y  y  y  n  y  y  n  n  n   n   y   n   y   y   y   y
6   democrat  n  y  y  n  y  y  n  n  n   n   n   n   y   y   y   y
```

이제 분석을 위해 데이터셋을 예측모델 생성을 위한 훈련 데이터(70%)와 성능평가를 위한 테스트 데이터(30%)로 분할한다. 훈련 데이터에는 304개의 표본(민주당 187개, 공화당 117개)이 포함되었으며, 테스트 데이터에는 131개의 표본(민주당 80개, 공화당 51개)이 할당되었다.

```
> set.seed(123)
> train <- sample(nrow(votes), 0.7*nrow(votes))
> votes.train <- votes[train,]
> votes.test <- votes[-train,]
> table(votes.train$Class)

  democrat republican
       187        117
> table(votes.test$Class)

  democrat republican
        80         51
```

e1071 패키지에 포함된 naiveBayes() 함수를 이용하여 나이브베이즈분석을 수행해 보자. naiveBayes() 함수의 첫 번째 인수에는 결과변수(종속변수) Class와 나머지 아홉 개 예측변수(독립변수)를 포뮬러 형식으로 지정한다.[8] data 인수에는 예측모델 개발에 사용할

8) 포뮬러 형식으로 인수를 지정할 때는 결과변수만을 명시적으로 지정하고 나머지 모든 예측변수를 마침표(.)로 간단하게 지정할 수 있다. 포뮬러 형식을 사용하지 않고 다음과 같이 예측변수와 결과변수를 직접 지정할 수도 있다: `naiveBayes(x=votes.train[,-1], y=votes.train$Class)`. 예측변수와 결과변수가 서로 다른 객체에 저장되어 있을 때 유용하다.

훈련 데이터(여기에서는 votes.train)를 지정한다. naiveBayes() 함수는 분석을 위한 확률을 계산할 때 기본적으로 데이터셋에 포함된 결측값을 빈도수에 포함시키지 않는다(기본값 na.action=na.pass). na.action=na.omit를 지정하면 결측값이 포함된 행 전체가 분석 대상에서 제외된다. 라플라스 추청치는 기본값으로 0이 설정되어 있어 라플라스 보정을 하지 않는다(기본값 laplace=0).

```
> library(e1071)
> votes.nb <- naiveBayes(Class ~ ., data=votes.train)
```

나이브베이즈를 수행한 결과는 다음과 같다. 정당별 사전확률과 안건별 찬반 투표에 대한 정당별 조건부확률이 계산되었다.

```
> votes.nb

Naive Bayes Classifier for Discrete Predictors

Call:
naiveBayes.default(x = X, y = Y, laplace = laplace)

A-priori probabilities:
Y
  democrat republican
 0.6151316  0.3848684

Conditional probabilities:
              V1
Y                      n         y
  democrat    0.4117647 0.5882353
  republican  0.7948718 0.2051282

…(중략)

              V16
Y                       n          y
  democrat    0.06417112 0.93582888
  republican  0.30769231 0.69230769
```

predict() 함수를 이용하여 각 국회의원에 대한 소속정당을 예측할 수 있다. 첫 번째 인수에 훈련 데이터로부터 구축한 나이브베이즈모델(여기에서는 votes.nb)을 지정한다. newdata 인수에는 예측에 사용할 데이터셋(여기에서는 votes.test)을 지정한다. 데이터셋 지정 시 결과 변수인 첫 번째 열은 제외한다. predict() 함수는 달리 지정하지 않는 한 모델에 의해 예측한 범주(즉 여기에서는 소속정당)를 출력한다(type="class"). 범주가 아닌 각 범주의 예측확률을 구하려면 type="raw"를 지정한다.

```
> votes.nb.pred <- predict(votes.nb, newdata=votes.test[,-1])
> head(votes.nb.pred)
[1] republican democrat   democrat   republican republican republican
Levels: democrat republican
```

실제 판정결과와 나이브베이즈모델에 의한 예측결과를 비교하기 위하여 다음과 같이 교차표를 생성한다. 이러한 교차표를 혼동행렬(confusion matrix)이라고 하며 예측정확도, 즉 알고리즘의 성능을 평가하는 목적으로 주로 사용된다.[9]

```
> table(votes.test$Class, votes.nb.pred, dnn=c("Actual", "Predicted"))
             Predicted
Actual         democrat  republican
  democrat           74           6
  republican          1          50
> mean(votes.nb.pred==votes.test$Class)
[1] 0.9465649
```

대각선의 값은 예측에 성공한 케이스를 나타낸다. 실제 민주당 국회의원 가운데 74명이 예측모델에 의해서도 민주당 의원으로 분류되었으며, 실제 공화당 국회의원 가운데 50명이 예측모델에 의해서 동일하게 공화당 의원으로 분류되었다. 비대각선의 값은 정확한 분류에 실패한 케이스를 나타내며, 총 7명의 국회의원이 실제와 차이가 있는 것으로 나타났다. 나이브베이즈모델에 의해 정확하게 분류된 케이스는 전체적으로 131명의 국회의원 가운데 124명으로 예측모델은 94.7%의 정확도를 보여주었다.

---

9) 혼동행렬은 분류행렬(classification matrix)이라고도 한다.

이번에는 다음과 같이 predict() 함수에 type="raw" 인수를 지정하여 각 국회의원이 민주당과 공화당 소속의 의원일 확률을 추정하고 이를 바탕으로 소속정당을 예측해보자.

```
> votes.nb.pred <- predict(votes.nb, newdata=votes.test[,-1], type="raw")
> head(votes.nb.pred)
         democrat  republican
[1,] 1.281738e-07   0.9999999
[2,] 6.152027e-01   0.3847973
[3,] 7.223137e-01   0.2776863
[4,] 4.649163e-06   0.9999954
[5,] 1.654418e-07   0.9999998
[6,] 1.399054e-06   0.9999986
```

민주당과 공화당 두 범주별 예측확률이 추정되었다(두 범주의 예측확률을 더하면 1이 된다). 테스트 데이터에 포함된 각 케이스의 소속범주 예측확률을 구했으므로 이렇게 계산된 예측확률을 토대로 의원들의 소속정당을 판정할 수 있다. 예측확률 50%를 임계값으로 하여 어떤 한 범주(여기에서는 공화당)의 예측확률이 0.5보다 큰 케이스는 해당 범주로 분류하고 예측확률이 0.5보다 작거나 같은 케이스는 상대범주(여기에서는 민주당)로 분류한다.

```
> votes.nb.pred <- factor(votes.nb.pred[,"republican"] > 0.5, levels=c(FALSE, TRUE),
+                         labels=c("democrat", "republican"))
> head(votes.nb.pred)
[1] republican democrat   democrat   republican republican republican
Levels: democrat republican
> table(votes.test$Class, votes.nb.pred, dnn=c("Actual", "Predicted"))
            Predicted
Actual       democrat republican
  democrat         74          6
  republican        1         50
> mean(votes.nb.pred==votes.test$Class)
[1] 0.9465649
```

분류된 결과를 보면 앞에서 소속정당을 직접 예측한 결과와 동일하다. 범주를 직접 예측할 때

내부적으로 예측확률 50%를 임계값으로 사용했다는 것을 알 수 있다.

한 번의 실행결과만으로 예측모델의 성능을 평가하기에는 충분하지 않을 수 있다. 예측모델을 충분히 많이 생성한 후 예측결과의 분포(즉 예측정확도의 분포)를 살펴보는 것이 모델의 정확도를 평가하는 데 도움이 될 수 있다. 이를 위해 다음과 같은 함수를 작성한다. 다음 함수는 훈련 데이터 할당 비율과 실행 횟수를 인수로 받아 예측정확도를 계산한 후 그 값들을 반환한다.

```
> nbRuns <- function(fraction, run) {
+   results <- NULL
+   for (i in 1:run){
+     train <- sample(nrow(votes), fraction*nrow(votes))
+     votes.train <- votes[train,]
+     votes.test <- votes[-train,]
+     votes.nb <- naiveBayes(Class ~ ., data=votes.train)
+     votes.nb.pred <- predict(votes.nb, newdata=votes.test[,-1])
+     results[i] <- mean(votes.nb.pred==votes.test$Class)
+     }
+   return(results)
+ }
```

예를 들어, 다음과 같이 데이터셋의 70%를 훈련 데이터로 사용하는 예측모델 100개를 생성하여 각 모델의 예측정확도의 분포를 살펴볼 수 있다([그림 2-5]). 예측정확도는 최소 85.5%에서 최대 95.4%까지 분포하고 있어서 비교적 안정적인 예측을 하고 있다.

```
> votes.nb.cv <- nbRuns(0.7, 100)
> votes.nb.cv
  [1] 0.9236641 0.8931298 0.9160305 0.9007634 0.9083969 0.9236641 0.9465649
  [8] 0.9236641 0.9389313 0.9160305 0.8931298 0.9389313 0.8854962 0.9083969
 [15] 0.9083969 0.8931298 0.9389313 0.9389313 0.9083969 0.9465649 0.9160305
…(중략)
 [85] 0.9236641 0.9236641 0.9160305 0.9160305 0.9007634 0.9083969 0.8931298
 [92] 0.9465649 0.9160305 0.9389313 0.9083969 0.9236641 0.9160305 0.9312977
 [99] 0.9007634 0.8931298
```

```
> summary(votes.nb.cv)
   Min. 1st Qu.  Median    Mean 3rd Qu.    Max. 
 0.8550  0.9008  0.9160  0.9142  0.9256  0.9542 
> library(ggplot2)
> ggplot(data.frame(acc=votes.nb.cv), aes(x="", y=acc)) +
+   geom_boxplot(fill="mistyrose", color="darkslategray", width=0.3) +
+   geom_point(position="jitter", pch=21, color="red", fill="coral") +
+   labs(title="Accuracy for Party Prediction with 100 Samples",
+        y="Accuracy") +
+   coord_flip() +
+   theme(axis.title.y=element_blank(),
+         axis.text.y=element_blank(),
+         axis.ticks=element_blank())
```

[그림 2-5] 소속정당예측. 100개의 표본을 이용한 교차검증 결과 나이브베이즈모델은 평균 91.4%의 안정적인 예측정확도를 보여주었다.

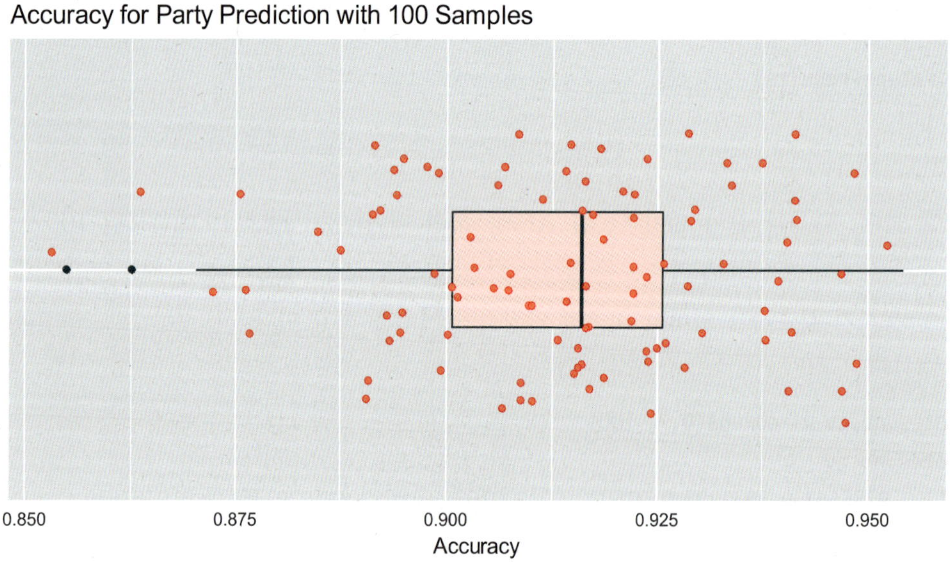

3 Chapter

의사결정나무

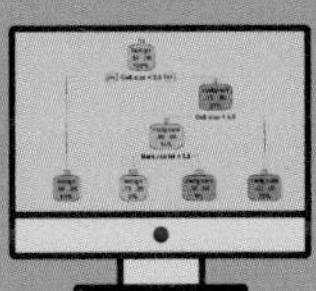

CHAPTER 3

의사결정나무

3.1 분석기법 이해

의사결정나무(decision tree)는 데이터셋을 반복적으로 분할(recursive partitioning)하는 과정을 통해 생성한다. 이러한 접근법을 분할정복(divide and conquer)이라고 한다. 데이터셋을 서브셋으로 분할하고 이렇게 분할된 서브셋을 다시 더 작은 서브셋으로 분할하는 작업을 반복하여 서브셋 내의 데이터가 충분히 서로 동질적일 때까지 분할작업을 계속한다. 의사결정나무는 이러한 분할 과정을 보여주는 의사결정규칙을 나뭇가지 모양으로 도식화한다. 의사결정나무의 각 가지의 끝(즉 잎)은 예측결과를 나타낸다. 나무의 구조는 선택되는 가지에 따라 결정되는 결과값 또는 귀속범주를 보여주며, 따라서 이러한 의사결정나무의 가지 구조를 바탕으로 새로운 케이스에 대한 예측을 수행할 수 있다. 의사결정나무분석을 위한 알고리즘으로는 CART(classification and regression tree), 조건부추론나무(conditional inference tree), C5.0 등이 많이 사용되고 있으며, 여기에서는 그 가운데 CART를 중심으로 살펴본다.

CART는 그 이름 'classification and regression tree'가 의미하듯이 분류문제와 회귀문제를 모두 다룰 수 있다. 결과변수가 범주형이면 분류나무(classification tree)를 생성하며, 결과변수가 연속형이면 회귀나무(regression tree)를 구축한다. 회귀나무는 최종적으로 분할된 서브셋의 결과변수 평균값으로 새로운 케이스의 목표값을 예측한다. 분류나무는 최종 서브셋에서 다수를 차지하는 범주로 새로운 케이스의 귀속범주를 판별한다.

날씨를 예측하는 간단한 예를 생각해보자. 오늘 아침 집을 나설 때 우산을 가지고 갈지 말지를 결정하려고 한다. 오늘의 강수확률과 집을 나설 때 하늘에 구름이 끼어 있는지 여부로 판단한다. 이 두 가지 요소에 대한 과거 데이터를 바탕으로 맑았던 날과 비가 왔던 날의 산점도를

[그림 3-1] **기상예측.** 강수확률과 구름분포 데이터를 바탕으로 날씨를 예측한다.

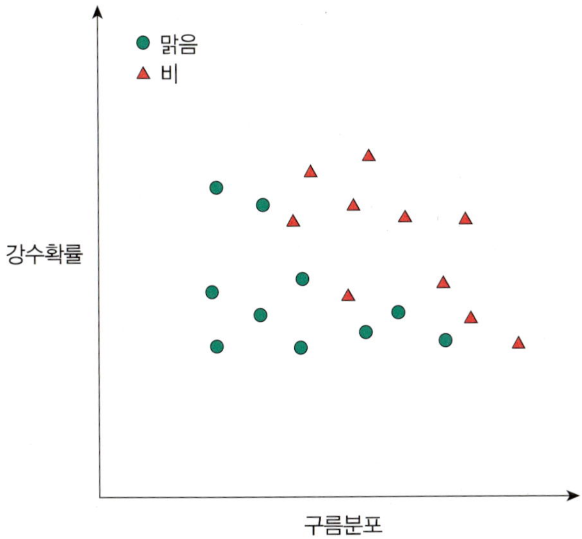

그려보면 [그림 3-1]과 같다. [그림 3-1]의 산점도에 분할정복 접근법을 적용하여 가능한 동질적인 집단이 되도록 서브셋을 생성해보자.

[그림 3-2]와 같이 우선 강수확률이 높은 날과 그렇지 않은 날로 구분하여 두 개의 서브셋을 생성한다(분할1). 그런 다음 강수확률이 낮은 날 가운데 구름이 많이 낀 날과 그렇지 않은 날을 추가로 구분한다(분할2). 그러면 전체 데이터셋을 [그림 3-2]와 같이 세 개의 집단으로 분할할 수 있다. 이러한 분할작업은 여기에서 그치지 않고 계속 진행할 수 있다. 강수확률 변수나 구름분포 변수의 범위를 좀 더 세분화하여 분할작업을 반복함으로써 이질적인 케이스 하나 없이 모두 동일한 범주만으로 구성된 서브셋을 얻을 수 있다. 그러나 이런 방식으로 생성한 의사결정나무는 바람직하지 않다. 왜냐하면 현재의 훈련 데이터에 과적합되어 있어서 새로운 데이터에 대한 일반화에 취약할 수밖에 없기 때문이다. 종료기준(stopping criterion)을 지정함으로써 이러한 과적합의 위험을 피할 수 있다. 예를 들어, 여기에서는 분할할 노드에 포함된 케이스 개수가 10 미만이면 분할작업을 멈춘다는 종료기준을 사용하여 두 번의 분할을 거친 의사결정나무를 생성한다. 따라서 첫 번째 분할에 의해서 강수확률이 높은 날은 비가 올 것으로 예측한다. 이어서 강수확률이 낮은 날 가운데서 구름이 많이 낀 날과 그렇지 않은 날은 각각 비가 올 날과 맑을 날로 예측한다.

[그림 3-2] **기상예측.** 두 차례의 분할을 통해 세 개의 집단을 생성한다.

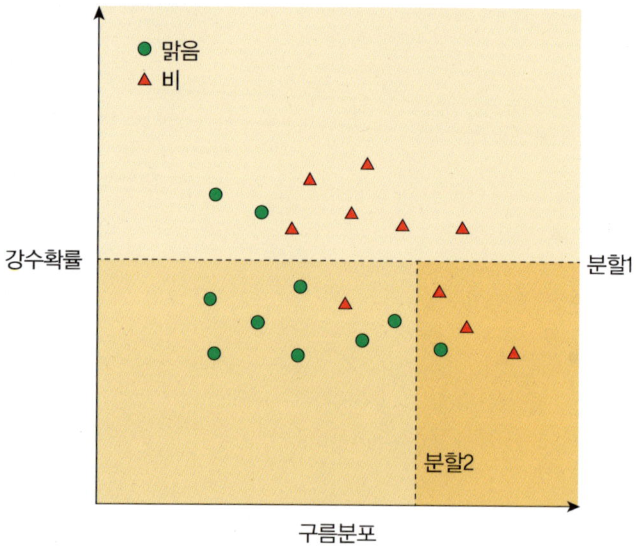

[그림 3-3] **기상예측.** 의사결정나무의 가지를 따라가면 분류규칙에 따라 날씨를 예측할 수 있다.

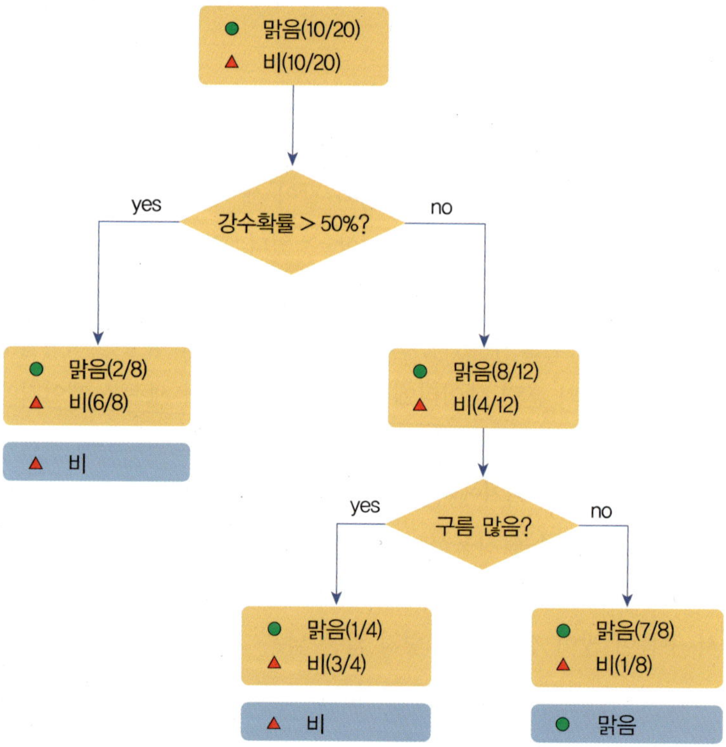

날씨를 예측하기 위한 이러한 의사결정나무모델은 [그림 3-3]과 같은 간단한 그래프로 나타낼 수 있다. 오늘 우산을 가지고 외출해야 하는지 우산을 집에 두고 가도 되는지 판단하기 위해서는 맑음 또는 비를 나타내는 가지 끝에 이르기까지 각 분할점을 통과하여 의사결정나무의 가지를 따라간다. 예를 들어, 오늘은 강수확률이 50%보다 작으면서 아침에 구름이 많이 끼어있지 않다. 그러면 첫 번째 분할점('강수확률>50%?')에서 오른쪽으로 이동하고, 이어서 두 번째 분할점('구름 많음?')에서 다시 오른쪽으로 이동하여 도달하는 마지막 노드로부터 오늘 날씨는 맑을 것으로 예상할 수 있다.

실제 현실세계의 데이터는 날씨예측에 사용한 두 개보다는 많은 예측변수를 포함하기 때문에 일반적으로 의사결정나무는 [그림 3-3]보다는 많은 가지와 분할점을 갖는 좀 더 복잡한 모양을 갖는다. CART를 기반으로 한 의사결정나무분석은 다음과 같은 절차에 따라 수행된다.

- 데이터를 두 개의 집단으로 가장 잘 분할하는 예측변수와 분할점(split)을 선택한다. 이때 두 집단의 동질성(homogeneity) 또는 다른 말로 순도(purity)가 최대화되도록 하는 예측변수와 분할점을 선정한다. 여기에서 동질성을 최대화한다는 것은, 예를 들면 종양의 악성 여부를 예측한다고 했을 때 한 집단에는 가능한 많은 양성환자 데이터가 포함되게 하고, 다른 한 집단에는 가능한 많은 악성환자 데이터가 포함되도록 한다는 것을 의미한다. 예측변수가 연속형 변수이면 두 집단에 대한 동질성을 극대화하는 컷포인트(cut-point)가 분할점으로 사용된다. 예측변수가 범주형 변수일 경우에는 동질성이 최대가 되도록 범주들을 결합하여 분할점으로 사용한다.
- 예측변수와 분할점이 결정되면 이를 이용하여 데이터를 두 개의 집단으로 분할한다.
- 분할된 각 집단에 대해 앞서의 절차를 반복한다. 이러한 분할작업은 동질성이 일정 기준 이상으로 더 이상 증가하지 않을 때까지 반복된다. 모든 데이터가 포함된 전체 데이터셋을 루트노드(root node)라고 하며, 더 이상 분할이 이루어지지 않는 마지막 단계의 집단을 최종노드(terminal node) 또는 리프노드(leaf node)라고 한다. 최종노드는 포함된 케이스들이 속한 범주의 상대적 빈도에 따라 귀속범주가 결정된다. 즉 다수를 차지하는 범주가 최종노드의 귀속범주가 된다.
- 새로운 케이스에 대한 범주를 분류하기 위해서는 대상 케이스를 의사결정나무의 가지를 따라 흘려보낸다. 의사결정나무의 분류규칙에 따라 마지막에 도달하게 되는 최종노드의 판정범주가 새로운 케이스에 대한 귀속범주가 된다.

분할정복 접근법에 의해 의사결정나무를 생성할 때 데이터셋은 매 단계마다 두 개의 서로 중복되지 않는 서브셋으로 분할된다. 이때 분할의 목적은 분할을 통해 생성된 서브셋들의 동질성을 증가시키는 것이다. 따라서 분할을 통해 서브셋들의 동질성이 개선되는지 여부를 평가할 필요가 있으며, 이를 위해서는 서브셋의 동질성을 측정할 수 있는 지표가 필요하다. 동질성 측정지표를 이용하여 각 예측변수별로 분할 후의 동질성 정도를 측정한 후 동질성이 가장 크게 개선되어 최적의 분할을 가져오는 예측변수와 분할점을 선택한다.

범주를 예측하는 분류분석의 경우 정보이론(information theory)에서 집단 내의 무작위성이나 무질서를 계량화하는 데 사용하는 엔트로피(entropy)의 개념을 이용하여 동질성을 측정한다. 어떤 집단의 엔트로피가 높다는 것은 그 집단이 매우 이질적인 케이스들로 구성되어 있다는 것을 나타내며, 이는 그 집단에 속한 케이스들의 범주가 다양하다는 것을 의미한다. 즉 엔트로피는 실제로는 이질성(heterogeneity)의 정도를 측정한다. 엔트로피는 다음과 같은 산식으로 계산할 수 있다.

$$E(S) = \sum_{i=1}^{c} - p_i \log_2 p_i$$

여기에서, $E(S)$는 서브셋 S에 대한 엔트로피, c는 범주의 개수, p_i는 범주 i에 속하는 케이스 비율

만일 두 개의 범주만 있다면 엔트로피는 최소 0에서 최대 1까지의 값을 갖는다. 서브셋이 하나의 범주로만 구성되어 완전히 동질적이면 $p_1 = 1$, $p_2 = 1 - p_1 = 0$이므로 엔트로피는 다음과 같이 0이 된다.

$$E(S) = - p_1 \times \log_2 p_1 - (1 - p_1) \times \log_2 (1 - p_1) = - 1 \times \log_2 1 - 0 \times \log_2 0 = 0$$

반면에 서브셋이 완전히 이질적인 경우는 두 범주가 반씩 섞여 있을 때를 의미하므로 $p_1 = 0.5$, $p_2 = 1 - p_1 = 0.5$이고, 따라서 엔트로피는 다음과 같이 1이 된다.

$$\begin{aligned} E(S) &= - p_1 \times \log_2 p_1 - (1 - p_1) \times \log_2 (1 - p_1) = - 0.5 \times \log_2 0.5 - 0.5 \times \log_2 0.5 \\ &= 0.5 + 0.5 = 1 \end{aligned}$$

범주가 두 개일 때 다양한 범주 비율에서의 엔트로피를 구해보면 [그림 3-4]와 같다.

[그림 3-4] **엔트로피.** 범주가 두 개일 경우 두 범주의 비율이 각각 0.5로서 균등하게 서브셋을 점유하고 있을 때 엔트로피가 가장 크다.

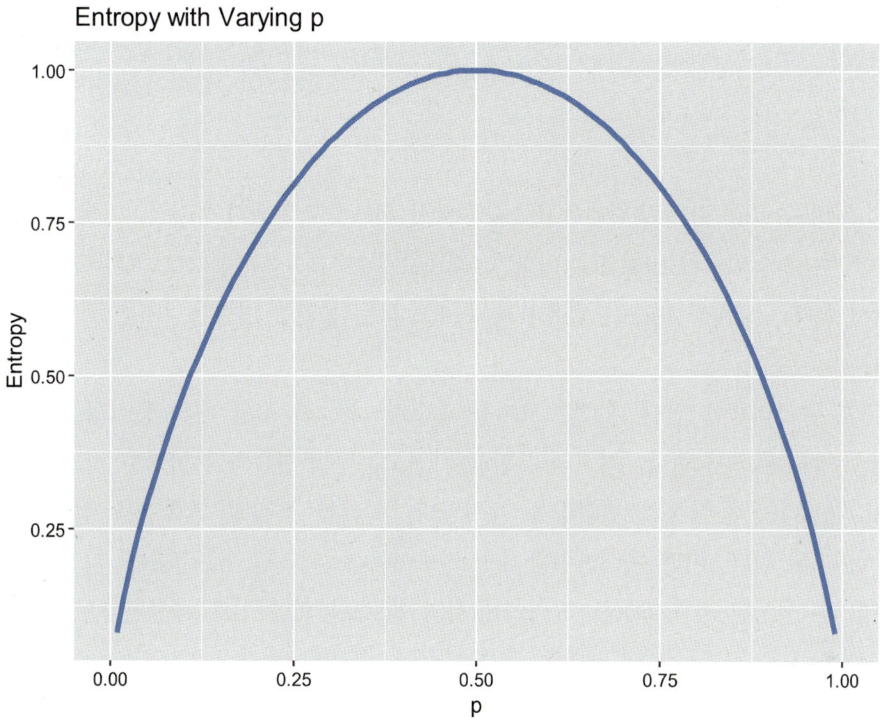

서브셋 내 한 범주의 비율이 0.5일 때, 즉 서브셋 내에서 두 범주가 각각 50대 50의 동일한 비율로 점유하고 있을 때 가장 큰 엔트로피를 갖는다. 어느 한 범주가 다른 범주보다 더 큰 비중을 차지할수록 엔트로피는 점차 0에 가까워진다.

n개의 범주가 있는 경우로 일반화하면 엔트로피는 0에서 $\log_2 n$까지의 값을 갖는다. 서브셋이 하나의 범주로만 구성되어 완전히 동질적이면 어느 한 범주의 비율은 1이고 나머지 범주의 비율은 0이다. 즉 $p_1=1$, $p_2=0$, $p_3=0$, $\cdots$, $p_n=0$이므로 엔트로피는 다음과 같이 0이 된다.

$$\begin{aligned} E(S) &= -p_1 \times \log_2 p_1 - p_2 \times \log_2 p_2 - p_3 \times \log_2 p_3 \cdots - p_n \times \log_2 p_n \\ &= -1 \times \log_2 1 - 0 \times \log_2 0 - 0 \times \log_2 0 \cdots - 0 \times \log_2 0 = 0 \end{aligned}$$

반면에 서브셋이 완전히 이질적인 경우는 n개의 범주가 동일한 비율로 섞여 있을 때이므로

$p_1 = \frac{1}{n}$, $p_2 = \frac{1}{n}$, $p_3 = \frac{1}{n}$, $\cdots$, $p_n = \frac{1}{n}$이고, 따라서 엔트로피는 다음과 같이 $\log_2 n$이 된다.

$$E(S) = -p_1 \times \log_2 p_1 - p_2 \times \log_2 p_2 - p_3 \times \log_2 p_3 \cdots - p_n \times \log_2 p_n$$
$$= -n \times \frac{1}{n} \times \log_2 \frac{1}{n} = \log_2 n$$

엔트로피가 가질 수 있는 값의 범위에서 최소값(즉 0)은 서브셋이 완전히 동질적이어서 서브셋 내의 케이스가 모두 같은 범주라는 것을 의미하며, 최대값(즉 1 또는 $\log_2 n$)은 서브셋의 다양성이 최고 수준이어서 어떠한 범주도 다수를 점유하지 못하고 모두 동일한 비중을 차지하고 있다는 것을 나타낸다.

의사결정나무 알고리즘은 집단 내 엔트로피를 감소시키는, 즉 집단 내의 동질성을 증가시키는 최적의 분할을 찾고자 한다. 최적의 분할을 가져오는 예측변수와 분할점을 찾기 위해 분할에 의해서 발생하는 동질성의 변화량을 계산한다. 이러한 동질성 변화량을 정보이득(information gain)이라고 한다. 어떤 예측변수에 대한 정보이득은 분할 전 서브그룹(즉 부모노드)의 엔트로피와 분할 후 생성된 서브그룹(즉 자식노드)에서의 엔트로피의 차이로 계산된다.

$$IG(F) = E(S_{before}) - E(S_{after})$$

여기에서, $IG(F)$는 예측변수 F에 대한 정보이득,
$E(S_{before})$는 분할 전 엔트로피, $E(S_{after})$는 분할 후 엔트로피

일단 분할이 이루어지면 데이터는 두 개의 서브그룹으로 나누어지기 때문에 분할 후의 엔트로피는 두 서브그룹의 엔트로피를 합산하여 산출해야 한다. 이때 각 서브그룹의 크기(즉 서브그룹에 포함된 관측값 개수)가 다르다는 점을 고려할 필요가 있다. 따라서 분할 후의 총엔트로피는 서브그룹의 상대적 크기를 가중치로 사용하여 다음과 같이 계산한다.

$$E(S_{after}) = w_{left} E(S_{left}) + w_{right} E(S_{right})$$

여기에서, $E(S_{after})$는 분할 후 총엔트로피,
$E(S_{left})$와 $E(S_{right})$는 분할 후 생성된 서브그룹의 엔트로피,
w_{left}와 w_{right}는 서브그룹 크기의 상대적 비율

정보이득이 클수록 예측변수는 데이터셋을 동질적인 집단으로 잘 분할하고 있다는 것을

나타낸다. 따라서 여러 후보 예측변수와 가능한 분할점 가운데 정보이득이 가장 큰 예측변수와 분할점을 선택한다. 정보이득이 0이면(즉 최소 정보이득) 분할 후에도 엔트로피의 개선(즉 감소)이 없다는 뜻이고, 이는 해당 예측변수와 분할점의 선택이 적절하지 않다는 것을 의미한다. 반면에 정보이득이 분할 전의 엔트로피와 같다면(즉 최대 정보이득) 분할 후의 엔트로피는 0이라는 뜻이고, 이는 분할을 통해 생성한 서브셋이 완전히 동질적(즉 같은 범주에 속한 케이스들로만 구성)이라는 것을 의미한다. 따라서 더 이상의 분할작업은 필요 없다.

[그림 3-3]의 기상예측 의사결정나무를 대상으로 각각의 노드분할 단계에서의 엔트로피와 정보이득을 계산해보자. 루트노드에서부터 시작한다. 부모노드로서의 역할을 하는 루트노드에서의 엔트로피는 다음과 같이 계산된다. '맑음'과 '비'가 각각 50%씩 포함되어 있으므로 엔트로피는 1로서 루트노드는 가장 동질성 정도가 낮은 상태를 나타낸다.

$$E(S_{before}) = -0.5\times\log_2 0.5 - 0.5\times\log_2 0.5 = 0.5 + 0.5 = 1$$

강수확률 예측변수에 의한 첫 번째 분할 후의 자식노드에서의 엔트로피는 다음과 같이 계산할 수 있다. 분할 후 엔트로피는 0.876이다.

$$\begin{aligned} E(S_{after}) &= \frac{8}{20}\times\left(-\frac{2}{8}\times\log_2\frac{2}{8} - \frac{6}{8}\times\log_2\frac{6}{8}\right) + \frac{12}{20}\times\left(-\frac{8}{12}\times\log_2\frac{8}{12} - \frac{4}{12}\times\log_2\frac{4}{12}\right) \\ &= 0.325 + 0.551 = 0.876 \end{aligned}$$

따라서 정보이득은 다음과 같이 분할 전 엔트로피에서 분할 후 엔트로피를 빼서 구한다.

$$IG(\text{강수확률}) = E(S_{before}) - E(S_{after}) = 1 - 0.876 = 0.124$$

정보이득은 0.124로서 첫 번째 분할 후 생성된 서브셋은 동질성이 개선되었다. 이번에는 구름 예측변수에 의한 두 번째 분할 후의 엔트로피와 정보이득을 계산해보자. 먼저 분할 전 부모노드의 엔트로피를 계산한다.

$$E(S_{before}) = -\frac{8}{12}\times\log_2\frac{8}{12} - \frac{4}{12}\times\log_2\frac{4}{12} = 0.918$$

구름 예측변수에 의한 두 번째 분할 후의 자식노드에서의 엔트로피는 다음과 같이 계산할 수 있다. 분할 후 엔트로피는 0.632이다.

$$E(S_{after}) = \frac{4}{12}\times\left(-\frac{1}{4}\times\log_2\frac{1}{4}-\frac{3}{4}\times\log_2\frac{3}{4}\right)+\frac{8}{12}\times\left(-\frac{7}{8}\times\log_2\frac{7}{8}-\frac{1}{8}\times\log_2\frac{1}{8}\right)$$
$$= 0.270 + 0.362 = 0.632$$

따라서 두 번째 분할 후의 정보이득은 다음과 같다. 정보이득은 0.286으로서 두 번째 분할 후 생성된 서브셋의 동질성이 개선되었다.

$$IG(\text{구름}) = E(S_{before}) - E(S_{after}) = 0.918 - 0.632 = 0.286$$

노드분할 알고리즘은 각 예측변수에 대해 가능한 모든 분할점을 평가한 후 이 가운데 동질성이 가장 크게 개선되는(즉 정보이득이 가장 큰) 분할점을 선택한다. 이러한 분할작업은 사전에 정의한 종료기준(노드에 포함된 관측값 개수, 나무깊이 등)에 도달할 때까지 분할에 의해 생성된 각 서브그룹별로 반복하여 수행된다.[1)]

엔트로피 이외에도 집단분할의 적정성을 평가하는 다양한 지표가 있다. 예를 들어, 지니지수(Gini index)나 오분류오차(misclassification error)도 많이 사용하는 동질성 측정지표이다. 지니지수는 서브그룹으로부터 무작위로 선택된 어떤 케이스가 서브그룹 내의 범주분포에 따라 가능한 범주 가운데 하나로 무작위로 배정될 때 잘못 분류될 확률로 측정한다. 오분류오차는 서브그룹 내의 모든 케이스를 다수를 차지하는 하나의 범주로 할당할 경우 잘못 분류되는 비율을 나타낸다. 따라서 엄밀히 얘기하면 두 지표는 엔트로피와 마찬가지로 불순도(impurity), 다시 말해 이질성을 측정한다. 지니지수와 오분류오차가 0이면 모든 케이스가 올바르게 분류되었음을 의미한다.

지니지수는 다음과 같이 계산한다. 만일 두 개의 범주만 있고 $p_1=p$, $p_2=1-p$이면 지니지수는 $2p(1-p)$가 된다. 이 경우 지니지수의 최소값은 0($p=0$ 또는 $p=1$일 때), 최대값은 0.5($p=0.5$일 때)이다.

---

1) 나무깊이(tree depth)란 루트노드에서 최종노드(리프노드)까지의 경로의 길이를 말한다.

$$G(S) = \sum_{i=1}^{c} p_i(1-p_i) = 1 - \sum_{i=1}^{c} p_i^2$$

여기에서, $G(S)$는 서브그룹 S에 대한 지니지수, c는 범주의 개수, p_i는 범주 i에 속하는 케이스 비율

오분류오차는 다음과 같이 계산할 수 있다. 만일 두 개의 범주만 있고 $p_1 = p$, $p_2 = 1-p$이면 오분류오차는 $\min(p, 1-p)$가 된다. 이 경우 오분류오차의 최소값은 0($p=0$ 또는 $p=1$일 때), 최대값은 0.5($p=0.5$일 때)이다.

$$M(S) = 1 - \max_i p_i$$

여기에서, $M(S)$는 서브그룹 S에 대한 오분류오차, p_i는 범주 i에 속하는 케이스 비율

범주가 두 개일 때 다양한 범주 비율에서의 엔트로피, 지니지수, 오분류오차를 비교해보면 [그림 3-5]와 같다.

[그림 3-5] **동질성 측정지표(엔트로피, 지니지수, 오분류오차).** 범주가 두 개일 경우 두 범주의 비율이 각각 0.5로서 균등하게 서브셋을 점유하고 있을 때 동질성이 가장 작다.

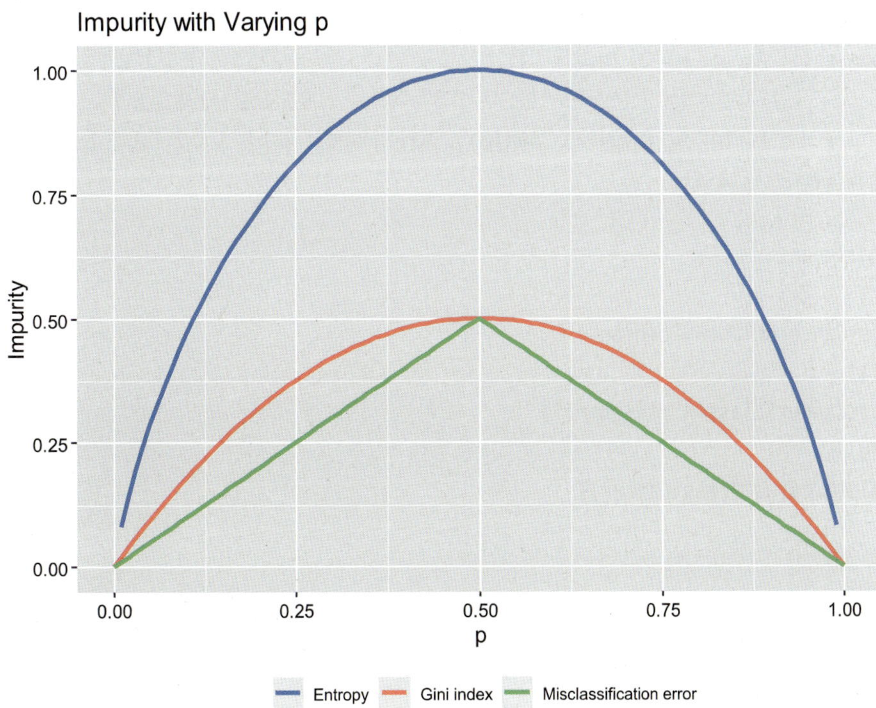

3.2 사례: 유방암

mlbench 패키지에 포함된 BreastCancer 데이터셋을 이용하여 의사결정나무분석을 수행해 보자. BreastCancer 데이터셋에는 위스콘신 대학병원(University of Wisconsin Hospitals)에서 진료를 받은 유방암 의심 환자 699명의 세포조직 검사결과와 유방암 판정결과가 기록되어 있다.

```
> library(mlbench)
> data(BreastCancer)
> str(BreastCancer)
'data.frame': 699 obs. of  11 variables:
 $ Id             : chr  "1000025" "1002945" "1015425" "1016277" ...
 $ Cl.thickness   : Ord.factor w/ 10 levels "1"<"2"<"3"<"4"<..: 5 5 3 6 4 8 1 2 4 ...
 $ Cell.size      : Ord.factor w/ 10 levels "1"<"2"<"3"<"4"<..: 1 4 1 8 1 10 1 1 2 ...
 $ Cell.shape     : Ord.factor w/ 10 levels "1"<"2"<"3"<"4"<..: 1 4 1 8 1 10 1 2 1 ...
 $ Marg.adhesion  : Ord.factor w/ 10 levels "1"<"2"<"3"<"4"<..: 1 5 1 1 3 8 1 1 1 ...
 $ Epith.c.size   : Ord.factor w/ 10 levels "1"<"2"<"3"<"4"<..: 2 7 2 3 2 7 2 2 2 ...
 $ Bare.nuclei    : Factor w/ 10 levels "1","2","3","4",..: 1 10 2 4 1 10 10 1 1 1 ...
 $ Bl.cromatin    : Factor w/ 10 levels "1","2","3","4",..: 3 3 3 3 3 9 3 3 1 2 ...
 $ Normal.nucleoli: Factor w/ 10 levels "1","2","3","4",..: 1 2 1 7 1 7 1 1 1 1 ...
 $ Mitoses        : Factor w/ 9 levels "1","2","3","4",..: 1 1 1 1 1 1 1 1 5 1 ...
 $ Class          : Factor w/ 2 levels "benign","malignant": 1 1 1 1 1 2 1 1 1 1 ...
> table(BreastCancer$Class)

   benign malignant
      458       241
> mean(BreastCancer$Class=="benign")
[1] 0.6552217
> mean(BreastCancer$Class=="malignant")
[1] 0.3447783
> sum(!complete.cases(BreastCancer))
[1] 16
```

699명 중 458명(65.5%)은 양성으로, 나머지 241명(34.5%)은 악성으로 판정되었다. 데이터셋은 11개의 변수로 이루어져 있으며 16개 케이스에는 결측값이 포함되어 있다. 첫 번째 변수는 환자의 ID를 나타낸다. 두 번째부터 10번째까지의 아홉 개 변수는 유방암과 관계가 있는 것으로 알려진 세포조직의 특성으로서 각 환자별로 1부터 10까지의 점수로 기록되어 있다. 점수가 클수록 악성에 가까운 것을 나타낸다. 그러나 어떠한 변수도 홀로는 양성조직과 악성조직을 명확히 구별해주지는 못하는 것으로 알려져 있다. 따라서 이 아홉 개 세포조직 특성을 조합하여 악성종양을 예측할 수 있는 규칙을 찾을 필요가 있다. 마지막 11번째 변수(Class)는 결과 변수로서 유방암 판정결과를 나타낸다. 1은 양성(benign)을 의미하며 2는 악성(malignant)을 나타낸다.

다음과 같이 분석에 불필요한 첫 번째 변수(Id)는 제거하고 세포조직의 특성을 나타내는 아홉 개 예측변수는 팩터에서 수치형 변수로 변환한다. 그런 다음 데이터셋을 예측모델 생성을 위한 훈련 데이터(70%)와 검증을 위한 테스트 데이터(30%)로 분할한다. 훈련 데이터에는 489개의 표본(양성 315개, 악성 174개)이 포함되었으며 테스트 데이터에는 210개의 표본(양성 143개, 악성 67개)이 할당되었다.

```
> bc <- BreastCancer[-1]
> bc <- cbind(lapply(bc[-10], function(x) as.numeric(as.character(x))), bc[10])
> str(bc)
'data.frame': 699 obs. of  10 variables:
 $ Cl.thickness   : num  5 5 3 6 4 8 1 2 2 4 ...
 $ Cell.size      : num  1 4 1 8 1 10 1 1 1 2 ...
 $ Cell.shape     : num  1 4 1 8 1 10 1 2 1 1 ...
 $ Marg.adhesion  : num  1 5 1 1 3 8 1 1 1 1 ...
 $ Epith.c.size   : num  2 7 2 3 2 7 2 2 2 2 ...
 $ Bare.nuclei    : num  1 10 2 4 1 10 10 1 1 1 ...
 $ Bl.cromatin    : num  3 3 3 3 3 9 3 3 1 2 ...
 $ Normal.nucleoli: num  1 2 1 7 1 7 1 1 1 1 ...
 $ Mitoses        : num  1 1 1 1 1 1 1 1 5 1 ...
 $ Class          : Factor w/ 2 levels "benign","malignant": 1 1 1 1 1 2 1 1 1 1 ...
> set.seed(567)
> train <- sample(nrow(bc), 0.7*nrow(bc))
> bc.train <- bc[train,]
> bc.test <- bc[-train,]
```

```
> table(bc.train$Class)

   benign malignant 
      315       174 
> table(bc.test$Class)

   benign malignant 
      143        67 
```

rpart 패키지에 포함된 rpart() 함수를 이용하여 다음과 같이 CART 기반의 의사결정나무 분석을 수행한다.

```
> library(rpart)
> bc.dtree <- rpart(formula=Class ~ ., data=bc.train, method="class",
+                   parms=list(split="information"))
```

rpart() 함수의 첫 번째 인수(formula)에는 결과변수(종속변수)인 Class와 나머지 아홉 개 예측변수(독립변수)를 포뮬러 형식으로 지정한다. data 인수에는 예측모델 개발에 사용할 훈련 데이터(여기에서는 bc.train)를 지정한다. method="class"를 지정하면 rpart() 함수는 결과변수를 범주형 변수로 간주하고 분류나무를 생성하여 분류분석을 수행한다. 연속형인 결과변수를 예측하기 위해서는 method="anova"를 지정하여 회귀나무를 생성한다. parms 인수에는 집단분할 시 적용할 동질성 측정방식을 리스트 형식으로 지정한다. 기본값으로 지니지수(split="gini")가 사용되며 여기처럼 정보이득(split="information")을 지정할 수도 있다.

rpart() 함수를 이용하여 분류분석을 수행한 결과는 다음과 같다. 모두 다섯 번의 분할이 이루어졌으며 여섯 개의 최종노드가 생성되었다. * 표시는 최종노드를 나타낸다. n번의 분할이 이루어진 의사결정나무는 <n+1>개의 최종노드를 갖는다.

```
> bc.dtree
n= 489 

node), split, n, loss, yval, (yprob)
      * denotes terminal node
```

```
1) root 489 174 benign (0.644171779 0.355828221)
  2) Cell.size< 2.5 299  12 benign (0.959866221 0.040133779)
    4) Bare.nuclei< 2.5 271   1 benign (0.996309963 0.003690037) *
    5) Bare.nuclei>=2.5 28  11 benign (0.607142857 0.392857143)
     10) Cl.thickness< 3.5 13   0 benign (1.000000000 0.000000000) *
     11) Cl.thickness>=3.5 15   4 malignant (0.266666667 0.733333333) *
  3) Cell.size>=2.5 190  28 malignant (0.147368421 0.852631579)
    6) Cell.size< 4.5 69  25 malignant (0.362318841 0.637681159)
     12) Bare.nuclei< 3.5 24   6 benign (0.750000000 0.250000000) *
     13) Bare.nuclei>=3.5 45   7 malignant (0.155555556 0.844444444) *
    7) Cell.size>=4.5 121   3 malignant (0.024793388 0.975206612) *
```

각 노드(node)에서 분할점(split) 다음의 두 개의 숫자는 각각 해당 노드에서의 분할조건을 충족하는 케이스의 개수(n)와 해당 노드에서의 분류판정에 의해 잘못 분류된 케이스 개수(loss)를 나타낸다. 이어서 해당 노드의 분류판정 범주(yval)와 각 범주의 비율(yprob)이 출력된다. 예를 들어, 1번 노드는 분할 전의 루트노드로서 훈련 데이터의 489개의 케이스 전부를 포함한다. 전체 데이터셋에는 양성이 315개, 악성이 174개 포함되어 있으므로 0.64($=\frac{315}{489}$)의 비율로 다수를 차지하는 양성(benign)으로 분류된다. 따라서 노드분할 전 루트노드 상태에서 오분류된 케이스는 전체의 36%에 해당하는 174개이다. 첫 번째 분할점의 2번 노드를 보면, Cell.size <2.5 기준을 충족하는 케이스 개수가 299개이고 이 가운데 잘못 분류된 케이스는 12개이다. 이 노드에서의 양성과 악성의 비율은 각각 0.96($=\frac{299-12}{299}$)과 0.04($=\frac{12}{299}$)이므로 해당 노드는 다수를 차지하는 양성으로 판정된다. 잘못 분류된 12개 케이스는 노드의 분류판정과는 반대로 실제로는 악성(malignant)이다.

의사결정나무의 분석결과는 일반적으로 그래프 형태로 나타낸다. `rpart.plot` 패키지에 포함된 `prp()` 함수를 이용하여 의사결정나무를 [그림 3-6]과 같은 그래프로 표현해보자.

```
> library(rpart.plot)
> prp(bc.dtree, type=2, extra=104, fallen.leaves=TRUE, roundint=FALSE,
+     main="Decision Tree from Wisconsin Breast Cancer Dataset")
```

`prp()` 함수는 많은 인수를 갖고 있다. `type=2`를 지정하면 분기점 레이블이 노드 아래에

[그림 3-6] **유방암예측.** 의사결정나무모델은 나뭇가지 모양의 분류규칙을 생성하여 악성종양과 양성종양을 예측한다.

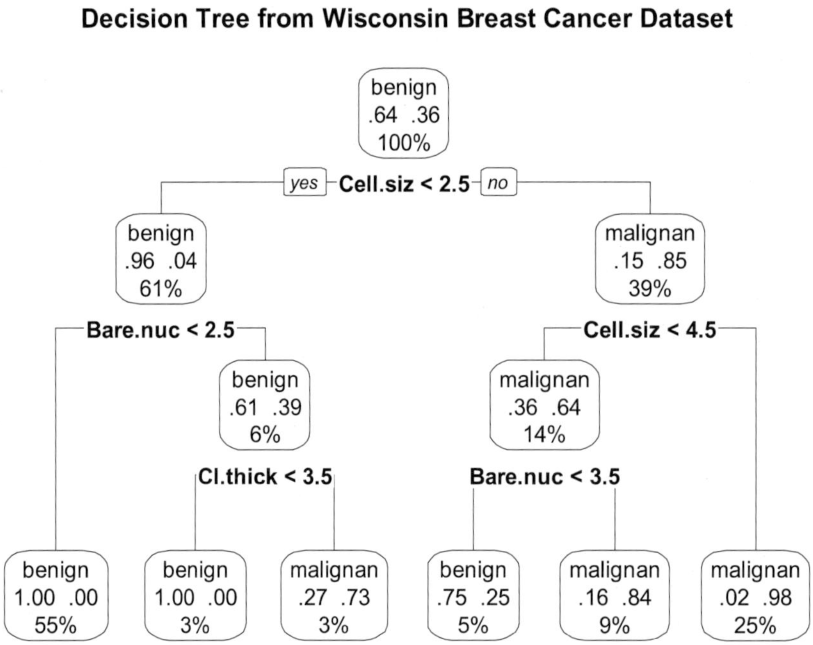

표시된다. 각 노드에 범주별 비율과 케이스의 비율을 나타내기 위해서는 extra=104를 지정한다. fallen.leaves=TRUE를 지정하면 그래프 하단에 최종노드들이 나란히 정렬된다. prp() 함수는 예측변수의 값이 모두 정수일 때 기본적으로 분할점을 정수로 반올림한다(기본값 roundint=TRUE). roundint=FALSE를 지정하면 분할점을 의사결정나무모델의 원래의 출력결과와 동일하게 나타낼 수 있다.

새로운 환자에 대한 세포조직 검사결과를 알고 있을 때 이 환자가 양성인지 악성인지 분류하기 위해서는 가장 위의 노드부터 시작하여 최종노드에 도달할 때까지 조건이 충족되면 왼쪽으로 그렇지 않으면 오른쪽으로 가지를 따라 이동한다. 도달한 최종노드의 귀속집단이 해당 환자의 판정결과가 된다.

predict() 함수를 이용하여 테스트 데이터에 포함된 각 케이스를 분류할 수 있다. 첫 번째 인수에는 의사결정나무모델(여기에서는 bc.dtree)을 지정하고 newdata 인수에는 예측에 사용할 데이터셋(여기에서는 bc.test)을 지정한다. type="prob"를 지정하면 각 케이스별로 범주의 분류확률이 행렬 형태로 출력된다. type="class"를 지정하면 각 케이스별로 분류된 범주가 출력된다.

```
> bc.dtree.pred <- predict(bc.dtree, newdata=bc.test, type="prob")
> head(bc.dtree.pred)
       benign   malignant
1  0.99630996 0.003690037
5  0.99630996 0.003690037
6  0.02479339 0.975206612
11 0.99630996 0.003690037
12 0.99630996 0.003690037
13 0.75000000 0.250000000
> bc.dtree.pred <- predict(bc.dtree, newdata=bc.test, type="class")
> head(bc.dtree.pred)
        1         5         6        11        12        13
   benign    benign malignant    benign    benign    benign
Levels: benign malignant
```

실제 판정결과와 의사결정나무에 의한 예측결과를 비교하기 위하여 다음과 같이 교차표(혼동행렬)를 생성하고 예측정확도를 계산해보자.

```
> table(bc.test$Class, bc.dtree.pred, dnn=c("Actual", "Predicted"))
           Predicted
Actual      benign malignant
  benign       141         2
  malignant      4        63
> mean(bc.test$Class==bc.dtree.pred)
[1] 0.9714286
```

대각선의 값은 예측에 성공한 케이스를 나타낸다. 실제로 양성인 환자 가운데 141명이 예측모델에 의해서도 양성으로 분류되었으며, 실제로 악성인 환자 가운데 63명이 예측모델에 의해서 동일하게 악성으로 분류되었다. 의사결정나무에 의해 정확하게 분류된 케이스는 전체적으로 210명의 환자 가운데 204명으로 예측모델은 97.1%의 정확도를 보여주었다.

의사결정나무는 주어진 데이터에 최적화된 분류규칙을 생성하기 때문에 종종 지나치게 나무가 커지고 과적합되는 경향이 있다. 그래서 이렇게 생성한 의사결정나무는 모델 구축에 사용된 데이터가 아닌 새로운 데이터에 대해서는 기대에 못 미치는 예측성능을 보여주기도 한다. 따라서 이러한 단점을 보완하기 위하여 다양한 크기의 의사결정나무에 대한 교차검증을 수행해서 가장 작은 예측오차(prediction error, 즉 잘못 분류된 케이스 비율)를 갖는 최적의 나무를 선택한다. 이러한 작업을 가지치기(pruning)라고 한다.[2)]

rpart() 함수에 의해서 반환된 의사결정나무 객체의 cptable에 담겨 있는 정보를 이용하여 적정 나무크기를 결정하기 위한 가지치기 작업을 수행할 수 있다. cptable은 다음과 같이 의사결정나무 객체로부터 직접 추출하거나 printcp() 함수를 이용하여 출력한다.

```
> bc.dtree$cptable
          CP nsplit rel error    xerror       xstd
1 0.77011494      0 1.0000000 1.0000000 0.06084519
2 0.03448276      1 0.2298851 0.3045977 0.03950731
3 0.02011494      3 0.1609195 0.2643678 0.03710027
4 0.01000000      5 0.1206897 0.2413793 0.03561023
> printcp(bc.dtree)

Classification tree:
rpart(formula = Class ~ ., data = bc.train, method = "class",
    parms = list(split = "information"))

Variables actually used in tree construction:
[1] Bare.nuclei  Cell.size    Cl.thickness

Root node error: 174/489 = 0.35583

n= 489

        CP nsplit rel error  xerror     xstd
1 0.770115      0   1.00000 1.00000 0.060845
2 0.034483      1   0.22989 0.30460 0.039507
3 0.020115      3   0.16092 0.26437 0.037100
4 0.010000      5   0.12069 0.24138 0.035610
```

2) 의사결정나무에 대한 가지치기는 예측모델의 변동성을 줄이고자 하는 목적에서 수행된다. 그러나 대규모 데이터셋에 대해서 이러한 변동성의 축소는 바람직하지 않을 수 있으며 종종 가지치기를 하지 않은 의사결정나무가 오히려 더 나은 성능을 보이기도 한다.

cptable은 다양한 나무크기에 대한 복잡도 수준 및 예측오차 정보를 제공한다. 나무크기는 분할횟수(nsplit)에 따라 결정되며, n번의 분할이 이루어진 나무는 $<n+1>$개의 최종노드를 갖는다. cptable의 CP는 복잡도 파라미터(complexity parameter)로서 큰 나무에 대해 페널티를 주는 역할을 한다. 특정 노드에서의 복잡도 파라미터는 해당 노드를 분할함으로써 개선되는 예측오차의 크기와 생성되는 노드 개수를 바탕으로 계산된다. 복잡도 파라미터는 적정 나무 크기를 결정하는 기준으로서 활용될 수 있다.

의사결정나무를 구축할 때 추가 분할이 나무의 전반적인 오차를 정해진 크기만큼 감소시키지 못하면 rpart() 함수는 나무가 더 이상 커지지 않도록 나무의 성장 프로세스를 중단한다. 이때 기준이 되는 값은 복잡도 파라미터 cp 인수에 지정한다. 달리 지정하지 않으면 rpart() 함수는 cp=0.01을 적용하여 노드분할 후의 전반적인 오차 수준이 0.01보다 개선되지 않으면 나무를 더 이상 성장시키지 않고 노드분할을 멈춘다. cp=0을 지정하면 나무는 제한 없이 최대 한도까지 커진다. 반면에 cp=1은 분할이 전혀 이루어지지 않은 나무를 생성한다.[3] cp가 작을수록 큰 규모의 나무가 생성되며 잠재적으로 과대적합(overfitting) 가능성이 높은 모델이 만들어진다. 반면에 cp가 클수록 나무는 작아진다. cp가 지나치게 커지면 과소적합(underfitting) 모델의 가능성이 높아진다. 적절한 크기의 cp를 선택함으로써 예측력이 우수한 적정 규모의 의사결정나무를 생성할 수 있다.

cptable의 rel error 열은 주어진 나무크기에서의 상대오차(relative error)를 나타낸다. 상대오차는 각 분할단계에서의 오차(즉 잘못 분류된 비율)를 아직 분할이 이루어지지 않은 루트노드의 오차로 나누어 계산하며(상대오차 $= \frac{\text{오차}}{\text{루트노드의 오차}}$), 각 나무크기에서의 루트노드 대비 상대적 오차율을 나타낸다. 루트노드의 오차는 전체 케이스 가운데 루트노드에서 잘못 분류된 비율을 의미한다. 여기에서는 훈련 데이터에 포함된 489명의 환자를 루트노드에서 모두 양성으로 분류하였다. 그러나 이 가운데 174명의 환자는 실제로 음성이므로 루트노드에서의 오차는 0.35583($=\frac{174}{489}$)이다. 따라서 루트노드의 상대오차는 1($=\frac{0.35583}{0.35583}$)이다. 다섯 번의 분할(nsplit=5) 후에 도달한 최종노드에서는 모두 21개(=1+0+4+6+7+3)의 케이스가 잘못 분류되었으므로 최종노드의 오차는 0.04295($=\frac{21}{489}$)이고, 따라서 상대오차는 0.1207($=\frac{0.04295}{0.35583}$)이

---

3) rpart() 함수의 복잡도 파라미터 cp는 0과 1 사이의 척도 조정된 값으로 정의된다. rpart() 함수의 cp의 역할 가운데 하나는 교차검증을 바탕으로 사전 가지치기(pre-pruning)를 수행하여 모델의 성능에 기여하지 못하는 노드분할을 억제함으로써 불필요하게 나무가 커지는 것을 방지하는 것이다(그리고 이를 통해 결과적으로 컴퓨팅 시간을 줄일 수 있다).

된다. 각 단계의 상대오차에 루트노드 오차를 곱하면 원래의 실제오차를 구할 수 있다. 예를 들어, 의사결정나무의 최종노드에서의 상대오차는 0.1207이므로 실제 분류오차는 0.1207×0.35583 =0.04295, 즉 약 4.0%로서 앞서 계산한 결과$(=\frac{21}{489}=0.04295)$와 일치한다. 또한 '상대오차 $=\frac{\text{오차}}{\text{루트노드의 오차}}=\frac{\text{현 분할단계의 오분류 케이스 개수/전체 케이스 개수}}{\text{루트노드의 오분류 케이스 개수/전체 케이스 개수}}$'의 관계를 이용하면 상대오차에 루트노드에서의 잘못 분류된 케이스 개수(여기에서는 174)를 곱하여 해당 노드에서의 실제로 잘못 분류된 케이스 개수를 구할 수 있다. 예를 들어, 최종노드에서의 오분류된 케이스 개수는 0.1207×174=21이다. xerror 열은 교차검증오차(cross-validation error)를 의미하여, 10-묶음 교차검증(10-fold cross-validation)에 의해 산출된다.4) 교차검증오차 또한 루트노드의 오차로 척도 조정된 수치로 표현된다. xstd 열은 교차검증오차에 대한 표준오차를 나타낸다.

복잡도 수준 및 예측오차 정보를 이용하여 적정 나무크기를 결정하는 방법 중의 하나는 교차검증오차가 최소 교차검증오차의 한 개 표준오차 범위 내에 있는 나무 가운데 가장 작은 크기의 나무를 선택하는 것이다. 즉 가장 작은 오차를 나타내는 최적모델의 예측오차를 기준으로 한 개 표준오차 범위 내에서 가장 간명한 모델(parsimonious model)을 찾는다.5) 여기에서 최소 교차검증오차는 0.241이고 이에 대한 표준오차는 0.036이다. 따라서 교차검증오차가 0.241± 1×0.036(즉 0.205~0.277) 범위에 속하는 나무 가운데 가장 작은 나무를 선택한다. 이 범위에는 분할횟수(nsplit)가 세 번인 나무와 다섯 번인 나무가 속해있으므로 이 중 작은 나무인 세 번 분할이 이루어진 나무를 선택한다. 이렇게 선택된 나무는 최종노드가 네 개가 되며 이때의 복잡도 파라미터는 0.020115이다.

`plotcp()` 함수는 복잡도 파라미터와 교차검증오차 간의 관계를 [그림 3-7]과 같은 그래프로 보여준다.

---

4) 10-묶음 교차검증은 다음과 같이 수행된다. 우선 데이터를 모두 10개의 서브셋으로 분할한다. 이 가운데 아홉 개의 서브셋(즉 전체 데이터의 90%)을 훈련 데이터로 사용하여 예측모델을 생성하고 나머지 한 개의 서브셋(즉 전체 제이터의 10%)을 테스트 데이터로 사용하여 예측정확도에 대한 검증작업을 수행한다. 10개의 서브셋이 순차적으로 각각 한 번씩 테스트 데이터의 역할을 수행하고 동시에 나머지 아홉 개의 서브셋은 훈련 데이터의 역할을 수행하면서 10개의 예측모델을 생성하고 10번의 검증작업을 수행한다. 10개의 검증결과(즉 10개의 예측오차)를 평균하여 하나의 교차타당오차를 계산한다. 이러한 방법을 k-묶음 교차검증(k-fold cross-validation)이라고 한다.

5) 간명한 모델이란 가능한 단순한 모델로 많은 것을 설명하는 모델을 말한다.

[그림 3-7] **복잡도 파라미터와 교차검증오차.** 점선은 최소 교차검증오차의 한 개 표준오차 범위 중 상한값을 나타낸다.

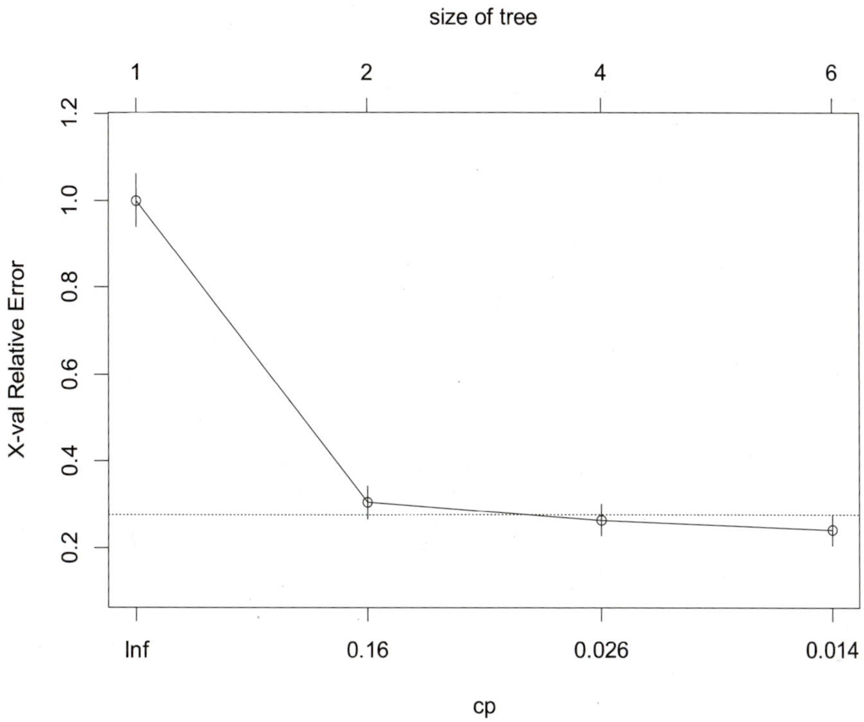


```
> plotcp(bc.dtree)
```

가로로 그려진 점선은 최소 교차검증오차의 한 개 표준오차 범위 중 상한값을 나타낸다(즉 0.241+1×0.036=0.277). 이 그래프를 이용하여 앞에서 설명한 기준을 바탕으로 적정 나무크기를 결정할 수 있다. 점선 아래에서 가장 큰 복잡도 파라미터값에 대응되는 나무의 크기를 선택한다(점선 아래에서 가장 왼쪽에 있는 cp값에 대응되는 나무크기가 이에 해당한다). 이 기준에 따라 네 개의 최종노드, 즉 세 번의 분할이 이루어지는 의사결정나무를 선택한다.

이제 앞서의 분석결과를 토대로 가지치기를 통해 원하는 규모의 의사결정나무를 생성할 수 있다. 세 번의 분할(즉 최종노드가 네 개)이 이루어지는 나무는 복잡도 파라미터 0.020115를 갖는다. `rpart()` 함수에 다음과 같이 `cp=0.020115`를 지정하여 세 번의 분할 후 나무 성장 프로세스가 종료되도록 한다. 그러면 네 개의 최종노드를 갖는 새로운 의사결정나무가 생성된다. `prune()`

함수를 이용해서도 동일한 가지치기를 수행할 수 있다. prune() 함수는 기 분석된 의사결정나무를 인수로 받아서 주어진 복잡도 파라미터를 토대로 중요성이 떨어지는 가지를 잘라낸다.

```
> bc.dtree.pruned <- rpart(Class ~ ., data=bc.train, method="class", cp=0.020115,
+                          parms=list(split="information"))
> bc.dtree.pruned <- prune(bc.dtree, cp=0.020115)
> bc.dtree.pruned
n= 489

node), split, n, loss, yval, (yprob)
      * denotes terminal node

 1) root 489 174 benign (0.64417178 0.35582822)
   2) Cell.size< 2.5 299  12 benign (0.95986622 0.04013378) *
   3) Cell.size>=2.5 190  28 malignant (0.14736842 0.85263158)
     6) Cell.size< 4.5 69  25 malignant (0.36231884 0.63768116)
      12) Bare.nuclei< 3.5 24   6 benign (0.75000000 0.25000000) *
      13) Bare.nuclei>=3.5 45   7 malignant (0.15555556 0.84444444) *
     7) Cell.size>=4.5 121   3 malignant (0.02479339 0.97520661) *
> bc.dtree.pruned$cptable
          CP nsplit rel error    xerror       xstd
1 0.77011494      0 1.0000000 1.0000000 0.06084519
2 0.03448276      1 0.2298851 0.3045977 0.03950731
3 0.02011500      3 0.1609195 0.2643678 0.03710027
```

가지치기가 끝난 새로운 의사결정나무는 rpart.plot 패키지에 포함된 prp() 함수를 이용하여 [그림 3-8]과 같은 그래프로 나타낼 수 있다.

```
> cols <- ifelse(bc.dtree.pruned$frame$yval==1, "green4", "darkred")
> prp(bc.dtree.pruned, type=2, extra=104, fallen.leaves=TRUE, roundint=FALSE,
+     branch.lty=3, col=cols, border.col=cols, shadow.col="gray",
+     split.cex=1.2, split.suffix="?",
+     split.box.col="lightgray", split.border.col="darkgray", split.round=0.5,
+     main="Pruned Decision Tree from Wisconsin Breast Cancer Dataset")
```

[그림 3-8] **유방암예측.** 가지치기를 거친 의사결정나무모델은 복잡도가 감소하여 일반화가능성이 증가한다.

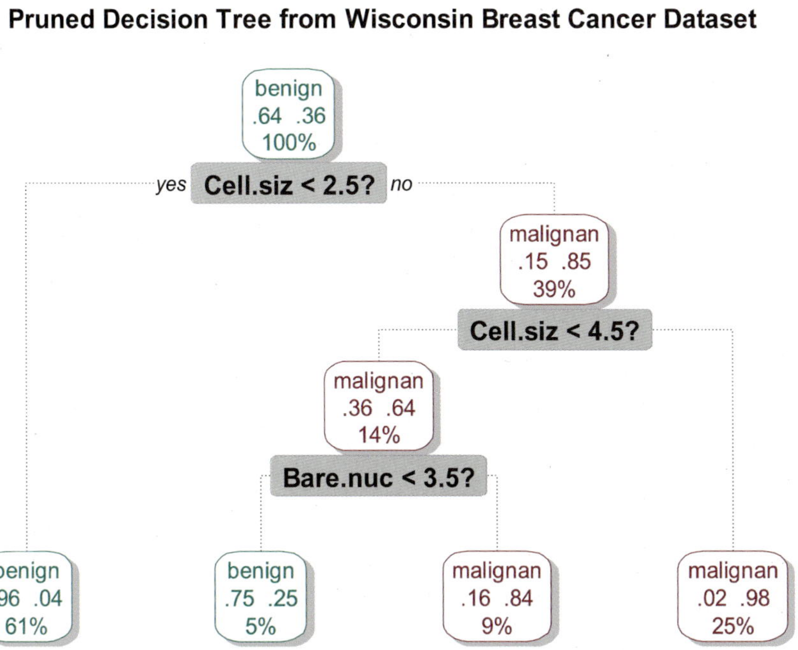

앞에서 사용했던 `type`, `extra`, `fallen.leaves`, `roundint` 인수 이외에 추가로 몇 가지 인수를 더 사용하였다. `branch.lty=3`을 지정하여 나뭇가지를 점선으로 표현하였다. 의사결정나무모델의 `bc.dtree.pruned$frame$yval`에는 각 노드별 판정결과가 저장되어 있다. 노드 텍스트와 경계선을 양성(1)과 악성(2)에 따라 각각 녹색(green4)과 빨간색(darkred)으로 나타나도록 `col` 인수와 `border.col` 인수에 사전에 정의한 색상(`cols`)을 지정한다. `shadow.col="gray"`는 노드의 그림자 색상을 회색으로 나타낸다. `split.cex=1.2`를 지정하여 분할박스의 텍스트 크기를 노드의 텍스트 크기보다 약간 더 크도록 한다. `split.suffix="?"`를 지정하면 분할박스 텍스트 뒤에 ?가 붙는다. `split.box.col` 인수와 `split.border.col` 인수에는 분할박스 내부와 경계선의 색상을 지정한다. 각각 옅은 회색(lightgray)과 진한 회색(darkgray)을 지정한다(기본값 white). `split.round` 인수를 이용하여 분할박스의 코너를 둥글게 표현할 수 있다. 기본값은 0으로서 분할박스는 각지게 표현된다.

`rattle` 패키지에 포함된 `fancyRpartPlot()` 함수를 이용하면 `rpart()` 함수로부터 생성된 의사결정나무를 좀 더 쉽게 그래프로 나타낼 수 있다. 별다른 인수 지정 없이도

[그림 3-9] **유방암예측.** fancyRpartPlot() 함수를 이용하여 의사결정나무모델을 효과적으로 시각화할 수 있다.

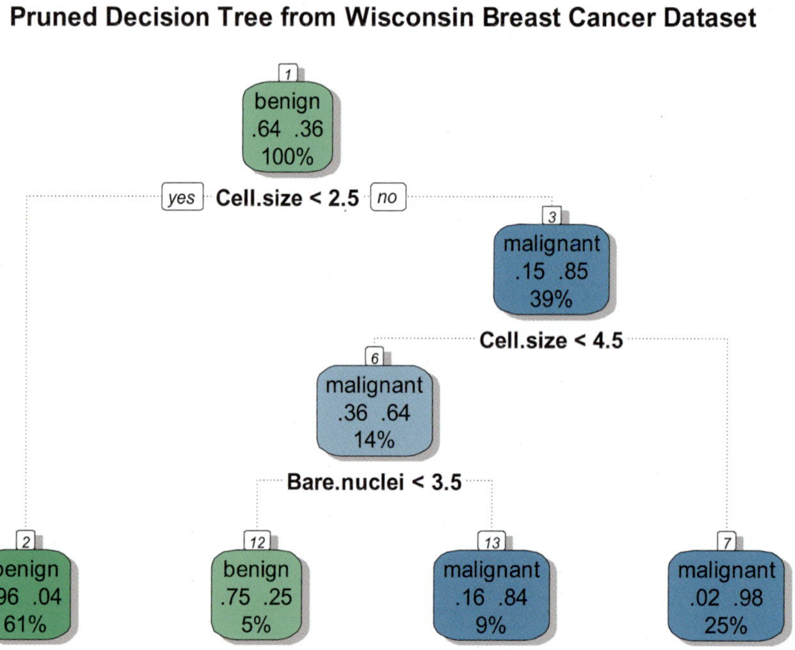

[그림 3-9]와 같은 그래프를 생성할 수 있다. sub=NULL을 지정하면 그래프 하단에 나타나는 패키지 이름과 생성 일자를 보이지 않게 할 수 있다.

```
> library(rattle)
> fancyRpartPlot(bc.dtree.pruned, sub=NULL,
+              main="Pruned Decision Tree from Wisconsin Breast Cancer Dataset")
```

가지치기 후 새롭게 생성된 의사결정나무를 이용하여 다음과 같이 테스트 데이터를 분류하였다. 실제 판정결과와 예측결과를 비교한 결과 예측정확도는 97.1%로서 가지치기 전의 의사결정나무와 동일한 분류성능을 보인다. 가지치기를 통해 성능은 동일하면서도 예측모델의 일반화가능성은 커진 보다 바람직한 모델이 생성되었다.

```
> bc.dtree.pred <- predict(bc.dtree.pruned, newdata=bc.test, type="class")
> table(bc.test$Class, bc.dtree.pred, dnn=c("Actual", "Predicted"))
           Predicted
Actual      benign malignant
  benign       141         2
  malignant      4        63
> mean(bc.test$Class==bc.dtree.pred)
[1] 0.9714286
```

Chapter 4

랜덤포레스트

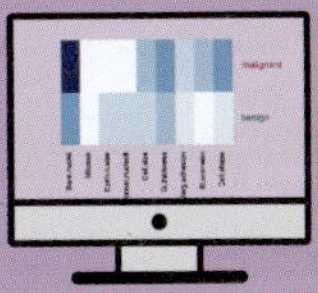

CHAPTER 4

랜덤포레스트

4.1 분석기법 이해

랜덤포레스트(random forest)는 앙상블학습(ensemble learning) 기법을 사용하는 분류분석 방법이다.[1] 주어진 데이터로부터 다수의 예측모델을 개발한 후 예측결과를 종합하여 분류의 정확도를 향상시킨다. 랜덤포레스트는 앙상블학습 절차에 따라 다수의 의사결정나무를 생성한 후 개별 의사결정나무의 예측결과를 종합하여 데이터를 분류한다.

랜덤포레스트는 반복적인 무작위 표본추출(즉 부트스트래핑(bootstrapping))과 변수선택을 통해 다수의 의사결정나무를 생성한다.[2] 새로운 케이스에 대한 예측은 이렇게 생성한 의사결정나무들의 예측결과를 종합하여 수행된다. 즉 개별 의사결정나무가 판정한 예측결과를 종합하여 그중 가장 많은 표를 받은 범주로 분류한다. 예를 들어, 10개의 의사결정나무 가운데 일곱 개는

---

1) 앙상블학습은 주어진 데이터로부터 반복적인 무작위 표본추출을 통해 다수의 훈련 데이터를 생성하고 이를 바탕으로 여러 개의 예측모델을 개발한 후 예측결과를 종합하여 분류의 정확도를 향상시키는 기법이다. 기본적인 아이디어는 많은 모델을 결합함으로써 하나의 모델에 의해 예측하는 것보다는 더 나은 성능을 가져오는 모델을 생성할 수 있다는 것이다. 각 모델은 나름대로의 강점과 약점을 가지고 있고 특정 문제를 해결하는 데 있어서 좋거나 나쁜 성능을 보이기 마련이다. 예를 들어, 악성종양을 예측하는 데 있어서 어떤 분류기(classifier)는 종양의 크기를 강조할 수 있고, 또 어떤 다른 분류기는 특정 검사지표를 중요하게 고려할 수 있다. 각 분류기는 나름대로의 분류규칙에 따라 다양한 판정결과를 제시하겠지만 분류기의 판정결과가 많이 일치하는 쪽으로 의사결정을 하면 올바른 예측을 할 가능성이 증가할 것이다. 서로 보완적인 다양한 모델을 결합하면 하나의 모델을 사용할 때에 비해 전반적으로 개선된 예측모델을 얻을 수 있다.

2) 랜덤포레스트라는 이름은 '무작위로'(random) 다수의 나무를 생성하여 분석을 위한 의사결정나무 '숲'(forest)을 조성한다는 의미를 담고 있다. 부트스트래핑은 현재 갖고 있는 데이터로부터 표본을 반복적으로 무작위 복원추출(random sampling with replacement)하는 표본재추출(resampling) 방법이다. 이렇게 추출된 표본을 부트스트랩 표본이라고 한다. 랜덤포레스트는 부트스트랩 표본을 바탕으로 다수의 나무를 생성한다.

유방암 의심 환자에 대해 양성으로 판정하고 세 개는 악성으로 판정했다면 이 환자를 최종적으로 양성으로 판정하는 방식이다. 부트스트래핑을 바탕으로 수행된 결과를 종합한다 하여 이러한 기법을 배깅(bagging, bootstrap aggregating)이라고 한다. 랜덤포레스트는 배깅의 기본원리에 무작위적인 예측변수 선택 과정을 결합함으로써 의사결정나무모델의 다양성을 증가시켜 과적합의 위험을 줄여주고 일반화가능성을 향상시킨다.

랜덤포레스트를 이용한 분류분석은 다음과 같은 절차에 따라 수행된다. 여기에서 n은 훈련 데이터에 포함된 케이스 개수(즉 훈련 데이터 표본크기)이고 p는 예측변수 개수이다.

- 훈련 데이터로부터 복원추출 방식으로 n개의 케이스를 반복 추출하여 다수의 의사결정나무를 생성한다. 예를 들면, 500개의 부트스트랩 표본으로부터 500개의 의사결정나무를 생성한다.
- 각 의사결정나무를 생성할 때 p개의 변수 중 노드분할에 사용할 m개의 변수를 선택한다. 이때 변수의 개수 m은 모든 노드에 대해 동일하게 적용된다.
- 개별 의사결정나무는 포함된 케이스들이 속한 범주의 상대적 빈도에 따라 최종노드의 귀속집단을 결정한다.
- 새로운 케이스를 분류할 때는 모든 의사결정나무로부터 분류결과를 집계하여 가장 많이 분류된 집단을 최종 귀속집단으로 결정한다.

4.2 사례: 유방암

위스콘신 대학병원의 유방암 진료 데이터셋(mlbench 패키지에 포함된 BreastCancer 데이터셋)을 이용하여 랜덤포레스트분석을 수행해보자. 앞서 의사결정나무분석을 위해 생성했던 훈련 데이터와 테스트 데이터를 이용한다('제3장 의사결정나무' 참고). 훈련 데이터에는 489개의 표본(양성 315개, 악성 174개)이 포함되었으며, 테스트 데이터에는 210개의 표본(양성 143개, 악성 67개)이 할당되었다.

```
> library(mlbench)
> data(BreastCancer)
> bc <- BreastCancer[-1]
```

```
> bc <- cbind(lapply(bc[-10], function(x) as.numeric(as.character(x))), bc[10])
> set.seed(567)
> train <- sample(nrow(bc), 0.7*nrow(bc))
> bc.train <- bc[train,]
> bc.test <- bc[-train,]
> table(bc.train$Class)

   benign malignant
      315       174
> table(bc.test$Class)

   benign malignant
      143        67
```

랜덤포레스트는 randomForest 패키지에 포함된 randomForest() 함수를 이용하여 수행할 수 있다. 생성되는 의사결정나무의 개수는 기본적으로 500개이며, p개의 예측변수가 있을 때 분류나무의 경우 기본적으로 $\sqrt{p}$ 개의 예측변수가 각 노드에서 노드분할 탐색을 위하여 선택된다. 여기에서는 $p=9$이므로 각 노드마다 세 개(=$\sqrt{9}$)의 예측변수가 무작위로 사용된다.

```
> library(randomForest)
> set.seed(123)
> bc.forest <- randomForest(formula=Class ~ ., data=bc.train,
+                           na.action=na.roughfix, importance=TRUE)
> bc.forest

Call:
 randomForest(formula = Class ~ ., data = bc.train, importance = TRUE, na.action
= na.roughfix)
               Type of random forest: classification
                     Number of trees: 500
No. of variables tried at each split: 3

        OOB estimate of  error rate: 3.27%
```

```
Confusion matrix:
          benign  malignant  class.error
benign       306          9   0.02857143
malignant      7        167   0.04022989
```

randomForest() 함수의 첫 번째 인수(formula)에 결과변수와 예측변수 간의 관계를 포뮬러 형식으로 지정한다.[3] 포뮬러 형식 대신에 x 인수와 y 인수에 예측변수와 결과변수를 직접 지정할 수도 있다. data 인수에는 예측모델 개발에 사용할 데이터셋을 지정한다. 여기에서는 훈련 데이터로부터 489개의 표본크기(훈련 데이터의 표본크기와 동일한 크기)를 갖는 부트스트랩 표본 500개를 추출하여 500개의 의사결정나무를 생성하였다(기본값 ntree=500). 의사결정나무의 각 노드마다 세 개(=$\sqrt{9}$)의 예측변수가 노드분할 탐색을 위한 변수로서 선택되었다(분류문제의 경우 기본값 mtry=sqrt(ncol(x)), ncol(x)는 예측변수 개수). na.action 인수에는 결측값(NA) 처리방법을 지정한다. na.action=na.roughfix를 지정하면 결측값이 발생한 변수가 연속형 변수일 경우에는 결측값을 해당 열의 중위수로 대체하고 범주형 변수일 경우에는 최빈값(즉 가장 많은 빈도를 갖는 범주값)으로 대체한다.[4] 예측변수의 중요도를 평가하기 위해서는 importance=TRUE를 지정한다.

랜덤포레스트는 부트스트래핑에 의해 반복 추출된 표본을 바탕으로 의사결정나무를 생성한다. 부트스트래핑은 복원추출 방식으로 표본에 포함될 케이스를 선택하기 때문에 일부 케이스는 모델을 생성할 때 사용하는 표본에 포함되지 않는다. 예측모델을 구축할 때 사용되지 않은 이러한 케이스를 OOB 데이터(OOB data, out-of-bag data)라고 하며, OOB 데이터를 대상으로 분류작업을 수행하여 얻어진 잘못 분류된 비율을 OOB 오차추정치(OOB estimate of error)라고 한다.[5] OOB 오차추정치는 별도의 테스트 데이터가 존재하지 않을 때 모델의 예측정확도를 검증할 수 있는 지표로 활용할 수 있다. 여기에서 OOB 오차추정치는 3.27%로 나타났다.

---

3) 대용량의 데이터셋일 경우, 특히 변수의 개수가 많을 경우에는 포뮬러 형식을 사용하는 것이 바람직하지 않다. 포뮬러를 처리할 때 많은 시간이 소요될 수 있다.

4) 랜덤포레스트는 예측변수에 결측값을 허용하지 않는다. randomForest() 함수에는 기본적으로 na.action =na.fail이 지정되어 있으며, 예측변수에 결측값이 포함되어 있을 경우 에러가 발생한다. 따라서 사전에 예측변수로부터 결측값을 제거하거나 na.action=na.roughfix를 지정하여 결측값을 다른 값으로 대체한다.

5) n개의 관측값으로부터 n개를 복원추출하여 부트스트랩 표본을 생성하면 n개의 관측값 중 평균적으로 36.8% 정도는 부트스트랩 표본에 포함되지 않는다고 알려져 있다. 이처럼 OOB 데이터는 부트스트래핑 수행 중 선택되지 않은 데이터를 의미한다.

predict() 함수를 이용하여 테스트 데이터에 대한 예측정확도를 계산해보자. type="prob"를 지정하면 범주별 예측확률이 출력되며 type="response"를 지정하면 예측된 범주가 출력된다.

```
> bc.forest.pred <- predict(bc.forest, newdata=bc.test, type="prob")
> head(bc.forest.pred)
  benign  malignant
1   1.000     0.000
5   0.996     0.004
6   0.000     1.000
11  1.000     0.000
12  1.000     0.000
13  0.548     0.452
> bc.forest.pred <- predict(bc.forest, newdata=bc.test, type="response")
> head(bc.forest.pred)
        1         5         6        11        12        13
   benign    benign malignant    benign    benign    benign
Levels: benign malignant
> table(bc.test$Class, bc.forest.pred, dnn=c("Actual", "Predicted"))
           Predicted
Actual       benign  malignant
  benign        135          3
  malignant       1         65
> mean(bc.test$Class==bc.forest.pred, na.rm=TRUE)
[1] 0.9803922
```

204개의 케이스 중 200개가 정확히 분류되어 98.0% 정도의 예측정확도를 보여주었다. 단일 의사결정나무를 이용한 앞서의 분석결과(97.1%, '제3장 의사결정나무' 참고)보다는 다소 개선되었다. randomForest() 함수를 이용한 랜덤포레스트분석의 경우 결측값이 포함된 케이스는 분류 대상에서 제외된다. 여기에서는 결측값을 포함하고 있는 여섯 개(=210-204)의 관측값이 분류되지 않았다.

예측된 집단에 대한 군집도표를 그려보면 [그림 4-1]과 같다. 주성분분석에 의해 도출된 2차원상에 각 케이스를 표시하였다. 아홉 개의 예측변수에 의해서 도출된 두 개의 주성분을 축으로 하여 배치된 케이스들은 랜덤포레스트에 의해 예측된 소속집단별로 잘 군집화되어 있는 것을 확인할 수 있다.

[그림 4-1] **유방암예측.** 랜덤포레스트모델에 의해 예측된 악성종양과 양성종양은 두 개의 집단으로 잘 군집화되었다.

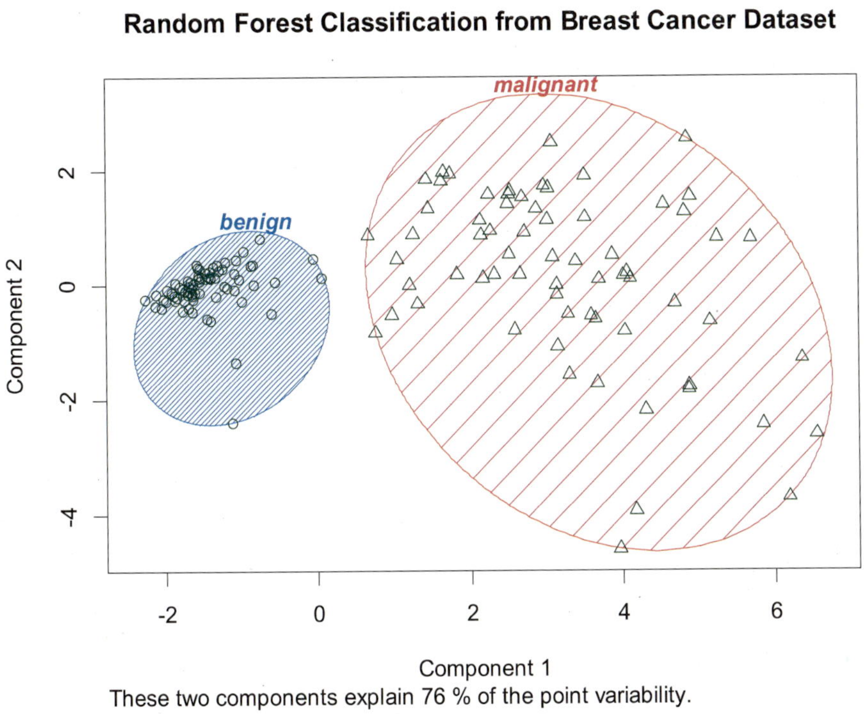


```
> library(cluster)
> clusplot(x=na.omit(bc.test[, -10]), clus=na.omit(bc.forest.pred),
+          color=TRUE, shade=TRUE, labels=4, lines=0,
+          main="Random Forest Classification from Breast Cancer Dataset")
```

`predict()` 함수에 `predict.all=TRUE` 인수를 지정하여 개별 케이스가 각 의사결정나무에 의해 어떻게 분류되었는지 그 분류된 결과의 분포를 확인할 수 있다. 예를 들어, 204개 각 케이스별로 500개 의사결정나무에서의 예측결과를 알 수 있다. 각 케이스별 최종 예측결과는 `predict()` 함수로부터 반환된 객체의 `aggregate` 원소에 저장되어 있으며 생성된 모든 의사결정나무의 개별 예측결과는 `individual` 원소에서 확인할 수 있다.[6)]

---

6) `individual` 원소에는 결측값이 있어서 분석에 제외된 케이스의 예측결과는 포함되어 있지 않다. 반면에 `aggregate` 원소에는 모든 케이스에 대한 최종 예측결과가 포함되어 있으며 결측값으로 인해 예측결과가

```
> bc.forest.predAll <- predict(bc.forest, newdata=bc.test, predict.all=TRUE)
> str(bc.forest.predAll)
List of 2
 $ aggregate : Factor w/ 2 levels "benign","malignant": 1 1 2 1 1 1 2 1 2 1 ...
  ..- attr(*, "names")= chr [1:210] "1" "5" "6" "11" ...
 $ individual: chr [1:204, 1:500] "benign" "benign" "malignant" "benign" ...
  ..- attr(*, "dimnames")=List of 2
  .. ..$ : chr [1:204] "1" "5" "6" "11" ...
  .. ..$ : NULL
```

예를 들어, 테스트 데이터의 여섯 번째 케이스에 대한 500개 의사결정나무의 예측결과는 다음과 같이 확인할 수 있다.

```
> bc.forest.predAll$individual[6,]
  [1] "malignant" "malignant" "malignant" "benign"    "benign"    "malignant"
  [7] "benign"    "benign"    "malignant" "benign"    "malignant" "malignant"
 [13] "benign"    "malignant" "malignant" "benign"    "malignant" "benign"
…(중략)
[487] "benign"    "benign"    "benign"    "benign"    "benign"    "malignant"
[493] "malignant" "malignant" "malignant" "malignant" "benign"    "malignant"
[499] "benign"    "benign"
```

여섯 번째 케이스에 대해 500개 의사결정나무 가운데 274개는 양성으로 예측했으며, 나머지 226개는 악성으로 분류했다. 따라서 여섯 번째 케이스(13번 케이스)는 양성으로 판정한다.

```
> table(bc.forest.predAll$individual[6, ])

  benign malignant
     274       226
> na.omit(bc.forest.predAll$aggregate)[6]
    13
benign
Levels: benign malignant
```

없는 케이스에 대해서는 NA가 출력된다.

21번째부터 25번째까지의 케이스(53, 55, 57, 61, 63)에 대한 예측결과는 다음과 같다. 다섯 개 케이스 모두 악성 판정이 양성 판정보다 많다. 따라서 500개 의사결정나무의 판정결과를 토대로 다섯 개 케이스는 모두 악성으로 최종 예측된다.

```
> apply(bc.forest.predAll$individual[21:25, ], 1, table)
           53  55  57  61  63
benign     50   4 105 140  90
malignant 450 496 395 360 410
> na.omit(bc.forest.predAll$aggregate)[21:25]
       53         55         57         61         63 
malignant  malignant  malignant  malignant  malignant 
Levels: benign malignant
```

구축된 랜덤포레스트 예측모델을 바탕으로 예측변수들이 예측에 기여하는 정도를 평가할 수 있다. 전체 예측변수 중에 일부 소수의 변수만 노드분할에 사용되기 때문에 변수의 선택이 랜덤포레스트 예측모델의 성능에 영향을 미칠 수 있다. 예측변수의 기여도를 측정함으로써 다수의 변수 중 어떤 변수가 중요한지 평가한다. 예측변수의 중요도를 평가한 지표를 얻기 위해서는 예측모델 생성 시 randomForest() 함수에 importance=TRUE를 지정한다. varImpPlot() 함수와 importance() 함수를 이용하여 중요도 지표를 확인할 수 있다. varImpPlot() 함수는 [그림 4-2]와 같이 그래프 형태로 변수별 중요도 지표를 보여주며 importance() 함수는 테이블 형태로 변수별 상세 지표값을 출력한다.

```
> varImpPlot(bc.forest, pch=21, color="black", bg="red", pt.cex=1.2,
+            main="Variable Importance for Breast Cancer Classification")
> importance(bc.forest)
                   benign malignant MeanDecreaseAccuracy MeanDecreaseGini
Cl.thickness    14.437570 18.203475            19.568543        11.591269
Cell.size       12.876100 15.049210            20.977956        52.516748
Cell.shape       8.230397 17.070937            18.625825        41.682143
Marg.adhesion    8.852928 12.338117            14.985571         8.086314
Epith.c.size    10.426374  6.239689            11.865783        26.480378
Bare.nuclei     18.005731 31.715153            29.978943        42.384056
Bl.cromatin      6.722940 16.070023            16.321924        22.026258
Normal.nucleoli 12.860594  5.450472            13.658070        17.164940
Mitoses          6.418012  4.032113             7.136045         1.998360
```

[그림 4-2] **예측변수 중요도.** 예측정확도와 지니지수를 이용하여 예측변수의 중요도를 평가한다.

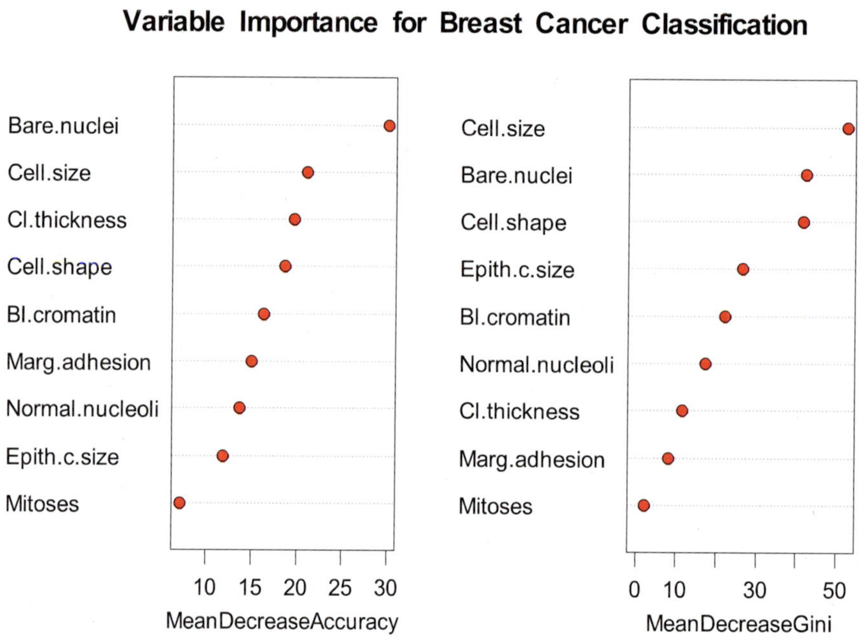

예측변수의 중요도는 예측정확도와 노드의 순도 개선에 기여하는 정도로 측정한다. `MeanDecreaseAccuracy` 지표는 의사결정나무를 생성할 때 각 예측변수의 영향을 제거함으로써 감소되는 예측정확도를 바탕으로 산출된다. 먼저 OOB 데이터를 이용하여 예측정확도를 계산한다(즉 OOB 오차추정치를 계산). 그런 다음 한 번에 하나씩 각 예측변수의 값을 무작위로 재배열하여 예측정확도를 다시 계산한다.[7] 예측변수의 값을 무작위 재배열하여 그 영향을 제거한 후 산출된 예측정확도와 원래 데이터를 이용하여 계산한 예측정확도의 차이를 계산하고, 모든 의사결정나무에 대해 동일한 과정을 반복하여 두 정확도 차이에 대한 평균을 구한다. 이러한 과정을 모든 예측변수에 대해 수행한다. 어떤 예측변수가 중요하다면 그 변수의 영향이 제거되었을 때의 예측정확도는 원래의 예측정확도보다 낮아질 것이다. 반면에 어떤 예측변수의 영향이 제거된 후의 예측정확도가 원래의 것과 별다른 차이가 없다면 그 변수는 그다지 중요하지 않다고 볼 수 있다. 이런 방식으로 계산된 예측정확도의 차이는 각 예측변수가 예측정확도에 기여하는 정도를 나타내므로 이 값이 클수록 중요한 변수로 간주된다.

---

7) 예측변수의 값을 무작위로 재배열한다는 것은 그 예측변수가 갖고 있는 고유의 특성이 사라진다는 것을 의미하므로 이러한 예측변수의 무작위화를 통해 해당 예측변수의 영향을 제거할 수 있다.

MeanDecreaseGini 지표는 각 예측변수가 노드의 순도를 개선하는 정도를 보여준다. 예측변수가 노드분할에 사용될 때마다 자식 노드에 대한 지니지수를 계산하고 원래 노드의 지니지수와의 차이를 계산한다. 각 예측변수에 대해 이런 방식으로 계산된 지니지수 변화량을 모두 합산한 후 모든 의사결정나무에 대해서 평균한다. 이 값이 큰 변수는 순도가 높은 노드를 만드는 데 크게 기여하는 변수라는 뜻이므로 이러한 변수는 중요한 변수로 간주된다. varImpPlot() 함수와 importance() 함수에서 type=1을 지정하면 MeanDecreaseAccuracy 지표가 출력되며, type=2를 지정하면 MeanDecreaseGini 지표가 출력된다. 두 지표를 모두 고려할 때 여기에서는 양성종양과 악성종양을 판정하는 데 있어서 가장 중요한 예측변수는 Bare.nuclei와 Cell.size 변수이며, Mitoses 변수는 비교적 덜 중요한 예측변수이다.

importance() 함수의 출력결과 중 처음 두 열(benign, malignant)은 범주별 변수 중요도를 나타낸다. 예를 들어, Bare.nuclei 변수의 경우 두 열의 값이 모두 크므로 양성종양의 범주와 악성종양의 범주 모두에게 중요한 변수이지만, 악성 열의 값이 더 크므로 악성종양을 예측하는 데 좀 더 중요한 역할을 한다. Cl.thickness, Cell.size, Cell.shape, Marg.adhesion, Bl.cromatin은 악성종양을 예측하는 데 있어서 상대적으로 더 중요한 변수로 나타났고, Epith.c.size, Normal.nucleoli, Mitoses는 양성종양을 예측하는 데 있어서 상대적으로 더 중요한 변수로 나타났다. 집단별 변수 중요도는 gplots 패키지에 포함된 heatmap.2() 함수를 이용하여 [그림 4-3]과 같이 히트맵 그래프로 나타낼 수 있다. 색상은 RColorBrewer 패키지의 파란색 팔렛트(Blues)를 이용하고 불필요한 옵션(trace, key, dendrogram)은 비활성화시킨다. 집단과 변수 간의 관련성이 클수록 짙은 색으로 표현된다.

```
> library(gplots)
> library(RColorBrewer)
> heatmap.2(t(importance(bc.forest)[, 1:2]),
+           col=brewer.pal(9, "Blues"),
+           dend="none", trace="none", key=FALSE,
+           margins=c(10, 7), cexRow=1.5, cexCol=1.2, colRow=c("green4", "maroon"),
+           main="Variable Importance\nfor Breast Cancer Classification")
```

[그림 4-3] **예측변수 중요도.** 히트맵을 이용하여 예측변수의 범주별 중요도를 시각적으로 확인할 수 있다.

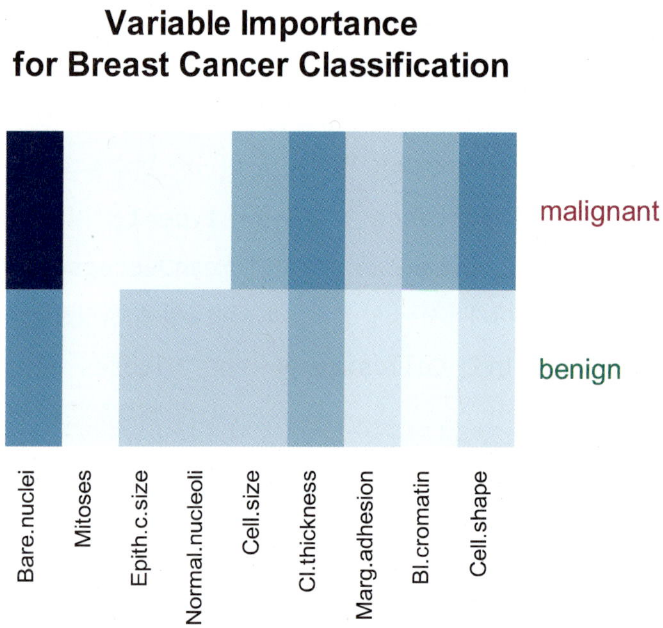

랜덤포레스트는 다른 분류방법에 비해 성능이 우수한 것으로 알려져 있다. 또한 앙상블 학습에 의해 예측변수의 일부만을 무작위로 사용하기 때문에 많은 관측값과 예측변수가 포함된 대규모 문제를 다룰 수 있고, 훈련 데이터에 포함된 많은 양의 결측값을 처리할 수 있으며, 변수의 개수가 관측값의 개수보다 큰 경우에도 적용할 수 있다. OOB 오차추정치나 변수의 중요도 지표를 제공하는 것도 랜덤포레스트가 갖고 있는 중요한 장점이다. 반면에 분류규칙이 드러나지 않기 때문에 이를 파악하기 어렵고 분류결과를 논리적으로 설명하기 힘들다. 또한 새로운 케이스에 대한 분류작업을 수행하기 위해서는 전체 의사결정나무가 모두 있어야 한다는 단점을 갖는다.

5 Chapter

서포트벡터머신

CHAPTER 5

서포트벡터머신

5.1 분석기법 이해

서포트벡터머신(support vector machine, SVM)은 수학적 최적화 기법을 바탕으로 분류분석을 수행한다. SVM은 탄탄한 수학적 이론을 기반으로 하고 있으며 다른 분류방법에 비해 비교적 예측력이 뛰어나다고 알려져 있다. SVM은 주로 분류문제에 이용되지만 결과변수가 연속형 변수인 경우의 회귀문제에도 적용할 수 있어 사실 거의 모든 유형의 문제에 사용할 수 있다. SVM은 다차원 공간상에서 두 집단을 분리하는 초평면(hyperplane)이라고 불리는 최적의 경계면(flat boundary)을 탐색한다.[1]

p개의 차원이 있을 경우(즉 p개의 예측변수가 있을 때) 초평면은 $<p-1>$ 차원의 평평한 서브공간(flat subspace)으로 정의된다. 예를 들어, 2차원 공간에서 초평면은 1차원의 평평한 서브공간이다. 즉 두 개의 변수가 있으면 초평면은 직선(line)으로 나타난다. 변수가 세 개인 3차원의 공간에서는 초평면은 2차원의 평평한 서브공간, 즉 평면(plane)이 된다. 변수가 10개이면 9차원의 초평면이 생성된다. 사실 3차원을 넘는 공간에서는 초평면을 시각적으로 표현하기가 매우 어렵다. 하지만 p차원의 공간으로 확장되도 $<p-1>$ 차원의 평평한 서브공간이라는 초평면의 개념은 동일하게 적용된다.

두 집단을 분리하는 초평면은 여러 개가 있을 수 있다. 예를 들어, [그림 5-1]의 왼쪽 그래프를 보면 세 개의 직선 모두 동그라미 집단과 세모 집단을 완벽하게 분리한다. 따라서 어느 직선을 사용하든 주어진 데이터를 두 개의 집단으로 분리하는 데는 아무런 문제가 없다. 그러나 현재 주어진 훈련 데이터가 아닌 향후 사용할 실제 데이터에 대해서도 이 세 개의 직선이

---

1) 초평면은 선형결정평면(linear decision surface) 또는 결정선(decision line)이라고도 한다.

[그림 5-1] **최대마진초평면.** 집단을 성공적으로 분할하는 여러 가능한 초평면이 있을 수 있다(왼쪽). SVM은 여러 가능한 초평면 가운데 마진이 최대가 되는 초평면을 탐색한다(오른쪽).

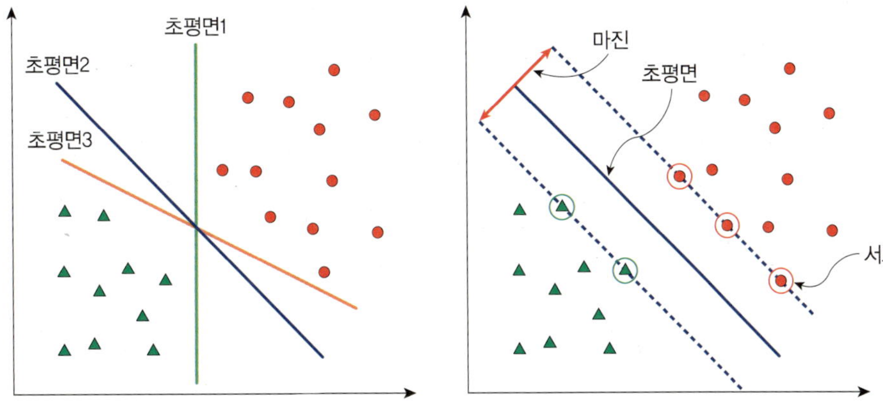

모두 두 개의 집단을 성공적으로 잘 분리하리라는 보장은 없다. 이때 실제 사용하게 될 미래의 데이터에 대해서도 이 직선들이 집단을 잘 구분하려면 직선을 중심으로 두 집단이 가능한 멀리 떨어져 있으면 좋을 것이다. 그래야만 관측값이 약간씩 움직이더라도 여전히 그 직선은 두 개의 집단을 잘 분리할 수 있을 것이기 때문이다. SVM은 이러한 아이디어를 바탕으로 이 가운데 두 집단 간의 간격이 최대화되는 초평면을 선택한다.

두 집단 간의 간격을 최대화하는 초평면을 최대마진초평면(maximal margin hyperplane)이라고 부른다. 두 집단에서 서로 가장 가까이 위치한 점(즉 관측값) 간의 거리를 마진(margin)이라고 하며, 이는 두 집단 간의 거리를 나타낸다. 마진의 경계선상에 있는 점들을 서포트벡터(support vector)라고 한다. 집단을 분할하는 기준이 되는 초평면은 마진의 중앙을 통과한다. 따라서 초평면과 서포트벡터 간 거리의 두 배가 마진이다. [그림 5-1]의 오른쪽 그래프에서 두 점선 간의 간격이 마진을 나타낸다. 점선상의 관측값(원으로 둘러싸인 동그라미와 세모)은 서포트벡터이다. 여기에서는 2차원 공간이기 때문에 초평면은 마진의 가운데를 통과하는 직선으로 표현된다. 각 범주는 최소한 하나의 서포트벡터는 가져야 하며 두 개 이상의 서포트벡터를 가질 수 있다. SVM은 수학적으로 어떤 관측값들을 서포트벡터로 선택해야 마진이 최대가 되며, 그 마진을 이등분하는 직선은 무엇인지를 찾은 최적화 문제(optimization problem)를 푸는 것이다. 이런 의미에서 SVM을 최대마진분류기(maximum margin classifier)라고도 한다. 또한 SVM은 기본적으로 선형분류기(linear classifier)이면서 동시에 이진분류기(binary classifier)로서 두 개의 집단을 구분해주는 직선을 찾는 분류방법이다. 모든 케이스는 하나의 직선에 의해 두 개의 집단으로 분할된다.

SVM은 두 집단을 분리하는 접근법에 있어서 기존의 분류방법과 차이가 있다. 대부분의 다른 분류방법은 오차율의 최소화를 목적으로 한다. 그러나 SVM은 이와 더불어 일반화 성능을 최대화하고자 한다. 예를 들어, [그림 5-2]의 그래프를 보자. 동그라미와 세모는 서로 다른 두 개의 집단을 나타낸다. 집단을 분할하는 직선 ①, ②, ③ 세 개가 관측값 사이에 그려져 있다. 직선 ①의 경우 동그라미 집단에 속해야 할 동그라미 세 개를 세모 집단으로 잘못 분류하고 있다. 기존의 대부분의 분류모델은 이 상태에서 시작하여 오차를 점차 줄여가면서 오차가 없는 직선 ② 상태의 예측모델을 만들게 된다. 그리고 직선 ② 상태의 예측모델이 만들어지면 오차율이 0이므로 더 이상의 모델 개선작업을 수행하지 않고 멈추게 된다. 오차율이 0이면 모든 케이스를 정확히 분류한 것이기 때문에 더 이상의 모델 개선작업이 필요 없을 것 같지만 모델의 일반화 관점에서는 성능 개선의 여지가 있다. 즉 훈련 데이터의 관점에서 직선 ②와 ③은 모두 두 개의 집단을 성공적으로 분할하고 있어 동일한 성능의 예측모델이지만 새로운 케이스를 분류하기 위한 일반화의 측면에서는 성능상의 차이가 있다. 직선 ②의 경우 동그라미 집단에서 발생하는 패턴에 작은 변형이 발생하면 분류직선을 넘어 세모 집단으로 잘못 분류할 가능성이 크다. 그러나 직선 ③ 같은 경우에는 두 집단을 분할하는 분류직선과 두 집단 사이의 간격이 넓어서 데이터 패턴상에 작은 변형이 발생하더라도 오분류로 이어질 가능성이 작다. 따라서 직선 ③의 모델이 직선 ②의 모델에 비해 일반화 능력이 뛰어나다고 볼 수 있다. SVM은 직선 ③의 모델처럼 오차율을 최소로 하면서 동시에 두 집단 사이에 존재하는 간격을 최대화하여 새로운 케이스를 예측할 수 있는 일반화 성능을 극대화시키는 것을 목표로 한다.

[그림 5-2] 일반화 성능의 최대화. SVM은 오차율의 최소화뿐만 아니라 일반화 성능을 최대화하고자 한다.

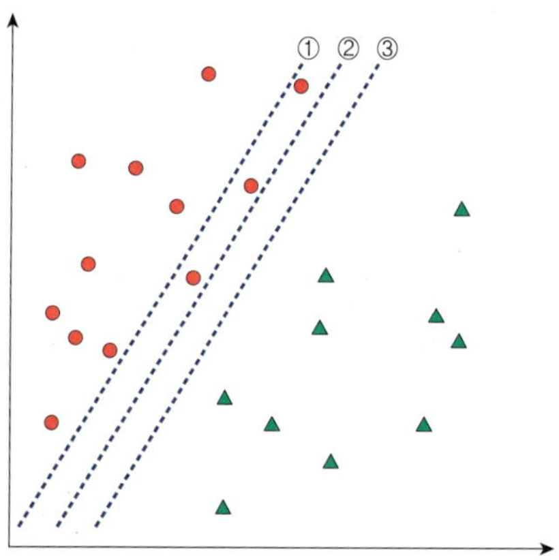

그러나 현실세계에서 이와 같이 하나의 직선에 의해 두 개의 집단이 완벽하게 분리되는 이상적인 경우는 찾아보기 어렵다. 두 개의 집단을 딱 잘라 구분하기 어려운 경우가 대부분이다. SVM은 이러한 문제를 해결하기 위하여 두 가지 방식으로 접근한다. 우선 완벽한 선형분할에 방해가 되는 일부 관측값을 무시하고 나머지 데이터를 잘 분리하는 분할직선을 찾으려는 시도를 한다. 모든 데이터를 100% 완벽하게 분리해주는 직선을 찾을 수 없기 때문에 어느 정도의 오분류를 허용하고 최선의 분할선을 찾아보자는 것이다. 즉 서포트벡터 사이의 공간에 일부 관측값이 있거나 서포트벡터를 넘어서서 상대 집단 영역에 관측값이 몇 개 있어도 이들의 존재를 무시한 채 집단분할을 시도한다.

예를 들어, [그림 5-3]의 왼쪽 그래프를 보자. A와 B 관측값으로 인해 두 집단을 깔끔하게 분할하는 직선은 존재하지 않는다. 이때 오른쪽 그래프와 같이 A, B 두 관측값을 무시한 채 SVM을 수행하면 두 집단을 분할하는 직선을 구할 수 있다. 즉 약간의 오차를 인정하면서 최대 마진을 가져올 수 있는 선형분할을 선택하여 일반화 성능을 향상시킨다. 이는 수학적으로 슬랙변수(slack variable)라는 개념의 도입을 통해서 이루어진다. 슬랙변수는 잘못 분류된 정도를 나타내며, SVM에 의해 마진을 최대화할 때 오분류로 인한 오차를 허용하는 역할을 한다. SVM의 최적화 문제에 슬랙변수를 도입함으로써 다소 '느슨한' 마진 공간이 만들어진다. 이처럼 마진 안 또는 마진을 벗어난 영역에 관측값의 존재를 허용하는 마진을 소프트마진(soft margin)이라고 한다.

잘못 분류되는 관측값에 부과되는 페널티를 코스트(cost)라고 한다. 코스트를 조정함으로써 적정 마진의 크기를 결정할 수 있다. 코스트를 크게 할수록 잘못 분류된 관측값의 영향이 커지게

[그림 5-3] 슬랙변수와 소프트마진. 슬랙변수를 도입하여 일부 오분류를 무시한 채 최선의 분할을 찾는다.

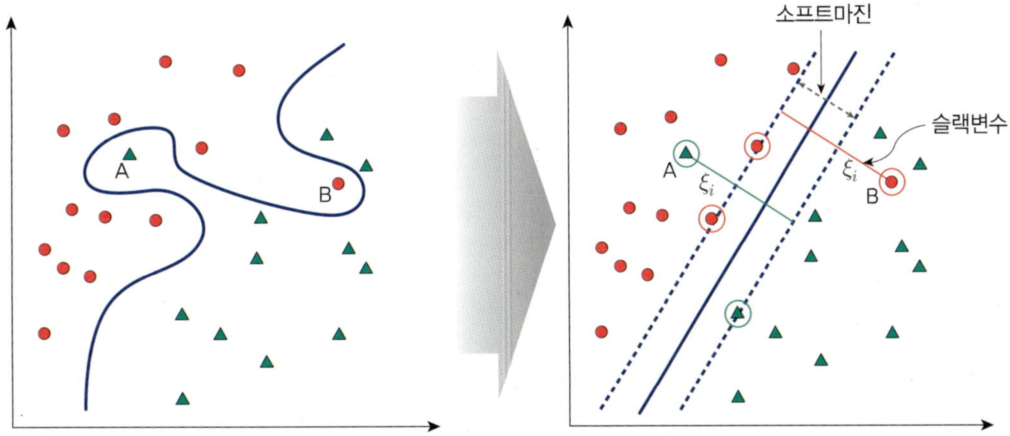

되므로 SVM 알고리즘은 가능하면 잘못 분류된 관측값이 적게 발생하도록 마진의 폭을 작게 만든다. 따라서 오분류는 줄어든다. 반면에 코스트가 작아지면 잘못 분류된 관측값에 대한 부담이 작아지므로 마진의 폭은 커지게 되고 오분류가 증가한다. 마진의 크기가 너무 작으면 과대적합의 가능성이 존재하고, 반대로 마진의 크기가 너무 크면 과소적합이 발생할 수 있다. 이처럼 마진의 크기에 따라 향후 적용하게 될 실제 데이터에 대한 일반화 성능이 결정될 수 있으므로 이 둘 간에 균형을 유지하는 적절한 코스트의 크기를 결정하는 것이 중요하다.[2)]

두 개의 집단을 딱 잘라 구분하기 어려운 경우에 사용할 수 있는 두 번째 접근방법은 커널트릭(kernel trick)을 이용하는 것이다. 데이터 자체가 근본적으로 비선형(nonlinear)일 경우 특히 유용하다. 커널트릭은 커널함수(kernel function)라는 변환함수를 이용하여 저차원의 데이터를 고차원의 공간에 매핑(mapping)함으로써 선형적으로 분리가 가능하도록 만드는 것을 의미한다. 예를 들어, [그림 5-4]의 왼쪽 그래프를 보면 어떠한 직선으로도 동그라미 집단과 세모 집단을 분리할 수 없다. 이때 기존의 예측변수 x를 바탕으로 x^2이라는 새로운 예측변수를 도입하여 2차원의 공간에서 데이터를 표현하면 두 개의 집단을 분할하는 직선을 찾을 수 있다.

2차원의 직선으로 집단을 분할할 수 없다면 3차원 공간에서 평면을 탐색해볼 수 있다. 예를 들어, [그림 5-5]의 왼쪽 그래프를 보자. 동그라미 집단과 세모 집단을 분할할 수 있는 어떠한 직선도 존재하지 않는다. 이럴 경우 SVM은 커널함수를 이용하여 데이터가 선형적으로 분리 가능하도록 더 높은 차원으로 변환한다. 기본적인 전제는 저차원에서 선형분리가 어렵더라도 차원을 높여 가면 선형적 분리가 가능한 초평면을 찾을 수 있을 것이라는 가정이다. [그림 5-5]의 왼쪽 그래프에서 세모들을 위로 들어 올린다고 생각해보자. 이는 커널함수를 통해 2차원

---

2) 최대마진을 갖는 초평면을 탐색하는 과정은 슬랙변수와 코스트를 고려할 때 수학적으로 다음과 같이 표현할 수 있다: $\min \frac{1}{2}\|w\|^2 + C\sum\xi_i,\ s.t.\ y_i(wx_i+b) \geq 1-\xi_i$ and $\xi_i \geq 0$ for $\forall i$. 목적함수의 $\min\frac{1}{2}\|w\|^2$는 마진을 최대화한다는 의미이다. 마진의 가운데를 통과하는 초평면을 $wx+b=0$이라고 할 때 마진의 가운데를 통과하는 초평면과 마진의 위쪽 경계면까지의 거리는 $\frac{1}{\|w\|}$이고 마찬가지로 마진의 아래쪽 경계면까지의 거리 또한 $\frac{1}{\|w\|}$이므로 두 초평면 간의 거리는 $\frac{2}{\|w\|}$가 된다. $\frac{2}{\|w\|}$를 최대화하는 것은 결국 원점으로부터 벡터 w까지의 거리인 유클리드놈(Euclidean norm) $\|w\|$를 최소화하는 것을 의미한다. 제약조건식은 각 관측값이 올바르게 분류되어야 한다는 것을 나타낸다. 여기에서는 슬랙변수를 도입함으로써 원래의 마진 경계면($y_i(wx_i+b) \geq 1$)에서 슬랙변수 ξ[ksi]만큼 조건을 완화한다는 것을 뜻한다. 즉 특정 관측값이 마진의 경계면을 ξ만큼 벗어나서 오분류되는 것을 허용한다는 의미이다. C는 코스트를 나타내며 마진을 벗어나는 모든 관측값에 적용되어 일종의 페널티로서의 역할을 한다. $C\sum\xi_i$항이 원래의 목적함수에 추가됨으로써 SVM은 마진을 최대화(즉 $\frac{1}{2}\|w\|^2$을 최소화)함과 동시에 총코스트($C\sum\xi_i$)를 최소화하는 초평면을 탐색한다. 이때 C값은 잘못 분류되는 관측값에 대한 페널티 정도를 결정한다.

[그림 5-4] **커널트릭(1차원 → 2차원).** 저차원에서 고차원으로 데이터를 매핑함으로써 선형적으로 분리 가능한 초평면을 탐색한다.

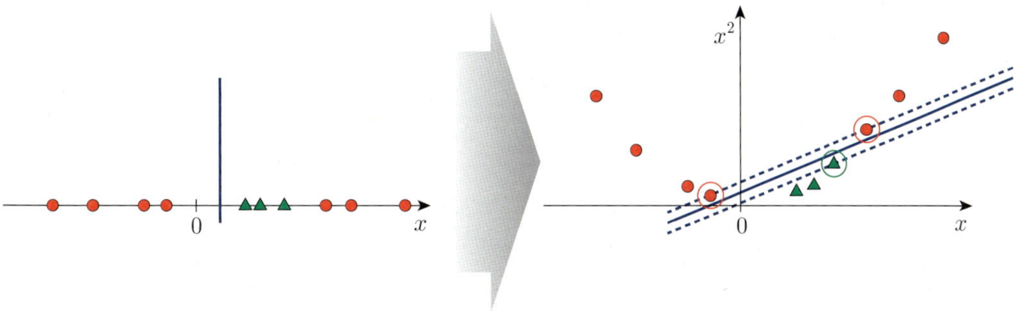

[그림 5-5] **커널트릭(2차원 → 3차원).** 저차원에서 고차원으로 데이터를 매핑함으로써 선형적으로 분리 가능한 초평면을 탐색한다.

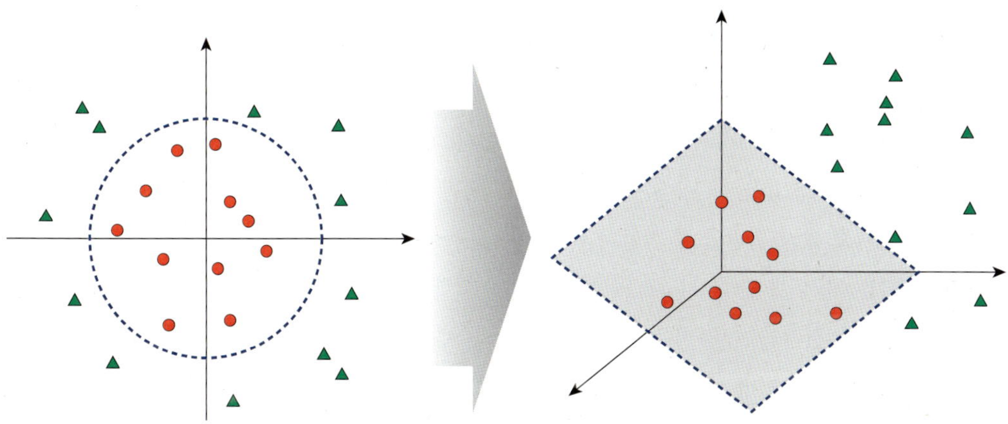

데이터를 3차원으로 변환함으로써 가능하다. 커널함수를 이용한 변환이 이루어지면 [그림 5-5]의 오른쪽과 같이 동그라미와 세모 데이터가 3차원 공간상에 재배치된다. 그러면 이제 책받침 같은 평평한 도구를 이용하여 동그라미와 세모를 깔끔하게 분리할 수 있다. 즉 3차원 공간상에서 2차원 평면을 이용하여 두 집단을 분할할 수 있다.

커널트릭은 기존의 예측변수(즉 특성)를 바탕으로 선형적 분리가 가능하도록 새로운 특성(즉 예측변수)을 생성하여 특성공간(feature space)을 확장한다. 이때 커널함수는 기존의 특성들을 수학적으로 재조합하여 데이터를 고차원의 새로운 공간으로 매핑한다. 그동안 SVM의 성능을 개선하기 위하여 다양한 커널함수들이 개발되어 왔다. 예를 들어, 다항커널함수(polynomial kernel function), 시그모이드커널함수(sigmoid kernel function), 가우시안RBF커널함수(Gaussian RBF kernel function) 등은 SVM에서 비선형 데이터의 분류를 위해 가장 흔히 사용되는 커널함수이다. 그러나 어떠한 커널함수도 최고의 성능을 보장하지는 않으며 다루고자 하는 문제에 따라 그 결과는 달라질 수 있다. 그뿐만 아니라 훈련 데이터의 양과 예측변수 간의 관계 또한 성능에 영향을 미친다. 따라서 최적의 커널함수를 선택하기 위한 일반화된 규칙은 없으며 우수한 예측모델을 얻기 위해서는 종종 다양한 커널함수를 실험하고 파라미터를 튜닝하는 많은 시행착오 과정이 필요할 수 있다.

SVM은 기본적으로 두 집단을 분류하는 이진분류모델이다. 세 개 이상의 집단을 분류하는 다중분류를 수행하기 위해서는 일반적으로 다중분류문제를 여러 개의 이진분류문제로 변환한다. 크게 두 가지 방식으로 접근할 수 있다. 첫째, 1-vs-나머지(one-versus-all) 방식이다. 이는 하나의 집단과 나머지 전체 집단 간의 SVM 이진분류모델을 집단의 개수만큼 만들어 이들을 비교 평가한 후 가장 우수한 분류기로부터의 예측결과를 이용하는 방식이다. 예를 들어, 사과, 배, 복숭아, 감 등 네 종류의 과일을 분류한다고 할 때, 다음과 같이 총 네 개의 SVM모델을 만든다: SVM1={사과} vs. {배, 복숭아, 감}, SVM2 ={배} vs. {사과, 복숭아, 감}, SVM3={복숭아} vs. {사과, 배, 감}, SVM4={감} vs. {사과, 배, 복숭아}. 새로운 케이스를 분류할 때는 이 네 개 모델에 대해 분류작업을 수행한 후 가장 우수한 성능을 보여주는 SVM 모델의 예측결과로 소속집단을 결정한다.[3] 둘째, 1-vs-1(one-versus-one) 방식이다. 이는 1대 1로 SVM모델을 여러 개 만들어 각각의 예측모델을 실행한 후 이 모델들의 판정결과를 집계하여 가장 많이 분류된 결과를 이용하는 방식이다. 앞의 예에 적용해보면, SVM1={사과} vs. {배}, SVM2={사과} vs. {복숭아}, SVM3={사과} vs. {감}, SVM4={배} vs. {복숭아}, SVM5={배} vs. {감}, SVM6={복숭아} vs. {감} 등 여섯 개의 SVM모델을 생성한다.[4] 그런 다음 새로운 케이스를 분류할 때는 여섯 개의 모델로부터의 분류결과를 집계하여 가장 많이 나온 집단으로 분류한다. 즉 각 SVM모델이 한 표씩 행사하는 투표방식으로 결정한다.

---

3) 마진을 가장 크게 만들어 주는 SVM모델이 선택된다.

4) 집단의 개수가 k개일 때, $\frac{k(k-1)}{2}$개의 예측모델이 생성된다.

5.2 사례: 꽃 종류

R 환경에는 SVM분석을 수행할 수 있는 몇 가지 유용한 패키지들이 있다.[5] 여기에서는 그 가운데 비교적 널리 활용되고 있는 **e1071** 패키지를 이용한다. **e1071** 패키지는 다양한 머신러닝 및 통계분석 라이브러리를 제공한다. SVM분석을 위해서는 `svm()` 함수를 이용한다. 표준 패키지에 포함된 `iris` 데이터셋을 이용하여 2차원 공간에서 두 종류의 꽃을 분류하는 간단한 SVM분석을 수행해보자. 이진분류를 위해 다음과 같이 `iris` 데이터셋으로부터 setosa와 virginica 두 종류의 꽃만을 추출하여 별도의 데이터셋으로 저장한다. 초평면을 시각화가 용이한 2차원 공간의 직선으로 표현하기 위하여 예측변수는 두 개(`Sepal.Length`, `Sepal.Width`)만을 선택한다.

```
> str(iris)
'data.frame':	150 obs. of  5 variables:
 $ Sepal.Length: num  5.1 4.9 4.7 4.6 5 5.4 4.6 5 4.4 4.9 ...
 $ Sepal.Width : num  3.5 3 3.2 3.1 3.6 3.9 3.4 3.4 2.9 3.1 ...
 $ Petal.Length: num  1.4 1.4 1.3 1.5 1.4 1.7 1.4 1.5 1.4 1.5 ...
 $ Petal.Width : num  0.2 0.2 0.2 0.2 0.2 0.4 0.3 0.2 0.2 0.1 ...
 $ Species     : Factor w/ 3 levels "setosa","versicolor",..: 1 1 1 1 1 1 1 1 1 1 ...
> iris.sub <- subset(iris, select=c("Sepal.Length", "Sepal.Width", "Species"),
+                    subset=Species %in% c("setosa", "virginica"))
> iris.sub$Species <- factor(iris.sub$Species)
> head(iris.sub)
  Sepal.Length Sepal.Width Species
1          5.1         3.5  setosa
2          4.9         3.0  setosa
3          4.7         3.2  setosa
4          4.6         3.1  setosa
5          5.0         3.6  setosa
6          5.4         3.9  setosa
```

두 예측변수를 X축과 Y축으로 사용하여 관측값을 2차원 평면상에 그려보면 [그림 5-6]과

---

5) 예를 들어, **klaR** 패키지(`svmlight()` 함수), **kernlab** 패키지(`ksvm()` 함수) 등을 이용할 수 있다.

[그림 5-6] **아이리스 분포.** setosa종과 virginica종은 두 개의 집단으로 명확히 구별된다.

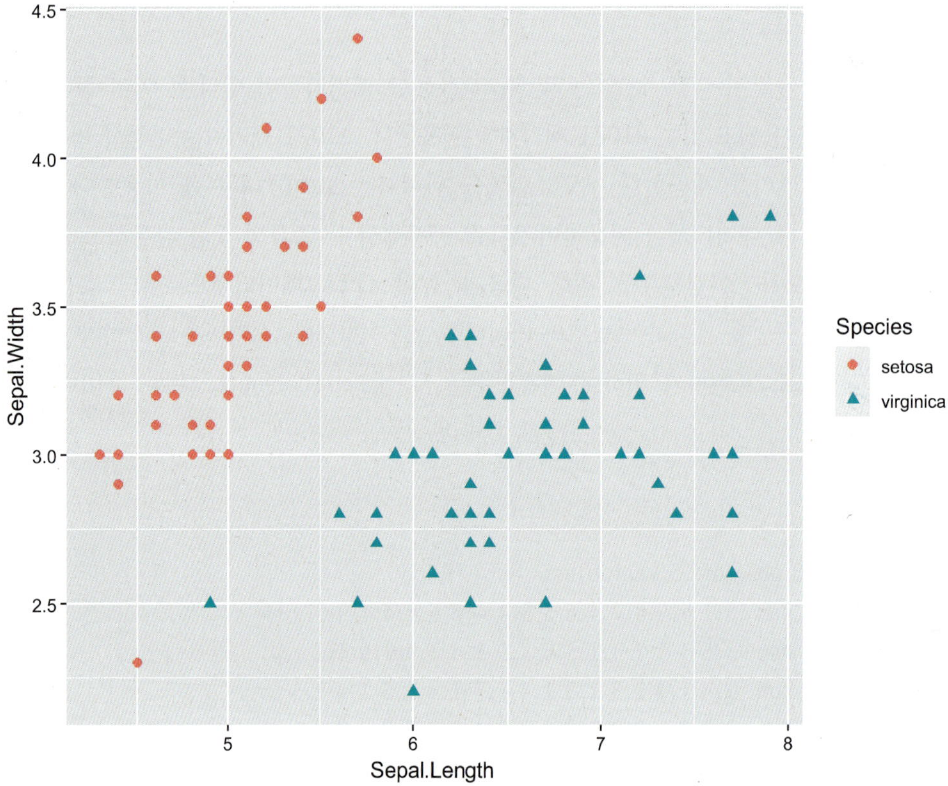

같다. 아이리스 꽃은 산점도상에서 두 개의 범주(setosa와 virginica)로 비교적 명확히 구별된다.

```
> library(ggplot2)
> ggplot(iris.sub, aes(x=Sepal.Length, y=Sepal.Width)) +
+   geom_point(aes(color=Species, shape=Species), size=2)
```

두 범주는 산점도상에서 선형적으로 분리 가능한 것처럼 보인다. SVM분석을 통해 두 개의 범주를 분할하는 초평면(즉 직선)과 서포트벡터를 찾아보자. `svm()` 함수를 이용한 SVM분석은 다음과 같이 수행할 수 있다.6)

---

6) e1071 패키지의 `svm()` 함수는 교차검증과 범주별 예측확률 추정 시 난수를 이용한다. 따라서 동일한 결과를 재현하기 위해서는 `set.seed()` 함수를 이용하여 난수 생성을 위한 시드값을 지정한다.

```
> library(e1071)
> set.seed(123)
> iris.svm <- svm(Species ~ ., data=iris.sub, kernel="linear", cost=1, scale=FALSE)
```

svm() 함수의 첫 번째 인수에 결과변수와 예측변수 간의 관계를 포뮬러 형식으로 지정한다. 포뮬러 형식 대신에 x 인수와 y 인수에 예측변수와 결과변수를 직접 지정할 수도 있다. data 인수에는 예측모델 개발에 사용할 데이터셋(여기에서는 iris.sub)을 지정한다. kernel 인수에는 커널트릭에 사용할 커널함수를 지정할 수 있다. svm() 함수는 기본적으로 RBF (radial basis function)커널함수를 이용하여 관측값을 고차원의 공간으로 매핑한다(기본값 kernel="radial"). 여기에서는 차원확장 없이 주어진 예측변수만으로 초평면을 탐색하도록 커널함수로서 선형함수를 지정한다(kernel="linear"). cost 인수는 오분류에 대한 페널티를 나타낸다. cost 인수에 큰 값을 지정하면 오분류를 심각하게 받아들인다는 뜻이 되어 페널티가 커진다. 이로 인해 SVM은 많은 데이터를 충족시킬 수 있는 좀 더 복잡한 분류 경계선을 생성한다. 따라서 훈련 데이터에 대해서는 오분류가 작아지지만 과대적합으로 인해 새로운 케이스에 대해서는 분류성능이 저하된다. 반대로 작은 코스트값은 좀 더 단순한 형태의 분류 경계선을 생성하지만 대신에 과소적합의 가능성이 있다. cost 인수에는 0보다 큰 값을 지정해야 한다(기본값 cost=1). scale 인수에는 데이터를 표준화(평균 0, 표준편차 1)할지 여부를 지정한다(기본값 scale=TRUE). scale=FALSE를 지정하면 표준화 과정 없이 원래의 척도 그대로 분석에 사용된다. 예측변수의 척도가 서로 많이 다를 경우 표준화 과정이 필요할 수 있다.

다음과 같이 SVM분석 결과로 반환된 svm 객체에 summary() 함수를 적용하면 분석결과에 대한 기초적인 정보를 얻을 수 있다. 각 범주당 여섯 개씩 모두 12개의 서포트벡터가 선택되었다.

```
> summary(iris.svm)

Call:
svm(formula = Species ~ ., data = iris.sub, kernel = "linear", cost = 1,
    scale = FALSE)
```

```
Parameters:
   SVM-Type:  C-classification
 SVM-Kernel:  linear
       cost:  1

Number of Support Vectors:  12

 ( 6 6 )

Number of Classes:  2

Levels:
 setosa virginica
```

서포트벡터로 선택된 관측값은 svm 객체의 index 원소에 데이터셋에서의 인덱스 형태로 저장되어 있다. 이 인덱스를 이용하여 다음과 같이 서포트벡터에 해당하는 실제 관측값을 확인할 수 있다.7)

```
> iris.svm$index
 [1]  19  21  26  32  37  42  57  65  72  87  99 100
> iris.sub[iris.svm$index, ]
    Sepal.Length Sepal.Width    Species
19           5.7         3.8     setosa
21           5.4         3.4     setosa
26           5.0         3.0     setosa
32           5.4         3.4     setosa
37           5.5         3.5     setosa
42           4.5         2.3     setosa
107          4.9         2.5  virginica
115          5.8         2.8  virginica
122          5.6         2.8  virginica
137          6.3         3.4  virginica
149          6.2         3.4  virginica
150          5.9         3.0  virginica
```

7) svm 객체의 SV 원소에서도 서포트벡터의 실제 관측값을 확인할 수 있다.

서포트벡터의 인덱스를 이용하여 [그림 5-7]과 같이 산점도상에 서포트벡터를 표시할 수 있다.[8] 서포트벡터에 해당하는 관측값은 파란색 원으로 둘러쌌다.[9]

```
> ggplot(iris.sub, aes(x=Sepal.Length, y=Sepal.Width)) +
+   geom_point(aes(color=Species, shape=Species), size=2) +
+   geom_point(data=iris.sub[iris.svm$index, c(1, 2)],
+              color="darkblue", shape=21, stroke=1.0, size=5)
```

[그림 5-7] **서포트벡터.** 파란색 원으로 둘러싸인 관측값은 서포트벡터를 나타낸다.

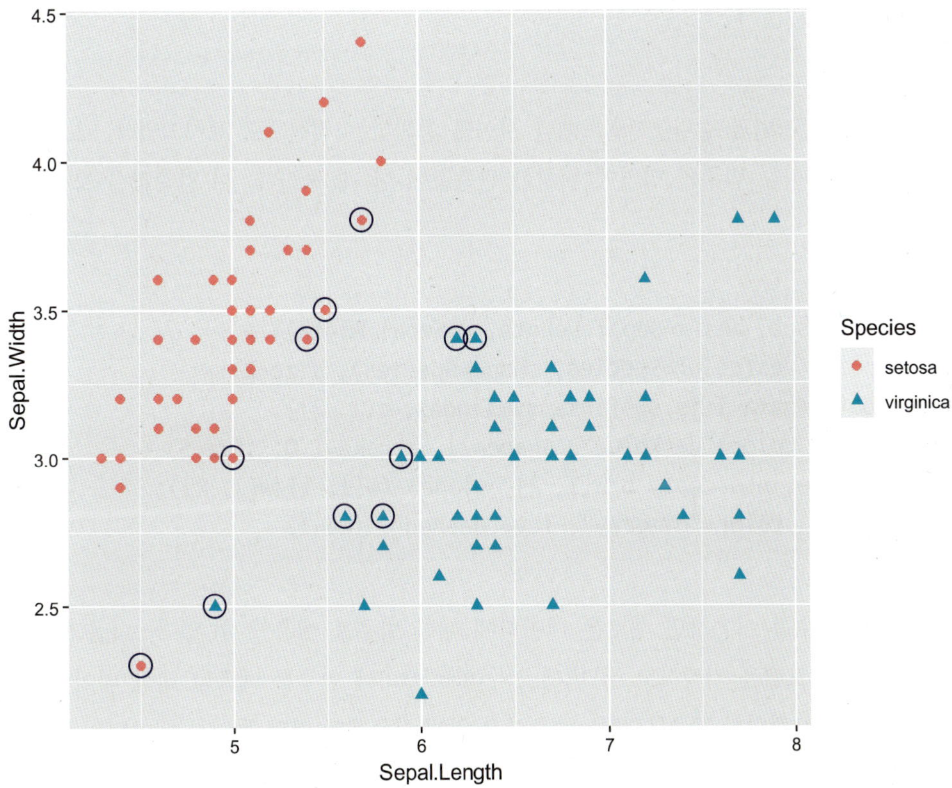

8) 여기에서는 ggplot2 패키지를 이용했지만 기본 그래프 함수인 plot() 함수를 사용해도 산점도상에 서포트벡터를 나타낼 수 있다. 다음과 같이 실행한다: `plot(x=iris.svm, data=iris.sub)`. 서포트벡터는 그래프상에 x로 표시된다.

9) setosa와 vriginica 각각 여섯 개씩 서포트벡터가 있어야 하나 그래프상에는 setosa의 경우 서포트벡터가 다섯 개만 표시되었다. 그 이유는 동일한 관측값이 존재하기 때문이다(21번과 32번 관측값: Sepal.Length 5.4, Sepal.Width 3.4).

이제 서포트벡터가 표시된 그래프상에 직선을 그려서 초평면을 나타내보자. 초평면을 나타내는 직선의 방정식($w_1 \times Sepal.Length + w_2 \times Sepal.Width + b = 0$)의 계수 및 절편은 다음과 같이 구할 수 있다.[10)]

```
> w <- t(iris.svm$coefs) %*% iris.svm$SV
> w
     Sepal.Length Sepal.Width
[1,]    -2.069316    1.722771
> b <- -iris.svm$rho
> b
[1] 6.1786
```

초평면은 [그림 5-8]과 같다. 서포트벡터 사이를 통과하는 점선으로 표시되었다. 초평면의 분류 경계선을 넘어 다른 범주의 영역에 위치한 관측값이 한 개 보인다. 이 관측값은 오분류된 케이스이다.

```
> ggplot(iris.sub, aes(x=Sepal.Length, y=Sepal.Width)) +
+   geom_point(aes(color=Species, shape=Species), size=2) +
+   geom_point(data=iris.sub[iris.svm$index, c(1, 2)],
+              color="darkblue", shape=21, stroke=1.0, size=5) +
+   geom_abline(intercept=-b/w[1, 2], slope=-(w[1, 1]/w[1, 2]),
+               color="dimgray", lty="dashed", lwd=1)
```

predict() 함수를 이용하면 새로운 데이터에 대한 범주를 예측할 수 있다. 다음과 같이 첫 번째 인수에 예측모델을 지정하고 두 번째 인수(newdata)에 범주를 예측할 대상 데이터셋을 지정한다. 여기에서는 편의상 SVM모델을 구축하기 위해 사용했던 것과 동일한 데이터의 범주를 예측한다. 그래프상에서 보았던 것처럼 한 개의 관측값이 오분류되었다.

---

10) 초평면은 $wx + b = 0$으로 정의된다. 초평면의 계수(가중치)는 최적화 문제의 해를 구하는 절차를 바탕으로 $w = \Sigma(a_i y_i)x_i$와 같이 도출된다. 여기에서 $a_i y_i$는 svm 객체의 coefs 원소에 저장되어 있으며 x_i는 SV 원소에 저장되어 있다. coef() 함수를 이용하여 svm 객체로부터 초평면의 계수와 절편을 추출할 수도 있다: coef(iris.svm).

[그림 5-8] **초평면.** 서포트벡터 사이를 통과하는 점선은 초평면을 나타낸다. 한 개의 관측값이 초평면의 분류 경계선을 넘어 오분류되었다.

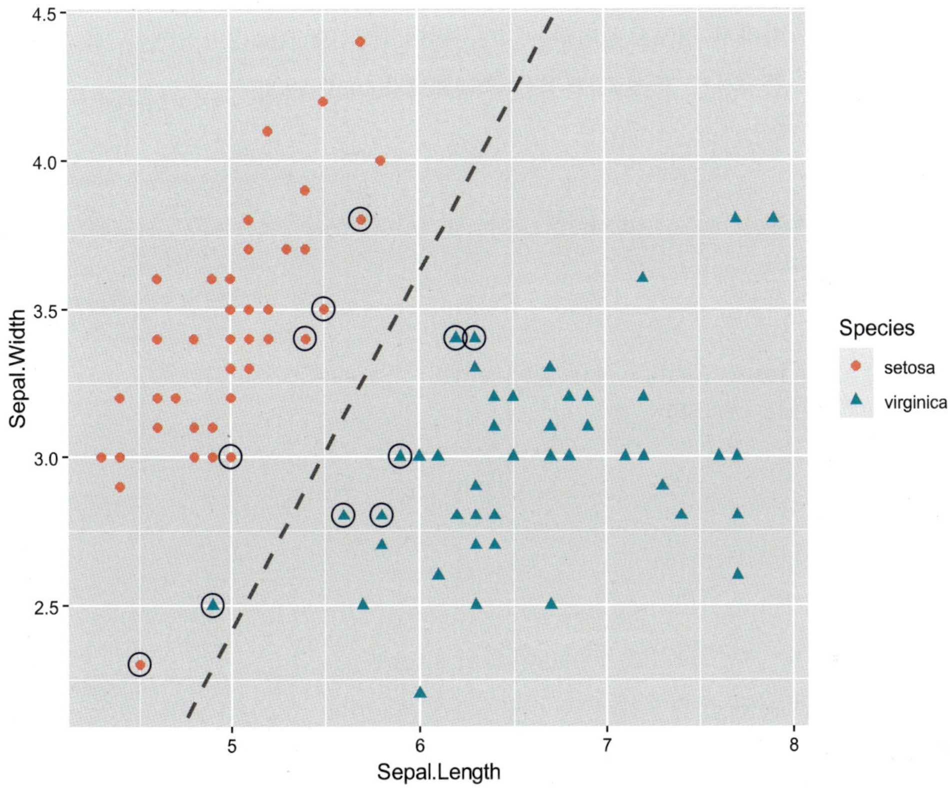


```
> iris.svm.pred <- predict(iris.svm, newdata=iris.sub)
> head(iris.svm.pred)
     1      2      3      4      5      6
setosa setosa setosa setosa setosa setosa
Levels: setosa virginica
> table(iris.sub$Species, iris.svm.pred, dnn=c("Actual", "Predicted"))
           Predicted
Actual      setosa virginica
  setosa        50         0
  virginica      1        49
> mean(iris.sub$Species==iris.svm.pred)
[1] 0.99
```

코스트값을 변화시켜 코스트값이 서포트벡터와 분류 경계선 및 마진에 미치는 영향을 살펴보자. 코스트값을 증가시키면 오분류를 줄이기 위해 훈련 데이터에 보다 충실한 분류 경계선이 생성된다. 따라서 서포트벡터의 개수는 작아지고 마진은 좁아진다. 다음과 같이 코스트값을 100으로 증가시킨 후 SVM분석을 수행해보자(cost=100).

```
> set.seed(123)
> iris.svm2 <- svm(Species ~ ., data=iris.sub, kernel="linear", cost=100, scale=FALSE)
> summary(iris.svm2)

Call:
svm(formula = Species ~ ., data = iris.sub, kernel = "linear",
    cost = 100, scale = FALSE)


Parameters:
   SVM-Type:  C-classification
 SVM-Kernel:  linear
       cost:  100

Number of Support Vectors:  3

 ( 2 1 )


Number of Classes:  2

Levels:
 setosa virginica
```

서포트벡터의 개수는 세 개로서 코스트값이 1일 때의 12개에 비해 크게 줄어들었다. 산점도상에 서포트벡터와 초평면을 그려보면 [그림 5-9]와 같다. 모든 관측값이 초평면에 의해 완벽하게 분류된 것을 확인할 수 있다. 그러나 코스트값이 1일 때에 비해 마진의 폭은 작아졌다. 훈련 데이터에 대한 예측정확도는 100%를 달성했지만 일반화의 관점에서 이것이 바람직한 것은 아닐 수 있다. 마진의 폭이 너무 작아서 새로운 데이터가 훈련 데이터와 다소 다른 패턴을 보인다면 오분류될 가능성은 커질 것이기 때문이다.

[그림 5-9] **코스트와 마진.** 코스트값을 증가시키면 훈련 데이터에 대한 예측정확도는 증가하지만 마진의 폭은 줄어들어 과적합의 가능성은 커진다.

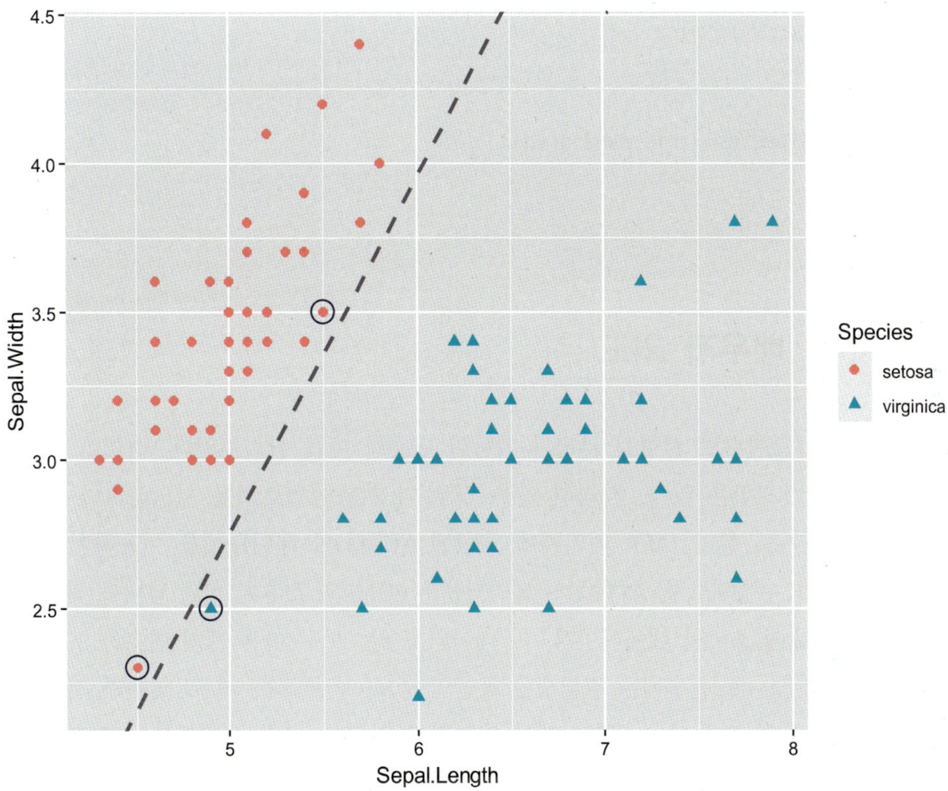


```
> w <- t(iris.svm2$coefs) %*% iris.svm2$SV
> b <- -iris.svm2$rho
> ggplot(iris.sub, aes(x=Sepal.Length, y=Sepal.Width)) +
+   geom_point(aes(color=Species, shape=Species), size=2) +
+   geom_point(data=iris.sub[iris.svm2$index, c(1, 2)],
+              color="darkblue", shape=21, stroke=1.0, size=5) +
+   geom_abline(intercept=-b/w[1, 2], slope=-(w[1, 1]/w[1, 2]),
+               color="dimgray", lty="dashed", lwd=1)
> iris.svm2.pred <- predict(iris.svm2, newdata=iris.sub)
```

```
> table(iris.sub$Species, iris.svm2.pred, dnn=c("Actual", "Predicted"))
           Predicted
Actual      setosa virginica
  setosa        50         0
  virginica      0        50
> mean(iris.sub$Species==iris.svm2.pred)
[1] 1
```

5.3 사례: 배우자 외도

지금까지 두 개의 예측변수로 선형적 분리가 가능한 단순한 예를 살펴보았다. 하지만 현실의 문제는 이렇게 간단하지만은 않다. 따라서 많은 경우 다양한 커널트릭을 시도하거나 튜닝을 통해 성능을 개선하기도 한다. AER 패키지에 포함된 Affairs 데이터셋을 이용하여 좀 더 실제적인 SVM분석을 수행해보자. Affairs 데이터셋은 601명의 결혼한 성인 남녀를 대상으로 그들의 결혼생활에 대해 조사한 데이터이다. 이 데이터셋에는 모두 아홉 개의 변수가 포함되어 있다. 예를 들어, affairs 변수에는 결혼생활 동안의 외도(extramarital affair) 횟수가 저장되어 있으며, yearsmarried 변수에는 결혼기간이 입력되어 있고, rating 변수에는 결혼생활에 대한 만족도가 기록되어 있다. 그 밖에 결혼생활에 영향을 미칠 수 있는 교육수준, 자녀, 나이, 성별, 종교, 직업 등의 데이터도 포함하고 있다.

```
> library(AER)
> data(Affairs)
> str(Affairs)
'data.frame': 601 obs. of  9 variables:
 $ affairs       : num  0 0 0 0 0 0 0 0 0 0 ...
 $ gender        : Factor w/ 2 levels "female","male": 2 1 1 2 2 1 1 2 1 2 ...
 $ age           : num  37 27 32 57 22 32 22 57 32 22 ...
 $ yearsmarried  : num  10 4 15 15 0.75 1.5 0.75 15 15 1.5 ...
 $ children      : Factor w/ 2 levels "no","yes": 1 1 2 2 1 1 1 2 2 1 ...
 $ religiousness: int  3 4 1 5 2 2 2 2 4 4 ...
 $ education     : num  18 14 12 18 17 17 12 14 16 14 ...
 $ occupation    : int  7 6 1 6 6 5 1 4 1 4 ...
 $ rating        : int  4 4 4 5 3 5 3 4 2 5 ...
```

이 데이터셋을 이용하여 성인 남녀의 외도 여부를 예측하려고 한다. 이를 위해 결과변수로 사용하려는 **affairs** 변수를 다음과 같이 팩터 형식의 이진형 변수로 변환한다. 변환된 **affairs** 변수는 외도 사실이 전혀 없을 경우 No값을 가지며 한 번이라도 외도가 있으면 Yes값을 갖는다(팩터로 변환하면 데이터값은 각각 1, 2로 코딩된다). 대체로 약 25% 정도의 성인 남녀가 외도 경험이 있는 것으로 나타났다.

```
> aff <- Affairs
> aff$affairs <- factor(ifelse(aff$affairs > 0, 1, 0),
+                       levels=c(0, 1), labels=c("No", "Yes"))
> str(aff)
'data.frame': 601 obs. of  9 variables:
 $ affairs      : Factor w/ 2 levels "No","Yes": 1 1 1 1 1 1 1 1 1 1 ...
 $ gender       : Factor w/ 2 levels "female","male": 2 1 1 2 2 1 1 2 1 2 ...
 $ age          : num  37 27 32 57 22 32 22 57 32 22 ...
 $ yearsmarried : num  10 4 15 15 0.75 1.5 0.75 15 15 1.5 ...
 $ children     : Factor w/ 2 levels "no","yes": 1 1 2 2 1 1 1 2 2 1 ...
 $ religiousness: int  3 4 1 5 2 2 2 2 4 4 ...
 $ education    : num  18 14 12 18 17 17 12 14 16 14 ...
 $ occupation   : int  7 6 1 6 6 5 1 4 1 4 ...
 $ rating       : int  4 4 4 5 3 5 3 4 2 5 ...
> table(aff$affairs)

 No Yes
451 150
> prop.table(table(aff$affairs))

      No      Yes
0.750416 0.249584
```

분석을 수행하기 전에 우선 다음과 같이 전체 데이터셋을 70%의 훈련 데이터와 30%의 테스트 데이터로 분할한다.

```
> set.seed(123)
> train <- sample(nrow(aff), 0.7*nrow(aff))
```

```
> aff.train <- aff[train,]
> aff.test <- aff[-train,]
> table(aff.train$affairs)

 No Yes
316 104
> table(aff.test$affairs)

 No Yes
135  46
```

이제 데이터셋이 준비되었으므로 svm() 함수를 이용하여 다음과 같이 SVM분석을 수행한다.

```
> library(e1071)
> set.seed(123)
> aff.svm <- svm(affairs ~ ., data=aff.train)
> summary(aff.svm)

Call:
svm(formula = affairs ~ ., data = aff.train)


Parameters:
   SVM-Type:  C-classification
 SVM-Kernel:  radial
       cost:  1

Number of Support Vectors:  248

 ( 144 104 )


Number of Classes:  2

Levels:
 No Yes
```

svm() 함수의 실행결과를 보면 총 248개의 서포트벡터가 마진 결정을 위해 선택되었다. 분석결과를 그래프상에 나타내보자. 여기에서는 여덟 개의 예측변수를 사용하고 있기 때문에 앞서 iris 데이터셋을 이용한 SVM분석에서 했던 것처럼 예측변수를 축으로 2차원상에 관측값을 그대로 그래프로 나타내기는 어렵다. 따라서 다차원척도법(multidimensional scaling)을 이용하여 관측값을 두 개의 차원으로 매핑하는 방식으로 [그림 5-10]과 같이 2차원 공간상에 나타낸다.11) 외도 사실이 없는 케이스는 동그라미로, 외도 케이스는 세모로 표시하였다. 서포트벡터 248개는 원으로 둘러쌌다. 여기에서는 여덟 개의 예측변수가 사용되었기 때문에 2차원 평면상의 그래프만으로는 외도와 무외도 케이스 간의 구분이 잘 드러나지 않는다.

[그림 5-10] **외도예측.** 분류결과를 서포트벡터와 함께 2차원 공간상에 나타낸다.

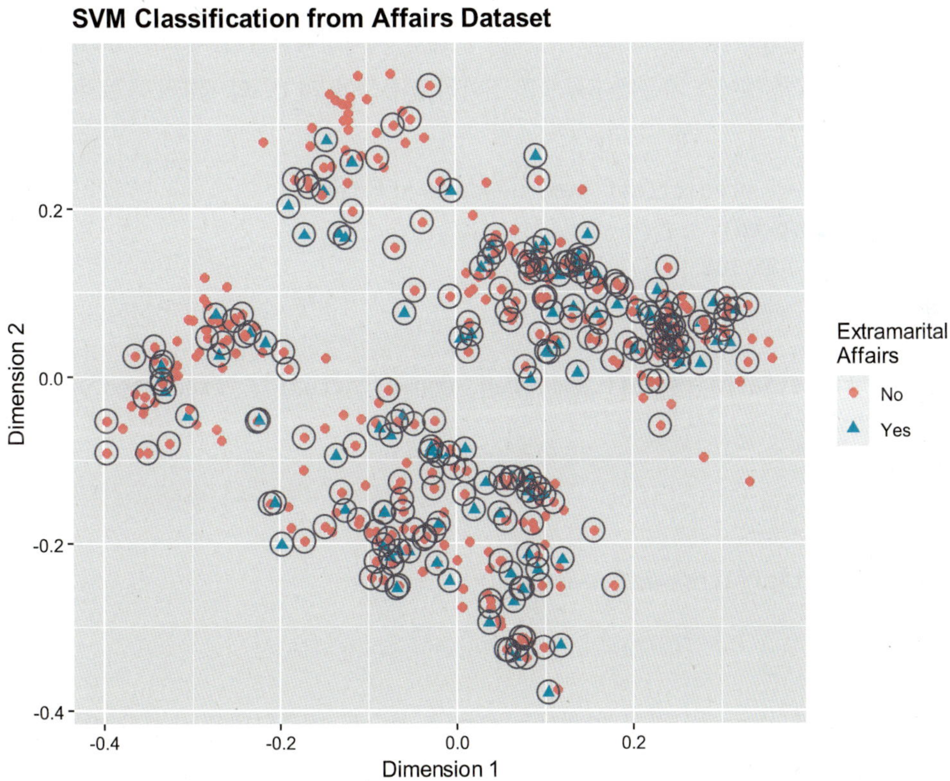

11) 다차원척도법을 수행하는 cmdscale() 함수는 첫 번째 인수(d)에 셀값이 케이스 간의 거리를 나타내는 행렬을 지정한다. 예측변수 간의 거리행렬을 생성하기 위해서는 dist() 함수(stats 패키지, 연속형 데이터의 경우)나 daisy() 함수(cluster 패키지, 연속형/범주형 데이터가 섞여 있는 경우)를 이용한다.

```
> library(cluster)
> library(ggplot2)
> aff.mds <- data.frame(cmdscale(daisy(aff.train[,-1])))
> ggplot(aff.mds, aes(x=X1, y=X2)) +
+   geom_point(aes(color=aff.train[,1], shape=aff.train[,1]), size=2) +
+   geom_point(data=aff.mds[aff.svm$index, ],
+              color="dimgray", shape=21, stroke=1.0, size=5) +
+   labs(color="Extramarital\nAffairs", shape="Extramarital\nAffairs",
+        x="Dimension 1", y="Dimension 2",
+        title="SVM Classification from Affairs Dataset") +
+   theme(plot.title=element_text(face="bold"))
```

predict() 함수를 이용하여 테스트 데이터에 대한 예측정확도를 살펴보자. SVM모델은 테스트 데이터의 181개 케이스 가운데 134개를 정확히 분류하여 74.0%의 정확도를 보여주었다.

```
> aff.svm.pred <- predict(aff.svm, newdata=aff.test)
> head(aff.svm.pred)
  4   5  11  47  86 108
 No  No  No  No  No  No
Levels: No Yes
> table(aff.test$affairs, aff.svm.pred, dnn=c("Actual", "Predicted"))
      Predicted
Actual  No Yes
   No  134   1
   Yes  46   0
> mean(aff.test$affairs==aff.svm.pred)
[1] 0.7403315
```

각 범주별 예측확률을 계산하기 위해서는 svm() 함수로 예측모델을 생성할 때 다음과 같이 probability=TRUE를 지정한다.

```
> set.seed(123)
> aff.svm2 <- svm(affairs ~ ., data=aff.train, probability=TRUE)
```

이렇게 생성한 예측모델을 predict() 함수에 인수로 제공한다. 이때 predict() 함수에는 probability=TRUE를 지정한다. 출력된 객체는 벡터(팩터)로서 probabilities 속성에 범주별 예측확률이 저장되어 있다. 예측확률을 얻기 위해서는 attr() 함수를 이용하여 probabilities 속성의 값을 추출한다.

```
> aff.svm2.pred <- predict(aff.svm2, newdata=aff.test, probability=TRUE)
> str(aff.svm2.pred)
 Factor w/ 2 levels "No","Yes": 1 1 1 1 1 1 1 1 1 1 ...
 - attr(*, "names")= chr [1:181] "4" "5" "11" "47" ...
 - attr(*, "probabilities")= num [1:181, 1:2] 0.704 0.768 0.76 0.728 0.779 ...
  ..- attr(*, "dimnames")=List of 2
  .. ..$ : chr [1:181] "4" "5" "11" "47" ...
  .. ..$ : chr [1:2] "No" "Yes"
> attr(aff.svm2.pred, "probabilities")[1:6,]
           No       Yes
4   0.7041140 0.2958860
5   0.7676427 0.2323573
11  0.7597867 0.2402133
47  0.7280073 0.2719927
86  0.7793810 0.2206190
108 0.6654088 0.3345912
```

svm() 함수는 기본적으로 RBF커널함수를 이용하여 분석을 수행한다(기본값 kernel="radial"). RBF커널함수를 기반으로 한 커널트릭을 이용하여 SVM을 수행할 때 cost 인수와 함께 gamma 인수를 이용하여 최적의 결과를 탐색할 수 있다. gamma 인수는 데이터를 분할하는 초평면의 형태를 결정한다. gamma 인수의 값이 크면 더 많은 서포트벡터가 선택되어 좀 더 복잡한(즉 굴곡진) 분류 경계선을 생성한다. 따라서 훈련 데이터에 대해서는 오분류가 작아지지만 새로운 케이스에 대한 일반화 성능은 저하될 수 있다. 감마값은 코스트값과 마찬가지로 0보다 큰 값으로 설정해야 한다. 코스트값은 앞서 살펴보았듯이 커지면 마진의 폭을 감소시켜 훈련 데이터에 대한 예측정확도가 증가하지만 지나치게 커지면 과적합으로 인해 새로운 케이스에 대해서는 분류성능이 낮아진다. 감마값과 코스트값은 모두 커질수록 과적합의 위험 또한 증가하기 때문에 적절한 값을 찾는 것이 중요할 수 있다.

svm() 함수는 기본적으로 감마값을 $\frac{1}{\text{예측변수 개수}}$, 코스트값을 1로 설정하여 분석을 수행한다. 그러나 좀 더 나은 성능의 SVM모델을 얻기 위하여 일반적으로 감마값과 코스트값을 변화시켜 가면서 최적의 예측모델을 탐색한다. tune.svm() 함수를 이용하여 이러한 탐색과정을 손쉽게 수행할 수 있다. tune.svm() 함수에 감마값과 코스트값의 범위를 지정하면 범위 내의 가능한 모든 값의 조합에 대해 SVM분석을 수행한 후 최적의 결과를 가져오는 감마값과 코스트값을 제시한다. 예를 들어, 다음과 같이 SVM모델에 대한 튜닝작업을 수행할 수 있다.

```
> set.seed(123)
> aff.svm.tuned <- tune.svm(affairs ~ ., data=aff.train, gamma=10^(-3:3), cost=2^(-5:5))
> summary(aff.svm.tuned)

Parameter tuning of 'svm':

- sampling method: 10-fold cross validation

- best parameters:
 gamma    cost
 0.001 0.03125

- best performance: 0.247619

- Detailed performance results:
  gamma    cost     error dispersion
1 1e-03 0.03125 0.2476190 0.05634362
2 1e-02 0.03125 0.2476190 0.05634362
3 1e-01 0.03125 0.2476190 0.05634362
…(중략)

> aff.svm.tuned$best.parameters
  gamma    cost
1 0.001 0.03125
```

gamma 인수에 10^{-3}에서 10^{3}까지 일곱 개의 값(즉 10^{-3}, 10^{-2}, …, 10^{2}, 10^{3})을 지정하였고 cost 인수에는 2^{-5}에서 2^{5}까지 11개의 값(즉 2^{-5}, 2^{-4}, …, 2^{4}, 2^{5})을 지정하였다. 따라서 이 두

인수의 조합에 따른 총 77개(=7×11)의 모델이 생성된다. 77개의 모델 각각에 대해 10-묶음 교차검증을 통해 가장 작은 오차를 보이는 모델을 찾아낸다. 그런 다음 이 모델을 생성하는 데 사용한 감마값과 코스트값을 다음과 같이 SVM 튜닝에 사용한다. 여기에서는 감마값과 코스트값이 각각 0.001과 0.03125일 때 가장 성능이 우수한 것으로 나타났다. 튜닝된 모델은 아주 작긴 하지만 성능이 개선된 것을 확인할 수 있다(예측정확도 74.0% → 74.6%).

```
> set.seed(123)
> aff.svm <- svm(affairs ~ ., data=aff.train, gamma=0.001, cost=0.03125)
> aff.svm.pred <- predict(aff.svm, aff.test)
> table(aff.test$affairs, aff.svm.pred, dnn=c("Actual", "Predicted"))
      Predicted
Actual   No  Yes
   No   135    0
   Yes   46    0
> mean(aff.test$affairs==aff.svm.pred)
[1] 0.7458564
```

SVM은 여러 다양한 상황에서 우수한 예측성능을 보여준다. 또한 예측변수의 개수가 관측값의 개수보다 훨씬 많은 경우에도 적용할 수 있다는 장점이 있다. 반면에 SVM은 랜덤포레스트처럼 분류규칙에 대한 논리적 설명이 어렵다는 단점을 갖는다.

6

Chapter

성능평가

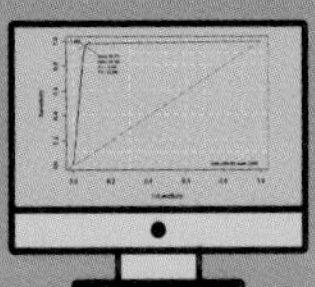

R을 이용한 머신러닝과 텍스트마이닝
Machine Learning and Text Mining with R

CHAPTER 6

성능평가

6.1 성능평가 지표

예측모델의 분류성능에 대한 평가는 기본적으로 실제 판정결과와 예측모델에 의한 분류결과를 비교한 교차표, 즉 혼동행렬(confusion matrix)을 바탕으로 이루어진다. [그림 6-1]은 두 집단 분류문제의 혼동행렬이다. 우하단과 좌상단의 대각선 셀은 올바르게 분류된 케이스(True Positive와 True Negative)를 나타내며 반대 방향의 대각선 셀은 오분류된 케이스(False Positive와 False Negative)를 나타낸다.[1)]

[그림 6-1] **혼동행렬.** 대각선의 셀은 정확하게 분류된 케이스를 나타낸다.

		예측집단	
		Negative	Positive
실제집단	Negative	True Negative (TN)	False Positive (FP)
	Positive	False Negative (FN)	True Positive (TP)

1) True Positive, True Negative, False Positive, False Negative를 각각 진양성, 진음성, 위양성, 위음성으로 부르기도 하나 여기에서는 명확한 의미 전달을 위해 원어 그대로 사용한다.

True Positive는 예측모델에 의해서 Positive로 예측했고 실제집단 역시 Positive인 케이스를 의미한다.[2)] 예를 들어, 유방암을 예측하는 경우를 생각해보면 True Positive는 유방암 의심 환자를 예측모델에 의해서 Positive(즉 악성)로 분류했고 실제로 해당 환자가 악성이라서 그 예측이 True인 경우를 의미한다. True Negative는 Negative(즉 양성)로 분류했고 실제로 해당 환자가 양성이어서 그 예측이 True인 케이스를 나타낸다. False Positive는 Positive(즉 악성)로 분류했으나 실제로 그 케이스는 양성이어서 예측결과가 False인 경우이다. 끝으로 False Negative는 Negative(즉 양성)로 분류했으나 실제로는 악성이어서 그 예측이 False인 케이스를 뜻한다. 분류분석 방법들은 일반적으로 False Positive와 False Negative의 합을 최소화하려고 한다.[3)] 예측모델에 대한 성능평가는 이러한 네 가지 유형의 셀에 속하는 케이스 개수를 바탕으로 이루어진다.

예측모델이 주어진 데이터셋을 얼마나 정확히 분류하는지는 혼동행렬로부터 전체 케이스 개수 대비 정확히 분류한 케이스 개수의 비율로 계산할 수 있으며 이를 정확도(accuracy)라고 한다. 우리는 앞서 다양한 분류분석 방법들을 살펴보면서 이미 정확도를 이용하여 예측모델의 성능을 평가하였다. 예를 들어, 다음과 같이 위스콘신 대학병원의 유방암 진료 데이터셋(`mlbench` 패키지에 포함된 `BreastCancer` 데이터셋)을 이용하여 의사결정나무분석(C5.0 알고리즘)을 수행하고 혼동행렬을 바탕으로 정확도를 계산할 수 있다.[4)]

---

2) 여기서 'Positive'라는 것은 관심 있는 사건의 발생을 의미한다. 예를 들어, 유방암 환자 예측문제에서는 악성을 의미하고, 기업부도 예측문제에서는 부도를 의미하며, 신용평가문제에서는 신용불량을 나타낸다.

3) 가설검정의 관점에서 보면 귀무가설의 주장은 사건미발생(Negative)을 의미하며 대립가설의 주장은 사건발생(Positive)을 나타낸다. 따라서 False Positive는 1종오류(type I error), 그리고 False Negative는 2종오류(type II error)로 해석할 수 있다. 가설검정에서 1종오류는 실제 귀무가설이 옳음에도 불구하고(즉 실제는 Negative) 귀무가설을 기각하는 오류, 즉 대립가설을 채택하는(즉 예측은 Positive) 판단의 오류를 의미한다. 2종오류는 귀무가설이 틀렸음에도(즉 실제는 Positive) 귀무가설을 기각하지 못하는 오류, 즉 대립가설을 채택하지 못하는(즉 예측은 Negative) 판단의 오류를 의미한다. False Positive와 False Negative의 합을 최소화한다는 것은 이 두 가지 판단의 오류를 최소화한다는 의미이다.

4) C5.0 알고리즘은 ID3(iterative dichotomizer 3)를 바탕으로 성능을 향상시킨 C4.5의 개선된 버전이다. 컴퓨터 과학자인 퀸란(J. Ross Quinlan)에 의해 개발되었으며 다양한 유형의 문제에 우수한 성능을 보이는 것으로 알려져 있어 의사결정나무의 산업표준으로 자리잡고 있다. C5.0 알고리즘은 정보이득을 바탕으로 의사결정나무의 가지를 분할한다. `C50` 패키지의 `C5.0()` 함수를 이용하여 수행할 수 있다. 인수 지정방식은 기본적으로 '제3장 의사결정나무'에서 다루었던 `rpart` 패키지의 `rpart()` 함수와 유사하다.

```
> library(mlbench)
> data(BreastCancer)
> bc <- BreastCancer[-1]
> bc <- cbind(lapply(bc[-10], function(x) as.numeric(as.character(x))), bc[10])
> set.seed(123)
> train <- sample(nrow(bc), 0.7*nrow(bc))
> bc.train <- bc[train,]
> bc.test <- bc[-train,]
> library(C50)
> bc.C50 <- C5.0(formula=Class ~ ., data=bc.train)
> bc.C50.pred <- predict(bc.C50, newdata=bc.test, type="class")
> bc.C50.cmatrix <- table(bc.test$Class, bc.C50.pred, dnn=c("Actual", "Predicted"))
> bc.C50.cmatrix
           Predicted
Actual       benign malignant
  benign        138        12
  malignant       1        59
> sum(diag(bc.C50.cmatrix))/sum(bc.C50.cmatrix)
[1] 0.9380952
> mean(bc.test$Class==bc.C50.pred)
[1] 0.9380952
```

좀 더 많은 정보를 제공하는 혼동행렬은 다음과 같이 gmodels 패키지의 CrossTable() 함수를 이용하여 생성할 수 있다. 셀값은 각각 해당 셀에 대응되는 케이스 개수와 행, 열, 전체 개수 대비 비율을 나타낸다.

```
> library(gmodels)
> CrossTable(bc.test$Class, bc.C50.pred,
+            prop.chisq=FALSE, dnn=c("Actual", "Predicted"))
```

```
   Cell Contents
|-------------------------|
|                       N |
|           N / Row Total |
|           N / Col Total |
|         N / Table Total |
|-------------------------|


Total Observations in Table:  210


             | Predicted 
      Actual |    benign | malignant | Row Total | 
-------------|-----------|-----------|-----------|
      benign |       138 |        12 |       150 | 
             |     0.920 |     0.080 |     0.714 | 
             |     0.993 |     0.169 |           | 
             |     0.657 |     0.057 |           | 
-------------|-----------|-----------|-----------|
   malignant |         1 |        59 |        60 | 
             |     0.017 |     0.983 |     0.286 | 
             |     0.007 |     0.831 |           | 
             |     0.005 |     0.281 |           | 
-------------|-----------|-----------|-----------|
Column Total |       139 |        71 |       210 | 
             |     0.662 |     0.338 |           | 
-------------|-----------|-----------|-----------|
```

정확도는 가장 흔히 사용되는 분류모델의 성능평가 지표로서 개념적으로 이해하기 쉽고 유용하긴 하지만 이 지표만으로는 분류모델의 성능을 평가하는 데 있어서 충분하지 않을 수 있다. 예를 들어, 정신분열증 환자를 예측하는 분류모델을 만든다고 가정해보자. 정신분열증은 매우 드문 질병으로서 전체 인구의 1% 정도만이 그러한 질환을 갖고 있다. 따라서 모든 사람을 정상인 사람으로 분류하면, 즉 비정신분열증 집단으로 분류하면 예측정확도 99%인 예측모델을 만들 수 있다. 하지만 이는 바람직한 예측모델은 아닐 것이다. 왜냐하면 이 모델에 따르면 정신분열증 환자는 비록 그 수는 작지만 모두 정상으로 분류되기 때문에 예측모델로서의 유용성이 현저히 떨어질 것이기 때문이다.5) 따라서 분류모델의 성능을 평가하는 데 있어서 다음과 같은 추가 질문이 필요할 수 있다.

- 정신분열증 환자 가운데 정신분열증 환자로 올바로 예측한 비율은 얼마인가? 즉 어떤 사람이 정신분열증 환자일 때 이 사람을 정신분열증 환자로 올바르게 분류할 확률은 얼마인가?
- 정상인(비정신분열증) 가운데 정상인으로 올바로 예측한 비율은 얼마인가? 즉 어떤 사람이 정상인일 때 이 사람을 정상인으로 올바르게 분류할 확률은 얼마인가?
- 정신분열증으로 예측된 사람 가운데 실제 정신분열증 환자의 비율은 얼마인가? 즉 어떤 사람이 정신분열증 환자로 분류되었을 때 이 사람이 실제 정신분열증 환자일 확률은 얼마인가?
- 정상인(비정신분열증)으로 예측된 사람 가운데 실제 정상인의 비율은 얼마인가? 즉 어떤 사람이 정상인으로 분류되었을 때 이 사람이 실제 정상인일 확률은 얼마인가?

[그림 6-2] **분류모델 성능평가 지표.** 혼동행렬을 바탕으로 다양한 성능평가 지표를 계산한다.

지표	계산	정의
정확도(accuracy)	$\frac{TP+TN}{TP+TN+FP+FN}$	전체 케이스 가운데 올바르게 분류된 케이스의 비율(ACC).
민감도(sensitivity)	$\frac{TP}{TP+FN}$	실제집단이 Positive일 때 Positive로 올바르게 분류된 케이스의 비율(True Positive Rate, 재현도(recall)).
특이도(specificity)	$\frac{TN}{TN+FP}$	실제집단이 Negative일 때 Negative로 올바르게 분류된 케이스의 비율(True Negative Rate, <1-False Positive Rate>).
PPV (Positive Predictive Value)	$\frac{TP}{TP+FP}$	Positive로 예측된 케이스가 실제 Positive 집단인 비율(정밀도(precision)).
NPV (Negative Predictive Value)	$\frac{TN}{TN+FN}$	Negative로 예측된 케이스가 실제 Negative 집단인 비율.

5) 우리는 '제5장 서포트벡터머신'을 다루면서 성인 남녀의 외도 여부를 예측할 때 이러한 분류모델을 구축한 적이 있다. 74.6%의 그럴듯한 예측정확도를 얻기는 했지만 전체 181개의 케이스를 모두 외도 사실이 없는 사람으로 예측함으로써 이 가운데 실제 외도 경험이 있는 46개의 케이스를 전혀 식별하지 못하였다.

[그림 6-3] **성능평가 지표 계산.** 유방암 예측모델의 성능을 평가한다.

n=210		유방암 예측집단	
		양성	악성
유방암 실제집단	양성	TN=138	FP=12
	악성	FN=1	TP=59

$$Accuracy = \frac{TP+TN}{TP+TN+FP+FN} = \frac{59+138}{59+138+12+1} = 0.938$$

$$Sensitivity = \frac{TP}{TP+FN} = \frac{59}{59+1} = 0.983$$

$$Specificity = \frac{TN}{TN+FP} = \frac{138}{138+12} = 0.920$$

$$Positive\ Predictive\ Value = \frac{TP}{TP+FP} = \frac{59}{59+12} = 0.831$$

$$Negative\ Predictive\ Value = \frac{TN}{TN+FN} = \frac{138}{138+1} = 0.993$$

이러한 질문 네 가지는 각각 민감도(sensitivity), 특이도(specificity), PPV(Positive Predictive Value), NPV(Negative Predictive Value) 성능평가 지표를 나타낸다. 성능평가 지표의 정의 및 계산방법을 [그림 6-2]에 정리하였다. 또한 [그림 6-3]에는 유방암 예측모델의 분류결과를 이용하여 성능평가 지표를 계산하는 방법을 예시하였다.

`caret` 패키지의 `confusionMatrix()` 함수를 이용하면 혼동행렬과 함께 앞서 살펴본 성능평가 지표를 비롯한 다양한 성능평가 지표를 구할 수 있다. `caret` 패키지에는 Positive에 해당하는 범주가 무엇인지 `positive` 인수에 지정해야 한다. 여기에서는 악성종양을 식별하는 것이 주목적이므로 `positive="malignant"`를 지정한다.

```
> library(caret)
> confusionMatrix(bc.C50.pred, bc.test$Class, positive="malignant")
Confusion Matrix and Statistics

          Reference
Prediction  benign  malignant
  benign       138          1
  malignant     12         59

               Accuracy : 0.9381
                 95% CI : (0.8965, 0.9666)
    No Information Rate : 0.7143
    P-Value [Acc > NIR] : 2.795e-16
```

```
                Kappa : 0.8562

 Mcnemar's Test P-Value : 0.005546

            Sensitivity : 0.9833
            Specificity : 0.9200
         Pos Pred Value : 0.8310
         Neg Pred Value : 0.9928
             Prevalence : 0.2857
         Detection Rate : 0.2810
   Detection Prevalence : 0.3381
      Balanced Accuracy : 0.9517

       'Positive' Class : malignant
```

6.2 민감도와 특이도

분류모델은 너무 공격적이지도 않고 지나치게 보수적이지도 않은 균형 있는 예측을 하는 것이 중요하다. 왜냐하면 어느 한 방향으로 치우치면 올바른 예측을 할 수 없기 때문이다. 예를 들어, 악성종양의 판정에만 지나치게 초점을 맞추면 양성판정을 거의 하지 않음으로써 악성종양을 모두 정확히 판별할 수도 있다. 또는 그 반대로 어떠한 양성종양도 놓치지 않으려 하면 많은 악성종양을 제대로 판별하지 못할 수도 있다. 민감도와 특이도는 이러한 두 가지 관점의 성능을 측정함으로써 두 관점 간의 균형점을 찾는 데 도움을 준다.

예측모델의 민감도는 실제 Positive 케이스 가운데 예측모델에 의해 올바르게 분류된 Positive 케이스의 비율로 측정한다. 따라서 민감도는 True Positive의 개수를 실제 Positive의 총개수(정확하게 분류된 Ture Positive 개수와 부정확하게 분류된 False Negative 개수의 합)로 나누어 구한다. 예측모델의 특이도는 실제 Negative 케이스 가운데 올바르게 분류된 Negative 케이스의 비율로 측정한다. 민감도와 유사하게 특이도는 True Negative의 개수를 실제 Negative의 총개수(정확하게 분류된 True Negative 개수와 부정확하게 분류된 False Positive 개수의 합)로 나누어 산출한다. 앞에서 생성한 혼동행렬을 바탕으로 민감도와 특이도를 계산하면 다음과 같다.

```
> sens <- 59/(59+1)
> sens
[1] 0.9833333
> spec <- 138/(138+12)
> spec
[1] 0.92
```

민감도가 높은 모델(highly sensitive model)은 가능한 Positive로 분류하려고 함으로써 실제 Positive를 놓치지 않으려 한다. 다시 말해 민감도가 높은 예측모델이 Negative로 분류했다면 이는 실제로 Negative일 가능성이 매우 높다는 의미이다.[6] 특이도가 높은 모델(highly specific model)은 가능한 Negative로 분류하려고 함으로써 실제 Negative를 Positive로 분류하는 실수를 줄이려 한다. 즉 특이도가 높은 예측모델이 Positive 판정을 했다면 이는 실제 Positive일 가능성이 매우 높다는 의미이다.[7] 만일 악성종양을 판정하는 예측모델이 100% 민감도와 100% 특이도를 갖는다면 이 예측모델에 의해 모든 악성종양 환자는 정확히 악성으로 분류되고 어떠한 양성종양 환자도 악성으로 오분류되지 않는다.

caret 패키지를 이용하면 예측범주와 실제범주 벡터로부터 민감도와 특이도를 쉽게 계산할 수 있다. 민감도는 sensitivity() 함수로 구할 수 있고 특이도는 specificity() 함수로 계산할 수 있다. 이때 sensitivity() 함수의 positive 인수에는 Positive에 해당하는 범주를 지정하고 specificity() 함수의 negative 인수에는 Negative에 대응되는 범주를 지정한다.

```
> library(caret)
> sensitivity(bc.C50.pred, bc.test$Class, positive="malignant")
[1] 0.9833333
> specificity(bc.C50.pred, bc.test$Class, negative="benign")
[1] 0.92
```

---

6) 의학분야에서는 이런 관점에서 민감도를 어떤 질병을 배제(rule out)하는 목적으로 사용한다. 높은 민감도를 갖는 예측모델이 Negative 판정을 하면 해당 질병의 가능성을 배제한다: Sensitivity rules out or 'Snout'.

7) 민감도에서 마찬가지로 의학분야에서는 이런 관점에서 특이도를 어떤 질병을 진단(rule in)하는 목적으로 사용한다. 높은 특이도를 갖는 예측모델이 Positive 판정을 하면 해당 질병의 가능성을 배제하지 못한다: Specificity rules in or 'Spin'.

민감도와 특이도는 0에서 1 사이의 값을 갖는다. 1에 가까울수록 바람직하다는 것을 의미하며, 각각 Positive 케이스와 Negative 케이스를 잘 분류한다는 것을 나타낸다(즉 False Positive와 False Negative가 덜 발생한다는 것을 의미한다). 민감도가 크다는 것은 예측모델의 Positive 판정이 많다는 것을 의미하므로 민감도가 클 경우 Negative 케이스를 정확히 예측한 비율을 의미하는 특이도는 작아질 수밖에 없다. 예를 들어, 공항 검색대에서 모든 탑승객은 잠재적 위협으로 간주되기 때문에 위험한 물건을 식별할 확률을 증가시키고 그러한 물건을 놓칠 위험을 최소화하기 위하여(즉 높은 민감도) 벨트나 열쇠 같은 위험도가 낮은 물건에 대해서도 경고음이 나오도록(즉 낮은 특이도) 검색 스캐너를 설정한다. 이처럼 민감도와 특이도는 서로 트레이드오프(trade-off) 관계에 있기 때문에 두 지표 간의 적절한 균형점을 찾는 것이 중요하다.

여기의 예에서 민감도 0.983은 악성환자(Positive)의 98.3%를 악성으로 정확히 판별했다는 것을 나타낸다. 반면에 특이도 0.920은 양성환자(Negative)의 92.0%를 양성으로 올바르게 판정했다는 것을 의미하며, 이는 다시 말해 양성환자의 8.0%는 악성으로 오분류되었다는 뜻이기도 하다. 양성환자를 악성으로 분류한 8.0%라는 비율이 크다고 생각할 수도 있지만 이러한 오분류의 증가를 감수하고라도 악성환자를 양성으로 잘못 분류할 가능성을 줄일 수 있다면 8.0%는 적절한 수치일 수도 있다. 양성을 악성으로 분류하는 판정이 증가할수록 특이도는 감소하지만 실제 악성종양을 제대로 판정할 가능성은 커져서 민감도는 증가한다. 악성종양 판정 경향이 강한 모델일수록 민감도는 증가하나, 특이도는 감소한다. 반대로 양성종양 판정이 빈번한 모델일수록 특이도는 증가하는 반면, 민감도는 감소한다. 민감도와 특이도를 비교함으로써 이들 간의 트레이드오프 관계를 고려한 최적의 예측모델을 선택할 수 있다. 일반적으로 원하는 민감도와 특이도를 충족하는 적정 모델을 찾을 때까지 예측모델을 수정하고 테스트하는 작업을 반복한다.

6.3 ROC곡선

분류모델은 일반적으로 케이스가 특정 집단(범주)에 속할 예측확률을 계산한다. 그러면 분류의 기준이 되는 기준확률을 바탕으로 해당 케이스를 어느 집단으로 분류할지 결정한다. 예를 들어, SVM모델에서 `predict()` 함수를 이용하면 어떤 환자가 악성종양 집단에 속할 확률을 추정할 수 있다.[8] 일반적으로 추정된 확률이 0.5보다 크면 그 환자는 악성종양 집단으로 분류된다.

8) `predict()` 함수는 다양한 분류분석 방법(나이브베이즈, 의사결정나무, 랜덤포레스트, SVM 등)에서 특정

이때 분류의 기준이 되는 확률 0.5가 임계값(threshold)이다. 이 임계값이 달라지면 그에 따라 분류결과도 달라진다. 따라서 분류모델의 민감도와 특이도는 임계값에 영향을 받는다.

높은 임계값은 케이스를 Positive로 판정하는 데 있어서 신중하며 좀 더 보수적이라는 것을 의미한다. 엄격한 기준으로 가능한 적은 Positive 판정을 한다. 따라서 False Positive는 덜 발생하나 실제 Positive인 케이스를 놓치게 될 가능성은 증가한다. False Positive가 감소하는 긍정적 효과와 True Positive 역시 감소하는 부정적 효과가 동시에 발생한다. 낮은 임계값은 Positive 케이스로 판정하는 데 있어서 덜 까다로우며 좀 더 공격적이라는 것을 의미한다. 느슨한 기준으로 더 많은 Positive 판정을 한다. 그래서 더 많은 False Positive가 발생하나 동시에 실제 Positive인 케이스를 정확히 예측한 True Positive도 증가한다. False Positive가 증가하는 부정적 효과와 True Positive 역시 증가하는 긍정적 효과가 동시에 발생한다. 이러한 특성을 이용하면 민감도와 특이도를 서로 교환함으로써 분류모델을 원하는 방향으로 개선할 수 있다. 예를 들어, 우리가 원하는 것이 분류모델의 민감도를 향상시키고자 하는 것이라면, 즉 실제 악성종양 환자를 가능한 하나도 놓치지 않고 모두 악성종양 환자로 정확히 판별하는 분류모델을 갖고자 한다면 임계값을 적절히 낮추어 가면서 이러한 목적을 달성할 수 있으며 민감도 관점에서 개선된 예측모델을 얻을 수 있다. 하지만 임계값을 낮추게 되면 False Positive 역시 증가하게 되므로 멀쩡한 양성종양 환자를 악성으로 오분류하는 사례도 함께 증가하여 특이도는 감소한다.

임계값의 변화가 예측모델의 성능에 미치는 영향은 ROC곡선(receiver operating characteristic curve, ROC curve)에 의해 평가할 수 있다. ROC곡선은 임계값에 따라 변화하는 예측모델의 성능을 보여준다. ROC곡선은 일정 범위의 다양한 임계값에 대해 민감도(Y축) 대 <1-특이도>(X축) 간의 관계를 그래프로 나타낸다.[9] 따라서 ROC곡선을 이용하여 임계값이 민감도와 특이도 간의 트레이드오프 관계에 미치는 영향을 시각적으로 확인할 수 있으며, 민감도와 특이도 간의 최적의 균형을 가져오는 임계값을 선택할 수 있다. ROC곡선은 다음과 같은 절차에 따라 생성한다.

범주에 소속될 확률을 계산한다. 사용하는 함수에 따라 인수 지정방식은 다를 수 있다. 예를 들면, `svm()` 함수로부터 생성된 `svm` 객체에 `predict()` 함수를 적용할 경우 `probability=TRUE`를 지정하면 각 케이스별로 집단에 소속될 확률을 얻을 수 있다. `type` 인수를 사용하여 지정하기도 한다. `naiveBayes()` 함수의 경우 `type="raw"`를 지정한다. `rpart()` 함수, `C5.0()` 함수, `randomForest()` 함수의 경우 `type="prob"`를 지정한다.

9) 민감도는 True Positive Rate이고 <1-특이도>는 False Positive Rate이므로 이는 실제 Positive인 케이스 가운데서 Positive로 정확히 예측된 비율(Y축) 대 실제 Negative인 케이스 가운데서 Positive로 잘못 예측된 비율(X축) 간의 관계를 나타낸다. 즉 Positive로 예측했을 때 실제 Positive 집단에서 그 예측이 맞은 비율 대 실제 Negative 집단에서 그 예측이 틀린 비율 간의 관계를 보여준다.

- 예측모델을 구축하고 각 케이스별로 예측확률을 산출한다.
- 예측확률의 내림차순으로 케이스를 정렬하고(즉 가장 큰 값을 갖는 케이스가 가장 앞에 나타남), 정렬된 예측확률을 임계값으로 사용하여 각 임계값에서의 민감도와 특이도를 계산한다.
- 산출한 민감도와 <1-특이도> 쌍의 값을 각각 Y축과 X축의 좌표에 그린다.

[그림 6-4]와 같은 간단한 예를 이용하여 ROC곡선을 그려보자. 아홉 개 케이스를 이용하여 두 개의 범주(0, 1)를 분류하는 예측모델을 구축하였다.[10] 범주0은 다섯 개, 범주1은 네 개가 포함되어 있다. 예측확률을 내림차순으로 정렬하고 각 예측확률에서의 민감도와 특이도를 계산한다.

첫 번째 행의 예측확률 0.9를 임계값으로 사용했을 때의 민감도와 특이도를 계산해보자. 이 경우 0.9 이상의 예측확률이면 범주1로 분류된다. 따라서 예측확률 0.9인 케이스1 한 개만 범주1로 분류되고 나머지 여덟 개 케이스는 모두 범주0으로 분류된다. 범주1로 분류된 케이스1은 실제로도 범주1이기 때문에 True Positive는 1이고, 범주0으로 분류된 여덟 개 케이스 가운데 세 개는 실제로는 범주1이므로 False Negative는 3이다. 범주0에 속한 다섯 개 케이스는 예측모델에 의해서도 모두 범주0으로 예측되었으므로 True Negative는 5이며, 범주1로 예측한 결과는 실제범주와 일치하므로 False Positive는 0이다. 따라서 민감도는 0.25$(=\frac{TP}{TP+FN}=\frac{1}{1+3})$이고, 특이도는 1$(=\frac{TN}{TN+FP}=\frac{5}{5+0})$이다.

이번에는 세 번째 행에서의 민감도와 특이도를 계산해보자. 임계값이 0.7이므로 그 이상의 예측확률을 갖는 케이스1, 케이스2, 케이스3이 범주1로 분류된다. 그 가운데 두 개의 케이스가 실제범주와 일치하므로 True Positive는 2이다. 나머지 여섯 개 케이스는 모두 범주0으로 분류되고 그 가운데 두 개는 실제로 범주1이므로 False Negative는 2이다. 예측모델에 의해 범주0으로 분류된 여섯 개 케이스 가운데 실제범주와 일치하는 케이스는 네 개이므로 True Negative는 4이다. 또한 범주1로 예측한 케이스 가운데 실제범주와 일치하지 않는 케이스는 한 개가 있으므로 False Positive는 1이다. 따라서 민감도는 0.5$(=\frac{TP}{TP+FN}=\frac{2}{2+2})$이고, 특이도는 0.8$(=\frac{TN}{TN+FP}=\frac{4}{4+1})$이다. 이렇게 계산한 민감도와 특이도를 이용하여 Y축에 민감도를 배치하고, X축에 <1-특이도>를 배치하여 그래프로 그리면 [그림 6-5]와 같은 ROC곡선을 그릴 수 있다.

---

10) 여기에서 범주1은 관심 있는 사건의 발생을 의미하며 Positive로 간주된다. 범주0은 사건미발생으로서 Negative를 나타낸다.

[그림 6-4] **ROC곡선.** 예측확률을 임계값으로 사용하여 각 임계값에서의 민감도와 특이도를 계산한다.

케이스	실제범주	예측확률*	TP	FN	TN	FP	특이도	1-특이도	민감도
1	1	0.9	1	3	5	0	1.00	0.00	0.25
2	0	0.8	1	3	4	1	0.80	0.20	0.25
3	1	0.7	2	2	4	1	0.80	0.20	0.50
4	0	0.6	2	2	3	2	0.60	0.40	0.50
5	1	0.5	3	1	3	2	0.60	0.40	0.75
6	0	0.4	3	1	2	3	0.40	0.60	0.75
7	1	0.3	4	0	2	3	0.40	0.60	1.00
8	0	0.2	4	0	1	4	0.20	0.80	1.00
9	0	0.1	4	0	0	5	0.00	1.00	1.00

* 범주1(Positive) 예측확률

[그림 6-5] **ROC곡선.** ROC곡선은 임계값의 변화에 따른 민감도와 특이도 간의 트레이드오프 관계를 보여준다.

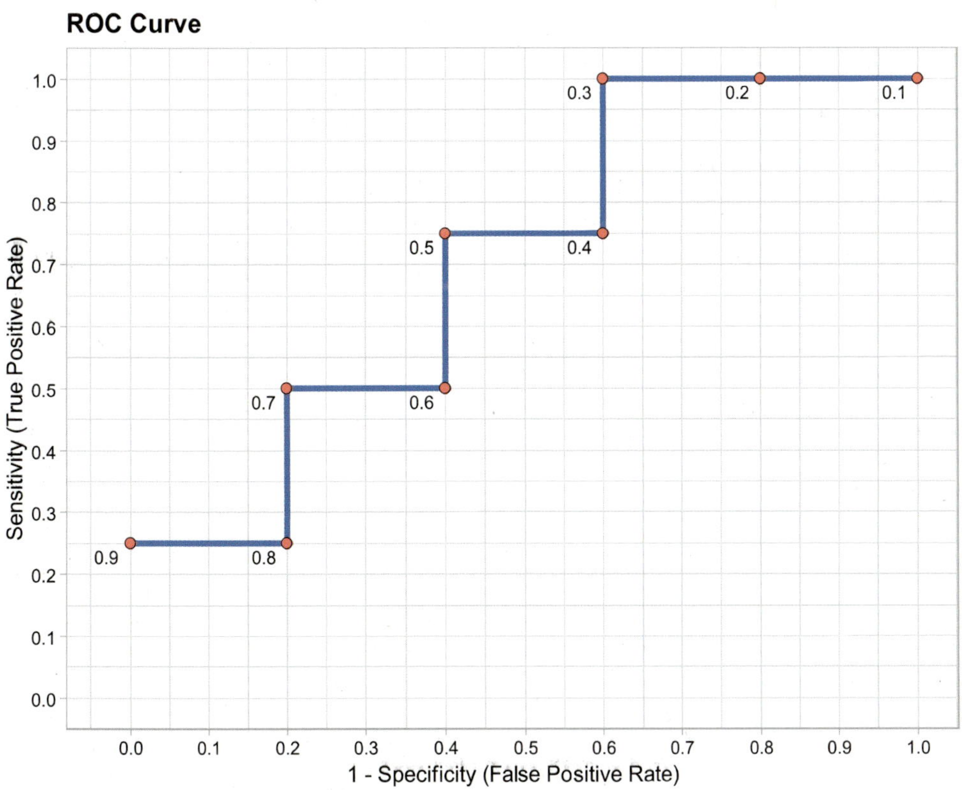

우리는 ROC곡선을 통해 높은 민감도를 가지며(즉 높은 True Positive Rate; 실제 Positive인 케이스를 Positive로 정확히 예측할 가능성이 큰) 동시에 낮은 <1-특이도>를 갖는(즉 낮은 False Positive Rate; 실제 Negative인 케이스를 Positive로 잘못 예측할 가능성이 작은) 최적의 임계값을 찾을 수 있다. 이는 높은 민감도와 높은 특이도를 갖는 임계값을 의미한다. 또는 민감도와 특이도의 합이 최대가 되는 임계값을 찾을 수도 있다. 예를 들어, 여기에서는 임계값이 0.3일 때 민감도와 특이도의 합이 가장 크다. 또한 서로 다른 분류분석 방법에 의해 생성된 ROC곡선을 비교함으로써 가장 적합한 예측모델을 선택할 수 있다. 그래프의 좌상단 구석으로 끌어당겨진 형태의 곡선일수록 이상적인 ROC곡선으로 간주된다. 이러한 형태의 곡선은 민감도를 나타내는 Y축의 최대값 1에 가파른 기울기로 접근하는 모양을 갖게 되고(즉 기울기가 완만한 곡선에 비해 동일한 수준의 False Positive Rate에 대해 상대적으로 높은 True Positive Rate를 갖게 됨), 이에 따라 ROC곡선 아래의 면적(area under the curve, AUC)은 커진다. 따라서 여러 대안모델 가운데 최적의 분류모델을 선정하는 일반적인 기준은 AUC가 가장 큰 예측모델(즉 ROC곡선 아래의 면적이 가장 큰 예측모델)을 선택하는 것이다.

`Epi` 패키지를 이용하여 다음과 같이 유방암 판정을 위한 의사결정나무모델에 대한 ROC곡선을 그릴 수 있다. 생성된 ROC곡선은 [그림 6-6]과 같다.

```
> bc.C50 <- C5.0(formula=Class ~ ., data=bc.train)
> bc.C50.pred <- predict(bc.C50, newdata=bc.test, type="prob")
> head(bc.C50.pred)
      benign   malignant
1 0.99862009 0.001379911
2 0.04739041 0.952609586
3 0.99862009 0.001379911
4 0.04739041 0.952609586
7 0.97478314 0.025216859
9 0.99862009 0.001379911
> library(Epi)
> ROC(test=bc.C50.pred[,2], stat=bc.test$Class, MI=FALSE,
+     main="ROC Curve of C5.0 Classification from Breast Cancer Dataset")
```

[그림 6-6] ROC곡선. Epi 패키지를 이용하여 유방암 예측모델의 ROC곡선을 그린다.

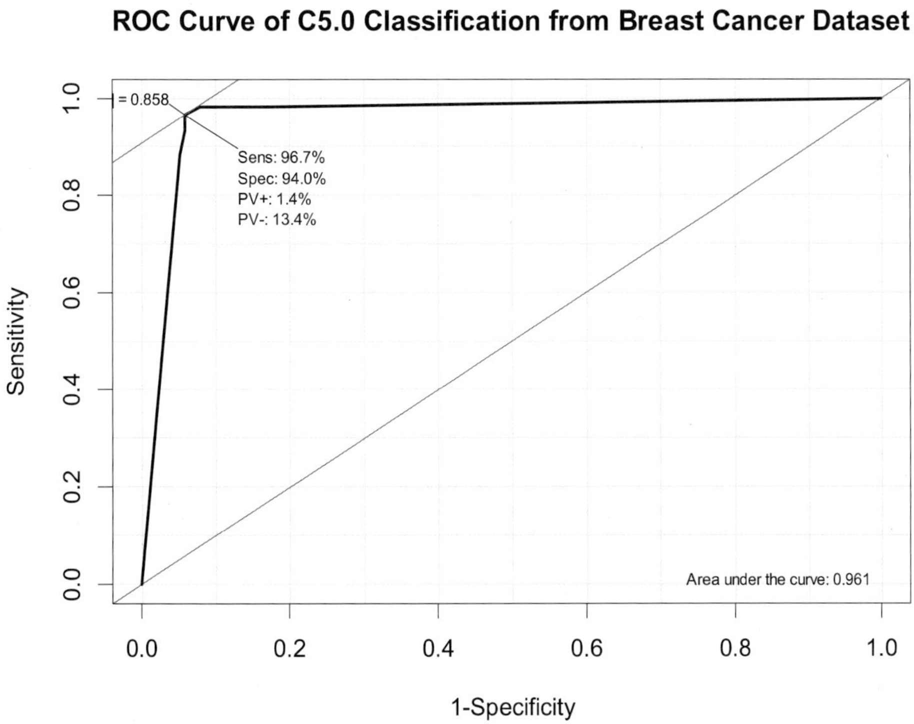

Epi 패키지에 포함된 ROC() 함수의 test 인수에 모델에 의한 예측확률을 지정하고, stat 인수에 실제 범주를 지정한다. ROC() 함수가 생성하는 ROC곡선에는 민감도와 특이도의 합이 최대가 되는 최적의 임계값이 표시되며 그때의 민감도, 특이도, PPV, NPV가 출력된다.[11]

11) 좌하단에서 우상단으로 그려진 대각선은 비교를 위한 기준선이다. 이 선은 True Positive와 False Positive를 동일한 비율로 검출하는 예측모델을 나타낸다. 예를 들면, 이는 어떤 종양을 악성으로 예측했을 때 실제 악성인 케이스를 악성으로 정확히 예측할 가능성과 실제 양성인 케이스를 악성으로 잘못 예측할 가능성이 동일하다는 의미로서 악성과 양성을 구별할 수 없는 예측력 없는 분류모델을 나타낸다. ROC곡선이 이 선과 가깝게 그려질수록 그다지 유용하지 않은 예측모델이라는 것을 의미한다.

7 Chapter 텍스트마이닝

R을 이용한 머신러닝과 텍스트마이닝
Machine Learning and Text Mining with R

CHAPTER 7

텍스트마이닝

텍스트마이닝(text mining)은 텍스트로부터 의미 있는 정보를 추출하는 데이터분석 기법으로 텍스트분석(text analysis) 또는 텍스트애널리틱스(text analytics)라고도 한다. 텍스트마이닝은 비정형의 텍스트를 구조화된 데이터로 변환하여 텍스트 안에 내재된 패턴을 탐색하고 평가하고 해석하는 일련의 과정을 포함한다. 통계분석과 머신러닝을 기반으로 한 다양한 데이터분석 기법이 구조화된 텍스트 데이터로부터 의미 있는 정보를 추출하는 데 활용될 수 있다. 텍스트마이닝을 통해 문서를 자동으로 분류할 수 있고, 문서나 단어 간의 연관성을 분석할 수 있으며, 텍스트에 담겨 있는 감성(즉 평가, 성향 등)을 예측할 수 있고, 시간의 흐름에 따른 이슈의 변화 과정을 추적할 수 있다.

7.1 텍스트 구조화

텍스트는 기본적으로 문자열(string), 즉 문자 벡터(character vector)의 형식으로 저장된다. 텍스트 데이터의 분석을 위해서는 그 데이터가 이미 파일로 저장되어 있든 혹은 웹으로부터 스크레이핑하여 수집된 것이든 일반적으로 먼저 문자열 형식으로 읽어들여 메모리에 적재하게 된다. 그러나 다양한 데이터분석 기법을 활용한 좀 더 효과적인 텍스트분석을 위해서는 이러한 단순한 문자열 형식으로는 충분하지 않을 수 있다. 따라서 텍스트는 문자열을 바탕으로 종종 다른 형태로 저장되고 구조화된다. 여기에서는 대표적인 텍스트 데이터 표현 형식인 코퍼스(corpus)와 타이디-텍스트(tidy-text)를 소개한다. 또한 이러한 형식으로 저장된 텍스트 데이터를 대부분의 텍스트분석 기법에서 요구하는 형태인 문서-용어행렬(document-term matrix)로 구조화하는 방법을 다룬다.

코퍼스

일반적으로 분석 대상이 되는 개별 텍스트를 문서(document)라고 하고 이러한 문서의 집합을 코퍼스라고 한다. 코퍼스에는 텍스트와 함께 문서에 대한 부가 정보인 메타데이터(metadata)도 포함된다.[1)]

다음 데이터셋은 코퍼스 형식으로 저장된 텍스트 데이터의 예이다. 텍스트마이닝 라이브러리인 tm 패키지에 포함된 crude 데이터셋은 원유(crude oil)에 대한 뉴스 기사를 코퍼스 형식으로 제공한다.

```
> library(tm)
> data(crude)
> crude
<<VCorpus>>
Metadata:  corpus specific: 0, document level (indexed): 0
Content:  documents: 20
```

코퍼스에는 모두 20개의 문서(즉 뉴스 기사)가 있다. 코퍼스는 각 문서별로 텍스트와 그에 대한 메타데이터를 보관한다. 예를 들어, 첫 번째 문서의 텍스트와 메타데이터는 다음과 같다.

```
> crude[[1]]$content
[1] "Diamond Shamrock Corp said that\neffective today it had cut its contract prices
for crude oil by\n1.50 dlrs a barrel.\n    The reduction brings its posted price for
West Texas\nIntermediate to 16.00 dlrs a barrel, the copany said. \n    \"The price
reduction today was made in the light of falling\noil product prices and a weak crude
oil market,\" a company\nspokeswoman said.\n    Diamond is the latest in a line of
U.S. oil companies that\nhave cut its contract, or posted, prices over the last two
days\nciting weak oil markets.\n Reuter"
```

1) 예를 들어, 코퍼스의 메타데이터로는 문서의 작성자, 작성일시, 제목, 언어 등이 있다.

```
> crude[[1]]$meta
  author       : character(0)
  datetimestamp: 1987-02-26 17:00:56
  description  :
  heading      : DIAMOND SHAMROCK (DIA) CUTS CRUDE PRICES
  id           : 127
  language     : en
  origin       : Reuters-21578 XML
  topics       : YES
  lewissplit   : TRAIN
  cgispli      : TRAINING-SET
  oldid        : 5670
  places       : usa
  people       : character(0)
  orgs         : character(0)
  exchanges    : character(0)
```

텍스트로부터 코퍼스를 직접 만들어보자. 예를 위해 다음과 같이 문자열로 구성된 텍스트 데이터를 생성한다. 우리가 일반적으로 분석을 위해 사용하게 되는 전형적인 텍스트 데이터의 기본구조는 이와 같은 문자 벡터 형식이다.

```
> text <- c("Crash dieting is not the best way to lose weight. http://bbc.in/1G0J4Agg",
+           "A vegetarian diet excludes all animal flesh (meat, poultry, seafood).",
+           "Economists surveyed by Refinitiv expect the economy added 160,000 jobs.")
```

이 텍스트를 코퍼스 형식으로 변환한다. tm 패키지의 VCorpus() 함수는 다양한 소스로부터 읽어들인 텍스트를 코퍼스 형식, 즉 Corpus 클래스의 객체로 변환한다.[2] 텍스트를 읽어들이기 위해서는 텍스트가 저장되어 있는 소스에 대응되는 함수를 사용해야 한다. 소스별 대응 함수는

---

2) tm 패키지는 코퍼스 생성 함수로 VCorpus() 함수와 함께 PCorpus() 함수를 제공한다. VCorpus() 함수로 생성한 코퍼스는 메모리상에만 존재하며, 따라서 R 세션이 종료되어 R 객체(즉 Corpus 클래스의 객체)가 없어지면 코퍼스도 사라진다(volatile corpus). 반면에 PCorpus() 함수는 R 환경의 외부, 즉 데이터베이스에 코퍼스를 생성한다. PCorpus() 함수로부터 반환된 R 객체는 외부에 물리적으로 저장된 코퍼스에 대한 포인터로서의 역할을 하며, 코퍼스에 대한 변경 사항을 유지 관리한다. 따라서 코퍼스에 대응되는 R 객체가 없어지더라도 외부에 저장된 코퍼스는 사라지지 않는다(permanent corpus).

getSources() 함수를 이용하여 확인할 수 있다.

```
> getSources()
[1] "DataframeSource"   "DirSource"        "URISource"        "VectorSource"
[5] "XMLSource"         "ZipSource"
```

DataframeSource() 함수는 데이터프레임 형식으로 저장된 문서를 읽어온다. 데이터프레임의 각각의 행은 코퍼스의 개별 문서로 변환된다. 데이터프레임에는 doc_id 열과 text 열이 있어야 하며, 각각 문서의 ID와 텍스트를 나타낸다. 각 문서의 텍스트는 데이터프레임의 text 열로부터 읽어오며, 나머지 열은 메타데이터로 사용된다. DirSource() 함수는 파일이 저장된 폴더로부터 텍스트를 읽어온다. 폴더 내의 각 파일은 코퍼스의 개별 문서로 변환된다. URISource() 함수는 웹페이지로부터 텍스트를 읽어온다. 웹페이지 주소에 링크된 콘텐츠 각각이 코퍼스의 문서로 변환된다. VectorSource() 함수는 벡터로부터 텍스트를 읽어온다. 벡터의 원소 각각이 코퍼스의 문서로 변환된다. 현재 우리는 텍스트를 벡터 형식으로 저장하였으므로 텍스트를 읽어들일 소스로서 VectorSource() 함수를 이용한다.

```
> corpus.docs <- VCorpus(VectorSource(text))
> class(corpus.docs)
[1] "VCorpus" "Corpus"
```

생성된 코퍼스에 대한 요약 정보를 얻기 위해서는 간단히 코퍼스 객체를 출력하거나 inspect() 함수와 [ ] 인덱싱을 이용한다. 코퍼스에는 모두 세 개의 문서가 포함되어 있다. 첫 번째 문서에 포함된 문자의 개수는 72개이다.

```
> corpus.docs
<<VCorpus>>
Metadata:  corpus specific: 0, document level (indexed): 0
Content:  documents: 3
```

```
> inspect(corpus.docs[1])
<<VCorpus>>
Metadata:  corpus specific: 0, document level (indexed): 0
Content:  documents: 1

[[1]]
<<PlainTextDocument>>
Metadata:  7
Content:  chars: 72
```

개별 문서에 대한 보다 자세한 정보는 다음과 같이 [[ ]] 인덱싱을 이용하여 접근할 수 있다.

```
> inspect(corpus.docs[[1]])
<<PlainTextDocument>>
Metadata:  7
Content:  chars: 72

Crash dieting is not the best way to lose weight. http://bbc.in/1G0J4Agg
```

텍스트만을 추출하기 위해서는 다음과 같이 as.character() 함수를 이용한다.

```
> as.character(corpus.docs[[1]])
[1] "Crash dieting is not the best way to lose weight. http://bbc.in/1G0J4Agg"
> lapply(corpus.docs, as.character)
$`1`
[1] "Crash dieting is not the best way to lose weight. http://bbc.in/1G0J4Agg"

$`2`
[1] "A vegetarian diet excludes all animal flesh (meat, poultry, seafood)."

$`3`
[1] "Economists surveyed by Refinitiv expect the economy added 160,000 jobs."
```

코퍼스는 리스트 형식의 중첩된 구조를 갖는다. 각 문서는 두 개의 원소를 갖는 리스트로서 문서의 실제 내용은 content에 포함되어 있으며 메타데이터는 meta에 저장되어 있다.

```
> str(corpus.docs[[1]])
List of 2
 $ content: chr "Crash dieting is not the best way to lose weight. http://bbc.in/1G0J4Agg"
 $ meta   : List of 7
  ..$ author       : chr(0)
  ..$ datetimestamp: POSIXlt[1:1], format: "2023-01-05 23:14:33"
  ..$ description  : chr(0)
  ..$ heading      : chr(0)
  ..$ id           : chr "1"
  ..$ language     : chr "en"
  ..$ origin       : chr(0)
  ..- attr(*, "class")= chr "TextDocumentMeta"
 - attr(*, "class")= chr [1:2] "PlainTextDocument" "TextDocument"
```

따라서 다음과 같이 문서의 content 원소로부터 텍스트 내용을 직접 추출할 수 있다. 텍스트 전체를 한꺼번에 분석하고 싶다면 추출한 문자 벡터를 모두 이어붙여 하나의 문자열로 만든다.

```
> corpus.docs[[1]]$content
[1] "Crash dieting is not the best way to lose weight. http://bbc.in/1G0J4Agg"
> lapply(corpus.docs, content)
$`1`
[1] "Crash dieting is not the best way to lose weight. http://bbc.in/1G0J4Agg"

$`2`
[1] "A vegetarian diet excludes all animal flesh (meat, poultry, seafood)."

$`3`
[1] "Economists surveyed by Refinitiv expect the economy added 160,000 jobs."

> paste(as.vector(unlist(lapply(corpus.docs, content))), collapse=" ")
[1] "Crash dieting is not the best way to lose weight. http://bbc.in/1G0J4Agg A
vegetarian diet excludes all animal flesh (meat, poultry, seafood). Economists
surveyed by Refinitiv expect the economy added 160,000 jobs."
```

메타데이터는 문서의 meta 원소로부터 추출한다. 또는 meta() 함수를 이용할 수도 있다.

```
> corpus.docs[[1]]$meta
  author       : character(0)
  datetimestamp: 2023-01-05 23:14:33
  description  : character(0)
  heading      : character(0)
  id           : 1
  language     : en
  origin       : character(0)
> meta(corpus.docs[[1]])
  author       : character(0)
  datetimestamp: 2023-01-05 23:14:33
  description  : character(0)
  heading      : character(0)
  id           : 1
  language     : en
  origin       : character(0)
```

코퍼스에는 기본적으로 메타데이터 항목(author, datetimestamp, …, origin)이 사전 설정되어 있다. meta() 함수를 이용하여 이러한 메타데이터 항목을 추출할 수 있다.

```
> meta(corpus.docs[[1]], tag="id")
[1] "1"
> meta(corpus.docs[[1]], tag="datetimestamp")
[1] "2023-01-05 23:14:33 GMT"
```

메타데이터의 값은 meta() 함수를 이용하여 변경할 수 있다. 예를 들어, 다음과 같이 첫 번째 문서의 비어 있는 author 메타데이터를 BBC로 채워 넣는다. meta() 함수에 type="local"을 지정하면 개별 문서 수준의 메타데이터를 생성한다(type="corpus"는 코퍼스 수준의 메타데이터를 생성한다).

```
> meta(corpus.docs[[1]], tag="author")
character(0)
> meta(corpus.docs[[1]], tag="author", type="local") <- "BBC"
> meta(corpus.docs[[1]])
  author       : BBC
  datetimestamp: 2023-01-05 23:14:33
  description  : character(0)
  heading      : character(0)
  id           : 1
  language     : en
  origin       : character(0)
```

다음과 같이 메타데이터를 벡터로 만들어 모든 문서에 한꺼번에 채워 넣을 수도 있다. 세 문서의 author 메타데이터를 차례대로 BBC, CNN, FOX로 변경한다.

```
> source <- c("BBC", "CNN", "FOX")
> meta(corpus.docs, tag="author", type="local") <- source
> lapply(corpus.docs, meta, tag="author")
$`1`
[1] "BBC"

$`2`
[1] "CNN"

$`3`
[1] "FOX"
```

기존에 사전 정의된 메타데이터 항목 이외에 추가로 새로운 항목을 생성하고 값을 채워 넣을 수 있다. 다음 코드는 category 메타데이터 항목을 새로 만들어서 세 문서에 차례대로 health, lifestyle, business를 채워 넣는다.

```
> category <- c("health", "lifestyle", "business")
> meta(corpus.docs, tag="category", type="local") <- category
> lapply(corpus.docs, meta, tag="category")
$`1`
[1] "health"

$`2`
[1] "lifestyle"

$`3`
[1] "business"
```

메타데이터 항목을 지우기 위해서는 다음과 같이 해당 항목을 NULL값으로 변경한다. 여기에서는 origin 메타데이터 항목이 삭제된다.

```
> meta(corpus.docs, tag="origin", type="local") <- NULL
> lapply(corpus.docs, meta)
$`1`
  author       : BBC
  datetimestamp: 2023-01-05 23:14:33
  description  : character(0)
  heading      : character(0)
  id           : 1
  language     : en
  category     : health

$`2`
  author       : CNN
  datetimestamp: 2023-01-05 23:14:33
  description  : character(0)
  heading      : character(0)
  id           : 2
  language     : en
  category     : lifestyle
```

```
$`3`
  author       : FOX
  datetimestamp: 2023-01-05 23:14:33
  description  : character(0)
  heading      : character(0)
  id           : 3
  language     : en
  category     : business
```

tm_filter() 함수는 조건을 만족하는 문서를 필터링하여 코퍼스 형식으로 반환한다. FUN 인수에 코퍼스 내의 각 문서에 적용할 필터 함수를 지정한다. 다음과 같이 기존의 코퍼스로부터 단어 weight 또는 diet가 포함된 문서를 추출하여 다른 코퍼스 객체로 저장할 수 있다.

```
> corpus.docs.filtered <-
+   tm_filter(corpus.docs, FUN=function(x) any(grep("weight|diet", content(x))))
> lapply(corpus.docs.filtered, content)
$`1`
[1] "Crash dieting is not the best way to lose weight. http://bbc.in/1G0J4Agg"

$`2`
[1] "A vegetarian diet excludes all animal flesh (meat, poultry, seafood)."
```

또는 필터링 조건을 충족하는 인덱스를 생성하여 코퍼스 내의 문서를 필터링할 수도 있다. 다음 코드는 author가 FOX이거나 category가 health인 문서를 추출하여 코퍼스 형식으로 반환한다.

```
> idx <- meta(corpus.docs, "author")=="FOX" | meta(corpus.docs, "category")=="health"
> lapply(corpus.docs[idx], content)
$`1`
[1] "Crash dieting is not the best way to lose weight. http://bbc.in/1G0J4Agg"

$`3`
[1] "Economists surveyed by Refinitiv expect the economy added 160,000 jobs."
```

```
> lapply(corpus.docs[idx], meta)
$`1`
  author       : BBC
  datetimestamp: 2023-01-05 23:14:33
  description  : character(0)
  heading      : character(0)
  id           : 1
  language     : en
  category     : health

$`3`
  author       : FOX
  datetimestamp: 2023-01-05 23:14:33
  description  : character(0)
  heading      : character(0)
  id           : 3
  language     : en
  category     : business
```

코퍼스를 파일로 저장하기 위해서는 다음과 같이 writeCorpus() 함수를 사용한다. 각 문서당 한 개씩 텍스트 파일이 생성된다.

```
> writeCorpus(corpus.docs)
> list.files(pattern="\\.txt")
[1] "1.txt"                "2.txt"                "3.txt"
```

텍스트는 기본적으로 비정형 데이터이다. 따라서 텍스트 데이터에는 분석에 불필요한, 때로는 분석을 방해하는 요소들이 포함되기 마련이다. 데이터전처리(data preprocessing)를 통한 데이터정제(data cleansing) 작업은 텍스트분석에 있어서 가장 중요한 작업이다. 왜냐하면 깔끔하게 정제되지 않은 데이터는 분석결과에 큰 영향을 미칠 수 있기 때문이다. 또한 데이터정제 작업은 가장 귀찮은 작업이기도 하다. 왜냐하면 데이터정제는 대체로 반복적인 과정을 거쳐 이루어지게 되고 매 단계마다 이전 단계에서 미처 깨닫지 못한 새로운 문제가 발생할 가능성이 항상 존재하기 때문이다.

tm 패키지는 텍스트 데이터의 정제 과정을 지원하는 다양한 변환함수를 제공한다. 다음과 같이 getTransformations() 함수를 이용하여 사용 가능한 변환함수를 확인할 수 있다. 변환함수는 대체로 그 이름만으로 무엇을 하는 함수인지 추측이 가능하다. tm_map() 함수는 변환함수를 인수로 받아 텍스트 변환작업을 수행한다.

```
> getTransformations()
[1] "removeNumbers"     "removePunctuation" "removeWords"       "stemDocument"
[5] "stripWhitespace"
```

그런데 tm 패키지에서 제공하는 변환함수를 적용하기 전에 별도의 사전 정제작업이 필요할 수 있다. 예를 들어, 대문자와 소문자가 섞여 있는 영문 텍스트의 경우 이를 한 가지로 통일하는 것이 바람직하다. R은 대문자와 소문자를 구분하기 때문에 Text와 text를 서로 다른 단어로 인식한다. 이처럼 동일한 단어가 다른 단어로 취급되지 않도록 하기 위해서는 텍스트 내의 문자를 대문자 또는 소문자로 통일한다. 이때 일반적으로 모두 소문자로 변환한다. 소문자로의 변환은 표준패키지(base 패키지)에 내장되어 있는 tolower() 함수를 사용할 수 있지만 이 함수는 tm 패키지의 변환함수가 아니기 때문에 Corpus 클래스의 객체에는 그대로 적용할 수 없다. tm 패키지는 content_transformer() 함수를 통해 tm 패키지의 변환함수가 아닌 다른 함수를 이용하여 변환작업을 수행할 수 있도록 허용한다. 이 함수는 사용자가 정의한 변환함수를 인수로 받아서 마치 tm 패키지에서 제공하는 변환함수인 것처럼 사용할 수 있게 한다. 따라서 tolower() 함수는 Corpus 클래스의 객체를 다룰 수 있도록 다음과 같이 content_transformer() 함수와 함께 사용한다.

```
> corpus.docs <- tm_map(corpus.docs, content_transformer(tolower))
> lapply(corpus.docs, content)
$`1`
[1] "crash dieting is not the best way to lose weight. http://bbc.in/1g0j4agg"

$`2`
[1] "a vegetarian diet excludes all animal flesh (meat, poultry, seafood)."

$`3`
[1] "economists surveyed by refinitiv expect the economy added 160,000 jobs."
```

공통적으로 어느 문서에서나 흔히 사용되는 단어는 대체로 중요한 의미를 담고 있지 않기 때문에 텍스트를 분석하는 데 있어서 관심의 대상이 아니다. 관사(a, the), 접속사(and, but), be 동사(is, are), 조동사(have, may), 인칭대명사(he, she), 지시대명사(this, that) 등이 여기에 해당한다. 이러한 단어를 불용어(stop word)라고 하며, `tm` 패키지는 자체 불용어 리스트를 내장하고 있다. `tm` 패키지에 내장된 불용어 리스트는 `stopwords("english")`를 실행하여 확인할 수 있다.

```
> stopwords("english")
  [1] "i"           "me"         "my"      "myself"  "we"        "our"
  [7] "ours"        "ourselves"  "you"     "your"    "yours"     "yourself"
 [13] "yourselves"  "he"         "him"     "his"     "himself"   "she"
…(중략)
[157] "both"        "each"       "few"     "more"    "most"      "other"
[163] "some"        "such"       "no"      "nor"     "not"       "only"
[169] "own"         "same"       "so"      "than"    "too"       "very"
```

다음과 같이 변환함수 `removeWords()` 함수를 이용하여 불용어를 제거한다.[3] a, all, by, is, not, the, to 등이 텍스트로부터 제거되었다.

```
> corpus.docs <- tm_map(corpus.docs, removeWords, stopwords("english"))
> lapply(corpus.docs, content)
$`1`
[1] "crash dieting   best way  lose weight. http://bbc./1g0j4agg"

$`2`
[1] " vegetarian diet excludes  animal flesh (meat, poultry, seafood)."

$`3`
[1] "economists surveyed  refinitiv expect  economy added 160,000 jobs."
```

---

3) 불용어 리스트는 분석 목적에 따라서 수정하여 사용할 수 있다. 예를 들어, among, beyond를 불용어로 추가하고, 기존의 own, few를 삭제하여 나만의 불용어 리스트를 생성할 수 있다. 이렇게 수정된 불용어 리스트를 `stopwords("english")` 대신에 불용어 제거작업에 이용한다. 이를 실행하는 코드는 다음과 같다: `mystopwords <- c(stopwords("english"), c("among", "beyond")); mystopwords <- setdiff(mystopwords, c("own", "few")); corpus.mydocs <- tm_map(corpus.docs, removeWords, mystopwords)`.

문서에 분석에 불필요한 문자열이 포함되어 있으면 추가로 제거할 수도 있다. 이를 위해 다음과 같이 문자열을 삭제하는 사용자 정의 함수 myRemove()를 생성한다. 내부에 gsub() 함수를 사용하였으며 pattern 인수에 주어지는 문자열을 찾아서 이를 모두 제거한다.[4)]

```
> myRemove <- function(x, pattern)
+   {return(gsub(pattern, "", x))}
```

이 사용자 정의 함수는 tm 패키지의 변환함수가 아니기 때문에 tm_map() 함수를 적용할 때 Corpus 클래스의 객체를 다룰 수 있도록 content_transformer() 함수와 함께 사용해야 한다. content_transformer() 함수가 호출하는 함수에 텍스트 데이터(즉 코퍼스) 이외에 추가로 인수를 지정할 필요가 있으면 content_transformer() 함수 이후에 추가 인수를 지정한다. 예를 들어, 첫 번째 문서에 포함된 URL은 텍스트분석에 필요하지 않으므로 다음과 같이 정규표현식(regular expression)을 이용하여 제거할 수 있다.[5)]

```
> corpus.docs <- tm_map(corpus.docs, content_transformer(myRemove), "(f|ht)tp\\S+\\s*")
> lapply(corpus.docs, content)
$`1`
[1] "crash dieting   best way  lose weight. "

$`2`
[1] " vegetarian diet excludes  animal flesh (meat, poultry, seafood)."

$`3`
[1] "economists surveyed  refinitiv expect  economy added 160,000 jobs."
```

변환이 끝났으면 텍스트 내용을 한번 살펴본다. 의도한 대로 변환이 이루어졌으면 각종

4) tm 패키지가 제공하는 removeWords() 함수는 문자로 구성된 단어(word)를 제거하도록 설계되어 있다. 문자가 아닌 심볼(symbol, # / 등의 특수문자)이 제거하려는 문자열의 앞이나 뒤에 포함되어 있으면 제대로 동작하지 않는다. 따라서 문서로부터 단어만이 아닌 다양한 형태의 문자열을 제거하려면 지금처럼 별도의 함수를 정의하여 사용하는 것이 바람직하다.

5) 정규표현식은 특정한 규칙을 갖는 문자열 패턴을 표현하는 방법으로 많은 프로그래밍 언어에서 문자열의 검색이나 치환작업을 위해 종종 사용된다. 정규표현식의 도움말(?regex)을 이용하면 R에서의 정규표현식 사용방법을 좀 더 자세히 알 수 있다. 또한 곽기영 교수의 유튜브 채널에서 정규표현식에 대한 동영상 강의를 시청할 수 있다(https://www.youtube.com/곽기영).

문장부호를 텍스트에서 제거하기 위하여 다음과 같이 변환함수 removePunctuation() 함수를 적용한다. 이때 단어 내에 포함된 단축표 '(apostrophe, 예를 들면 here's)나 붙임표 –(hyphen, 예를 들면 bag-of-words)을 그대로 유지하려면 preserve_intra_word_contractions=TRUE와 preserve_intra_word_dashes=TRUE를 지정한다.[6)]

```
> corpus.docs <- tm_map(corpus.docs, removePunctuation)
```

텍스트 내에 포함된 숫자는 일반적으로 텍스트의 의미에 기여하는 정도가 미미하다. 그렇기 때문에 텍스트분석에 있어서 숫자는 대체로 관심의 대상이 아니다. 그러나 물론 항상 그런 것은 아니다. 예를 들어, 텍스트를 분석하는 데 있어서 특정 연도가 출현하는 횟수에 관심이 있다면 이때 연도에 해당하는 숫자는 분석의 대상이 되어야 한다. 텍스트 내 숫자를 제거하기 위해서는 다음과 같이 변환함수 removeNumbers() 함수를 이용한다.

```
> corpus.docs <- tm_map(corpus.docs, removeNumbers)
```

문서 내에 포함된 공백은 종종 하나의 단어로 취급되기도 한다. 따라서 다음과 같이 stripWhitespace() 함수를 이용하여 텍스트 내의 모든 공백문자를 제거한다.

```
> corpus.docs <- tm_map(corpus.docs, stripWhitespace)
> lapply(corpus.docs, content)
$`1`
[1] "crash dieting best way lose weight "

$`2`
[1] " vegetarian diet excludes animal flesh meat poultry seafood"

$`3`
[1] "economists surveyed refinitiv expect economy added jobs"
```

---

6) 문장부호를 제거하는 작업은 불용어 처리 후에 하는 것이 바람직하다. 왜냐하면 불용어에는 you'll, aren't와 같이 단축표 '가 포함되어 있기 때문이다. 불용어 처리 전에 removePunctuation() 함수를 옵션 변경 없이 그대로 기본값으로 적용하면 youll, arent와 같은 의미 없는 단어가 생성되어 이후의 분석에 영향을 미칠 수 있으므로 주의가 필요하다.

stripWhitespace() 함수로 제거되지 않은 텍스트 맨앞과 맨뒤의 공백은 다음과 같이 trimws() 함수를 이용하여 제거할 수 있다. content_transformer() 함수와 함께 사용한다.

```
> corpus.docs <- tm_map(corpus.docs, content_transformer(trimws))
> lapply(corpus.docs, content)
$`1`
[1] "crash dieting best way lose weight"

$`2`
[1] "vegetarian diet excludes animal flesh meat poultry seafood"

$`3`
[1] "economists surveyed refinitiv expect economy added jobs"
```

이제 텍스트분석을 위해 필요한 기본적인 변환작업을 모두 마쳤다. 문장부호, 특수문자, 숫자, 불용어 등 분석에 불필요한 것들이 모두 제거되었다. 그러나 좀 더 정교한 텍스트분석을 위해서는 데이터전처리 작업이 추가로 필요할 수 있다. 일반적으로 텍스트에는 방대한 양의 단어들이 포함된다. 그러나 그 단어들은 형태는 다르지만 의미상 동일한 경우가 많다. 예를 들어, works, worked, working은 모두 형태는 다르지만 work라는 한 단어로 보아도 무방하다. 어간추출(stemming)을 통해 이처럼 형태는 다르지만 의미는 동일하다고 볼 수 있는 관련 단어들을 하나의 공통된 어간으로 대체한다. 어간추출 과정을 거치면 단어의 출현 빈도를 계산할 때 형태는 다르지만 동일한 어간을 갖는 단어들이 서로 다른 단어로 취급되는 문제를 피할 수 있다. 하지만 원래 단어의 고유의 형태를 잃어버리는 단점은 남는다.

stemDocument() 함수는 어간추출 작업을 수행한다. 이 함수는 단어의 끝을 잘라내서 어간을 추출하는 비교적 단순한 알고리즘을 사용한다.[7] 예를 들어, believed와 believing은 believe가 아닌 believ로 추출된다.

---

7) 어간을 추출하는 stemDocument() 함수를 실행할 때 추가로 SnowballC 패키지의 설치가 필요할 수 있다.

```
> corpus.docs <- tm_map(corpus.docs, stemDocument)
> lapply(corpus.docs, content)
$`1`
[1] "crash diet best way lose weight"

$`2`
[1] "vegetarian diet exclud anim flesh meat poultri seafood"

$`3`
[1] "economist survey refinitiv expect economi ad job"
```

어간추출 후에는 변환이 올바르게 이루어졌는지 점검한다. stemDocument() 함수는 기대한 대로 동작하지 않을 수도 있기 때문이다. 예를 들어, 첫 번째 문서의 dieting은 diet로 예상한 대로 변환이 이루어졌다. 그러나 세 번째 문서를 보면, economists와 economy는 각각 economist와 economi로 변환되었다. stemDocument() 함수는 두 단어를 어간이 서로 다른 단어로 인식했기 때문이다. 여기에서 분석 목적에 비추어 보았을 때 이 두 단어가 의미상 동일하다고 판단한다면, 즉 이 두 단어를 동일한 단어로 취급하려면 다음과 같이 추가 변환 과정을 통해 economist를 economi로 대체한다. 어간추출이 만족스럽지 못하면 이처럼 추가 작업을 통해 이를 보완한다.

```
> corpus.docs <- tm_map(corpus.docs, content_transformer(gsub),
+                       pattern="economist", replacement="economi")
> lapply(corpus.docs[3], content)
$`3`
[1] "economi survey refinitiv expect economi ad job"
```

타이디-텍스트

타이디-텍스트 형식(tidy-text format)은 텍스트를 토큰(token) 단위로 분해하여 한 행에 토큰 한 개씩 테이블 형식으로 나타낸다(즉 one-token-per-row 형식). 토큰이란 분석을 위해 사용하려고 하는 텍스트의 의미 있는 분석 단위를 말한다. 토큰으로는 일반적으로 단어(word)가 많이 사용된다. 하지만 인접한 몇 개의 연속된 단어를 묶어서 사용하거나 문장(sentence), 문단(paragraph) 등이 사용되기도 한다. 텍스트를 토큰으로 분해하는 과정을 토큰화(tokenization)라고 한다. 타이디-텍스트 형식의 데이터는 토큰화 과정을 통해 추출한 토큰을 한 행에 한 개씩 테이블 형식으로 저장하며, 각 행은 또한 작성자, 작성일시, 제목, 언어 등과 같은 추가 정보를 포함할 수 있다.

예를 들어, 다음은 tm 패키지에 포함된 코퍼스 형식의 crude 데이터셋을 타이디-텍스트 형식으로 변환한 것이다.[8] 코퍼스 형식에서 전체 텍스트와 메타데이터가 문서 단위로 저장된 것과 달리 타이디-텍스트는 한 행에 한 단어씩 단어 단위로 텍스트를 나타낸다. 따라서 타이디-텍스트 테이블은 텍스트 전체에 포함된 단어 개수만큼의 행을 갖게 된다.

```
> library(tm)
> data(crude)
> library(dplyr)
> library(tidytext)
> crude.tidy <- tidy(crude) %>%
+   select(c("datetimestamp", "heading", "text")) %>%
+   unnest_tokens(output=word, input=text)
> crude.tidy
# A tibble: 4,050 x 3
   datetimestamp       heading                               word
   <dttm>              <chr>                                 <chr>
 1 1987-02-26 17:00:56 DIAMOND SHAMROCK (DIA) CUTS CRUDE PRICES diamond
 2 1987-02-26 17:00:56 DIAMOND SHAMROCK (DIA) CUTS CRUDE PRICES shamrock
 3 1987-02-26 17:00:56 DIAMOND SHAMROCK (DIA) CUTS CRUDE PRICES corp
…(중략)
 8 1987-02-26 17:00:56 DIAMOND SHAMROCK (DIA) CUTS CRUDE PRICES it
 9 1987-02-26 17:00:56 DIAMOND SHAMROCK (DIA) CUTS CRUDE PRICES had
10 1987-02-26 17:00:56 DIAMOND SHAMROCK (DIA) CUTS CRUDE PRICES cut
# ... with 4,040 more rows
```

이제 일반 텍스트로부터 타이디-텍스트를 만들어보자. 예를 위해 앞서 코퍼스 생성 시

---

8) 코퍼스 형식의 데이터셋을 타이디-텍스트 형식으로 변환하는 R 코드에 대한 설명은 일단 건너뛴다. 여기 사용한 함수들은 이후 다시 다루게 된다.

사용했던 것과 동일한 텍스트 데이터를 생성한다. 이와 함께 텍스트의 출처 정보도 문자열로 저장한다.

```
> text <- c("Crash dieting is not the best way to lose weight. http://bbc.in/1G0J4Agg",
+           "A vegetarian diet excludes all animal flesh (meat, poultry, seafood).",
+           "Economists surveyed by Refinitiv expect the economy added 160,000 jobs.")
> source <- c("BBC", "CNN", "FOX")
```

문자열로 저장된 텍스트 데이터를 타이디-텍스트 데이터셋으로 변환하기 위해서는 먼저 이를 데이터프레임 형식으로 저장해야 한다. 다음과 같이 tibble() 함수를 이용하여 문자열을 데이터프레임으로 저장한다.[9] 타이디-텍스트 데이터셋은 데이터프레임의 한 특수한 형태인 티블(tibble) 형식으로 데이터를 저장한다.

```
> library(dplyr)
> text.df <- tibble(source=source, text=text)
> text.df
# A tibble: 3 x 2
  source text
  <chr>  <chr>
1 BBC    Crash dieting is not the best way to lose weight. http://bbc.in/1G0J4Agg
2 CNN    A vegetarian diet excludes all animal flesh (meat, poultry, seafood).
3 FOX    Economists surveyed by Refinitiv expect the economy added 160,000 jobs.
> class(text.df)
[1] "tbl_df"     "tbl"        "data.frame"
```

데이터프레임으로 저장된 텍스트 데이터는 테이블 모양이긴 하지만 아직 타이디-텍스트 형식은 아니다. 데이터프레임의 각 행은 한 개의 단어가 아니라 여러 개 단어의 집합으로 구성되어 있기 때문이다. 따라서 텍스트 데이터를 타이디-텍스트 형식으로 만들기 위해서는 토큰화 과정을 통해 텍스트로부터 토큰을 추출하고 이를 한 행에 한 개씩 배치되도록 구조화한다. 이러한 일련의 과정은 다음과 같이 tidytext 패키지의 unnest_tokens() 함수를 통해 쉽게 수행할

9) 티블은 데이터프레임의 다른 한 형태로서 dplyr 패키지나 tibble 패키지를 통해 이용할 수 있다. 티블은 기존의 데이터프레임과 달리 다양한 화면 출력방식을 제공하고 행 이름을 사용하지 않는다.

수 있다.


```
> library(tidytext)
> tidy.docs <- text.df %>%
+   unnest_tokens(output=word, input=text)
> tidy.docs
# A tibble: 33 x 2
   source word
   <chr>  <chr>
 1 BBC    crash
 2 BBC    dieting
 3 BBC    is
…(중략)
 8 BBC    to
 9 BBC    lose
10 BBC    weight
# ... with 23 more rows
```

unnest_tokens() 함수는 첫 번째 인수(tbl)로 데이터프레임을 받아서(여기에서는 파이프 연산자 %>%를 통해 전달받음), 데이터프레임 내의 텍스트를 토큰 단위로 분해하여 한 행에 한 개씩 저장한다.[10] unnest_tokens() 함수의 두 번째 인수(output)와 세 번째 인수(input)에 각각 분해한 토큰을 저장할 새로운 열 이름과 분해할 텍스트가 저장된 열 이름을 지정한다. 즉 input 인수에 지정된 열(여기에서는 text)로부터 텍스트를 읽어들여서 토큰으로 분해한 후 output 인수에 지정된 열(여기에서는 word)로 저장한다. 티블 형식은 기본적으로 10개의 행만을 출력한다. 전체 데이터셋을 모두 화면에 출력하려면 다음과 같이 print() 함수의 옵션을 조정한다. n 인수에는 출력할 행의 개수를 지정할 수 있다.

---

10) %>%는 파이프 연산자(pipe operator)로서 한 함수로부터의 출력결과나 데이터를 다음 함수의 첫 번째 인수로 전달한다. 따라서 일련의 연속된 작업을 연결해서 한번에 수행할 때 매우 편리하다.

```
> tidy.docs %>% print(n=Inf)
# A tibble: 33 x 2
   source word
   <chr>  <chr>
 1 BBC    crash
 2 BBC    dieting
 3 BBC    is
…(중략)
31 FOX    added
32 FOX    160,000
33 FOX    jobs
```

unnest_tokens() 함수는 기본적으로 단어를 토큰화한다. 그러나 token 인수(기본값 token="words")에 단어 이외의 다양한 분석 단위를 지정할 수 있다. 예를 들어, characters, ngrams, sentences, paragraphs 등을 지정할 수 있다.[11] 입력 데이터프레임의 나머지 열(여기에서는 source 열)은 타이디-텍스트 형식으로의 변환 후에도 변환된 새로운 데이터셋에 그대로 남는다. 텍스트가 저장된 열(여기에서는 text)은 변환 후에 남길지 여부를 인수로 지정할 수 있다. drop=FALSE를 지정하면 변환 후에도 그대로 유지된다(기본값 drop=TRUE). 문장부호는 변환 과정에서 모두 자동으로 제거된다. 또한 텍스트는 기본적으로 모두 소문자로 변환된다(기본값 to_lower=TRUE). 소문자로의 변환을 원하지 않으면 to_lower=FALSE를 지정한다.

코퍼스 형식의 경우 데이터셋에 접근하거나 분석하기 위해서는 Corpus 클래스에 특화된 함수를 사용해야 하므로 어느 정도 제약이 따를 수 있다. 그러나 이와 대조적으로 타이디-텍스트 형식의 데이터셋에는 일반적인 R 함수를 모두 그대로 사용할 수 있다는 장점이 있다. 예를 들어, 다음과 같은 작업을 비교적 손쉽게 수행할 수 있다. dplyr 패키지의 count() 함수와 arrange() 함수를 이용하여 타이디-텍스트 데이터셋으로부터 출처별로 뉴스 기사의 단어 개수를 집계하고 이를 단어 개수가 많은 순서대로 정렬한다.

---

11) ngrams를 지정하면 인접한 n개의 단어를 토큰으로 사용한다. 문장 내의 연속된 n개의 단어 집합을 n-그램(n-gram)이라고 한다. 두 개의 단어로 구성되면 2-그램(또는 바이그램, bigram), 세 개의 단어로 구성되면 3-그램(또는 트라이그램, trigram)으로 부른다. 예를 들어, 'cats jump over dogs'라는 문장이 있으면 2-그램은 ('cats jump', 'jump over', 'over dogs')와 같이 구성된다. token="ngrams"를 지정하면 추가로 n 인수를 지정해야 한다.

```
> tidy.docs %>%
+   count(source) %>%
+   arrange(desc(n))
# A tibble: 3 x 2
  source      n
  <chr>   <int>
1 BBC        13
2 CNN        10
3 FOX        10
```

몇 가지 데이터전처리 작업을 수행해보자. 변환된 타이디-텍스트 데이터셋을 보면 분석에 적절하지 않은 단어가 포함된 것을 볼 수 있다. 예를 들어, http, bbc.in, 1g0j4agg 등은 텍스트에 포함된 URL로부터 추출된 단어로서 특별한 의미를 갖고 있는 것은 아니기 때문에 분석에서 제외하려고 한다. 이 단어들을 데이터프레임으로 만든 후 다음과 같이 anti_join() 함수를 이용하여 타이디-텍스트 데이터셋으로부터 삭제한다.

```
> word.removed <- tibble(word=c("http", "bbc.in", "1g0j4agg"))
> tidy.docs <- tidy.docs %>%
+   anti_join(word.removed, by="word")
> tidy.docs$word
 [1] "crash"    "dieting"  "is"          "not"      "the"      "best"
 [7] "way"      "to"       "lose"        "weight"   "a"        "vegetarian"
[13] "diet"     "excludes" "all"         "animal"   "flesh"    "meat"
[19] "poultry"  "seafood"  "economists"  "surveyed" "by"       "refinitiv"
[25] "expect"   "the"      "economy"     "added"    "160,000"  "jobs"
```

anti_join() 함수는 두 개의 데이터프레임을 인수로 받아 두 데이터프레임의 공통 열(by 인수에 지정된 열)의 값이 일치하는 행을 첫 번째 데이터프레임으로부터 제거한다. 공통 열의 이름이 다를 경우에는 by=c("word1"="word2")와 같이 지정한다.

텍스트에 포함된 숫자는 텍스트분석에서 대부분의 경우 중요하지 않다. 다음과 같이 정규 표현식을 이용하여 타이디-텍스트 데이터셋으로부터 숫자를 삭제한다.

```
> tidy.docs <- tidy.docs[-grep("\\d+", tidy.docs$word),]
> tidy.docs$word
 [1] "crash"    "dieting"  "is"          "not"      "the"   "best"
 [7] "way"      "to"       "lose"        "weight"   "a"     "vegetarian"
[13] "diet"     "excludes" "all"         "animal"   "flesh" "meat"
[19] "poultry"  "seafood"  "economists"  "surveyed" "by"    "refinitiv"
[25] "expect"   "the"      "economy"     "added"    "jobs"
```

지금처럼 타이디-텍스트 데이터셋으로부터 불필요한 단어를 직접 제거할 수도 있지만 다음과 같이 타이디-텍스트 형식으로 변환하기 전에 원래의 텍스트로부터 URL이나 숫자를 삭제하는 방식으로 불필요한 단어를 사전에 제거할 수도 있다. 어느 방법을 사용하든 결과는 같다.

```
> text.df$text <- gsub("(f|ht)tp\\S+\\s*", "", text.df$text)
> text.df$text <- gsub("\\d+", "", text.df$text)
> text.df
# A tibble: 3 x 2
  source text
  <chr>  <chr>
1 BBC    "Crash dieting is not the best way to lose weight. "
2 CNN    "A vegetarian diet excludes all animal flesh (meat, poultry, seafood)."
3 FOX    "Economists surveyed by Refinitiv expect the economy added , jobs."
> tidy.docs <- text.df %>%
+   unnest_tokens(output=word, input=text)
> tidy.docs$word
 [1] "crash"    "dieting"  "is"          "not"      "the"   "best"
 [7] "way"      "to"       "lose"        "weight"   "a"     "vegetarian"
[13] "diet"     "excludes" "all"         "animal"   "flesh" "meat"
[19] "poultry"  "seafood"  "economists"  "surveyed" "by"    "refinitiv"
[25] "expect"   "the"      "economy"     "added"    "jobs"
```

이번에는 텍스트에 포함된 불용어를 제거해보자. `tidytext` 패키지는 `stop_words` 데이터셋에 데이터프레임 형식으로 불용어 리스트를 제공한다. 따라서 앞서 사용했던 `anti_join()` 함수를 이용하면 타이디-텍스트 데이터셋으로부터 불용어를 쉽게 제거할 수 있다.

```
> stop_words
# A tibble: 1,149 x 2
   word        lexicon
   <chr>       <chr>
 1 a           SMART
 2 a's         SMART
 3 able        SMART
…(중략)
 8 across      SMART
 9 actually    SMART
10 after       SMART
# ... with 1,139 more rows
> tidy.docs <- tidy.docs %>%
+   anti_join(stop_words, by="word")
> tidy.docs$word
 [1] "crash"      "dieting"  "lose"       "weight" "vegetarian" "diet"
 [7] "excludes"   "animal"   "flesh"      "meat"   "poultry"    "seafood"
[13] "economists" "surveyed" "refinitiv"  "expect" "economy"    "added"
[19] "jobs"
```

혹시 포함되어 있을지도 모르는 공백은 다음과 같이 정규표현식을 이용하여 타이디-텍스트 데이터셋으로부터 제거한다.

```
> tidy.docs$word <- gsub("\\s+", "", tidy.docs$word)
```

끝으로 다음과 같이 타이디-텍스트 데이터셋으로부터 어간을 추출한다. 어간추출은 SnowballC 패키지의 wordStem() 함수를 이용한다.

```
> library(SnowballC)
> tidy.docs <- tidy.docs %>%
+   mutate(word=wordStem(word))
```

```
> tidy.docs$word
 [1] "crash"     "diet"    "lose"       "weight"  "vegetarian" "diet"
 [7] "exclud"    "anim"    "flesh"      "meat"    "poultri"    "seafood"
[13] "economist" "survei"  "refinitiv"  "expect"  "economi"    "ad"
[19] "job"
```

여기에서 economists와 economy는 각각 economist와 economi로 변환이 이루어졌다. 분석 목적상 이 두 단어를 서로 다른 단어로 취급하고 싶지 않다면 다음과 같이 추가 변환 과정을 통해 economist를 economi로 대체한다.

```
> tidy.docs$word <- gsub("economist", "economi", tidy.docs$word)
> tidy.docs$word
 [1] "crash"   "diet"    "lose"      "weight"  "vegetarian" "diet"
 [7] "exclud"  "anim"    "flesh"     "meat"    "poultri"    "seafood"
[13] "economi" "survei"  "refinitiv" "expect"  "economi"    "ad"
[19] "job"
```

타이디-텍스트 형식의 데이터셋에는 다양한 R 함수를 자유롭게 사용할 수 있기 때문에 코퍼스 형식의 문서를 타이디-텍스트 형식으로 변환하면 유용할 때가 있다. `tm` 패키지의 `Corpus` 클래스의 객체는 다음과 같이 `tidy()` 함수를 이용하여 한 행에 한 문서씩 배치되는 데이터프레임 형식으로 변환할 수 있으며, 이렇게 변환된 데이터프레임은 앞서 살펴본 것처럼 한 행에 한 단어씩 배치되는 타이디-텍스트 형식으로 쉽게 변환 가능하다.[12)]

```
> text <- c("Crash dieting is not the best way to lose weight. http://bbc.in/1G0J4Agg",
+           "A vegetarian diet excludes all animal flesh (meat, poultry, seafood).",
+           "Economists surveyed by Refinitiv expect the economy added 160,000 jobs.")
> library(tm)
> corpus.docs <- VCorpus(VectorSource(text))
```

12) `tidy()` 함수는 제네릭 함수(generic function)로서 인수로 주어지는 객체의 클래스에 따라 적합한 하위 함수(이를 메소드(method)라고 함)를 호출하여 실행한다. 예를 들어, 여기처럼 `Corpus` 클래스의 객체가 주어지면 `tidy.Corpus()` 함수가 호출되어 코퍼스를 티블 형식의 데이터프레임 구조로 변환한다. 도움말(`?tidy`)을 이용하거나 `methods(tidy)`를 실행하여 사용 가능한 하위 함수를 확인할 수 있다.

```
> source <- c("BBC", "CNN", "FOX")
> meta(corpus.docs, tag="author", type="local") <- source
> lapply(corpus.docs, content)
$`1`
[1] "Crash dieting is not the best way to lose weight. http://bbc.in/1G0J4Agg"

$`2`
[1] "A vegetarian diet excludes all animal flesh (meat, poultry, seafood)."

$`3`
[1] "Economists surveyed by Refinitiv expect the economy added 160,000 jobs."

> lapply(corpus.docs, meta)
$`1`
  author       : BBC
  datetimestamp: 2023-01-06 04:09:54
  description  : character(0)
  heading      : character(0)
  id           : 1
  language     : en
  origin       : character(0)

$`2`
  author       : CNN
  datetimestamp: 2023-01-06 04:09:54
  description  : character(0)
  heading      : character(0)
  id           : 2
  language     : en
  origin       : character(0)

$`3`
  author       : FOX
  datetimestamp: 2023-01-06 04:09:54
  description  : character(0)
  heading      : character(0)
  id           : 3
```

```
  language      : en
  origin        : character(0)

> tidy(corpus.docs)
# A tibble: 3 x 8
  author datetimestamp       description heading id    language origin text
  <chr>  <dttm>              <lgl>       <lgl>   <chr> <chr>    <lgl>  <chr>
1 BBC    2023-01-06 04:09:54 NA          NA      1     en       NA     Crash dietin…
2 CNN    2023-01-06 04:09:54 NA          NA      2     en       NA     A vegetarian…
3 FOX    2023-01-06 04:09:54 NA          NA      3     en       NA     Economists s…
> tidy(corpus.docs) %>%
+   unnest_tokens(word, text) %>%
+   select(source=author, word)
# A tibble: 33 x 2
   source word
   <chr>  <chr>
 1 BBC    crash
 2 BBC    dieting
 3 BBC    is
…(중략)
 8 BBC    to
 9 BBC    lose
10 BBC    weight
# ... with 23 more rows
```

문서-용어행렬

전통적인 텍스트분석 환경에서 텍스트분석을 위해 수행해야 할 첫 번째 작업은 일반적으로 비구조화된 텍스트, 즉 비정형의 텍스트를 구조화된 데이터로 변환하는 것이다. 일단 구조화된 데이터를 생성하면 이를 바탕으로 텍스트에 대한 다양한 분석을 시도할 수 있다. 텍스트를 구조화하는 방법 가운데 하나로 단어주머니(bag-of-words) 접근법이 많이 사용된다. 단어주머니 접근법은 텍스트를 단어의 집합(즉 주머니)으로 단순화시킨 표현방법이다. 단어주머니 접근법은 단어의 순서나 문법은 무시하고 단어의 출현 빈도만을 이용하여 텍스트를 표현한다. 분석 대상이 되는 문서로부터 단어를 추출하고 이 단어가 각 문서에서 출현하는 빈도를 행렬 형태로 기록한다.

이러한 행렬을 문서-용어행렬(document-term matrix)이라고 하며, 행은 문서를 나타내고 열은 단어(용어)를 나타낸다.13) 셀값은 특정 문서에서의 특정 단어의 출현 횟수이다. 어떤 단어가 어떤 문서에 나타나면 대응되는 열과 행의 셀값은 1로 기록된다. 한 문서 내에 같은 단어가 여러 번 나타날 경우에는 총출현 횟수가 대응되는 행과 열의 셀값이 된다. 예를 들어, 어떤 단어가 문서 내에 세 번 나타나면 대응되는 셀값은 3이다.

간단한 예를 통해 문서-용어행렬의 구조를 살펴보자. 다음과 같은 두 개의 문서로 구성된 코퍼스가 있다고 가정하자.

문서1: business analytics is useful
문서2: data analytics is also interesting

그러면 이로부터 생성한 문서-용어행렬은 [그림 7-1]과 같은 구조를 갖는다. 두 개의 문서와 일곱 개의 단어로 구성된 2×7 행렬이다. 예를 들어, 문서1 및 문서2 행과 analytics 열이 만나는 곳의 셀값은 모두 1이다. 이는 analytics라는 단어가 문서1과 문서2에 각각 한 번씩 나타난다는 의미이다.

일반적으로 실제 텍스트로부터 추출되는 단어는 그 개수가 방대하기 때문에 문서-용어행렬은 보통 매우 큰 차원을 갖는다. 그런데 모든 단어가 모든 문서에 고르게 출현하지는 않으며 대부분의 단어는 소수의 문서에서만 나타난다. 따라서 문서-용어행렬의 밀도는 매우 낮을 수밖에 없다. 즉 <문서개수×단어개수>의 크기를 갖는 문서-용어행렬의 대부분의 셀은 0으로 채워진다. 비정형 텍스트는 이러한 방식으로 문서-용어행렬로 구조화할 수 있으며, 이렇게 구조화한 문서-용어행렬은 이후 원래의 비정형 텍스트를 대신하여 다양한 텍스트분석에 활용된다.

[그림 7-1] 문서-용어행렬. 어떤 단어가 어떤 문서에 나타나면 대응되는 열과 행의 셀값은 1이 된다.

	business	data	analytics	is	useful	also	interesting
문서1	1	0	1	1	1	0	0
문서2	0	1	1	1	0	1	1

13) 문서-용어행렬의 관점에서 텍스트로부터 추출된 단어를 용어(term)라고 한다. 이는 앞서 '타이디-텍스트'에서 설명한 토큰에 해당한다. 여기에서는 용어와 단어를 동일한 의미로 사용한다. 행에는 단어를 배치하고 열에는 문서를 배치할 수도 있다. 이러한 형태로 배치된 행렬은 용어-문서행렬(term-document matrix)이라고 한다.

코퍼스 형식의 데이터셋으로부터 문서-용어행렬을 생성해보자. 여기에서는 앞서 tm 패키지를 이용하여 생성한 코퍼스 데이터셋을 문서-용어행렬로 변환한다.

```
> text <- c("Crash dieting is not the best way to lose weight. http://bbc.in/1G0J4Agg",
+           "A vegetarian diet excludes all animal flesh (meat, poultry, seafood).",
+           "Economists surveyed by Refinitiv expect the economy added 160,000 jobs.")
> library(tm)
> corpus.docs <- VCorpus(VectorSource(text))
> corpus.docs <- tm_map(corpus.docs, content_transformer(tolower))
> corpus.docs <- tm_map(corpus.docs, removeWords, stopwords("english"))
> myRemove <- function(x, pattern)
+   {return(gsub(pattern, "", x))}
> corpus.docs <- tm_map(corpus.docs, content_transformer(myRemove), "(f|ht)tp\\S+\\s*")
> corpus.docs <- tm_map(corpus.docs, removePunctuation)
> corpus.docs <- tm_map(corpus.docs, removeNumbers)
> corpus.docs <- tm_map(corpus.docs, stripWhitespace)
> corpus.docs <- tm_map(corpus.docs, content_transformer(trimws))
> corpus.docs <- tm_map(corpus.docs, stemDocument)
> corpus.docs <- tm_map(corpus.docs, content_transformer(gsub),
+                       pattern="economist", replacement="economi")
> corpus.docs
<<VCorpus>>
Metadata:  corpus specific: 0, document level (indexed): 0
Content:  documents: 3
> lapply(corpus.docs, content)
$`1`
[1] "crash diet best way lose weight"

$`2`
[1] "vegetarian diet exclud anim flesh meat poultri seafood"

$`3`
[1] "economi survey refinitiv expect economi ad job"
```

Corpus 클래스의 객체로부터 문서-용어행렬을 생성하기 위해서는 다음과 같이 tm 패키지의

DocumentTermMatrix() 함수를 이용한다.[14)]


```
> corpus.dtm <- DocumentTermMatrix(corpus.docs, control=list(wordLengths=c(2, Inf)))
> corpus.dtm
<<DocumentTermMatrix (documents: 3, terms: 19)>>
Non-/sparse entries: 20/37
Sparsity           : 65%
Maximal term length: 10
Weighting          : term frequency (tf)
> class(corpus.dtm)
[1] "DocumentTermMatrix"    "simple_triplet_matrix"
```

텍스트분석에 있어서 모든 단어가 동일하게 중요한 것은 아니기 때문에 분석 목적에 따라서는 문서-용어행렬에 포함된 단어의 개수를 적정 수준으로 축소할 필요가 있다. 예를 들어, 전체 문서에 빠짐 없이 모두 나타나는 단어나 전체 문서에서 단 한 번만 출현하는 단어는 문서 간의 차이를 식별하는 데 그다지 유용한 정보를 제공하지 못할 가능성이 있다. 또한 단어의 길이가 상대적으로 너무 짧거나 긴 단어는 그 희소성 때문에 문서의 전반적 내용을 추론하는 데 있어서 기여하는 정도가 낮을 가능성이 크다.

DocumentTermMatrix() 함수의 control 인수를 이용하여 문서-용어행렬에 포함시킬 단어의 추출 기준을 지정할 수 있다. 단어의 추출 기준을 리스트 형식으로 지정한다. 예를 들어, 여기에서 지정한 wordLengths는 단어 길이를 추출 기준으로 사용한다. wordLengths에 단어 길이의 하한값과 상한값을 지정한다. 따라서 wordLengths=c(2, Inf)는 길이가 최소 2 이상인 단어만 문서-용어행렬에 포함시킨다는 의미이다. 상한값 Inf는 단어 길이가 아무리 길어도 관계없다는 것을 나타낸다. 얼마나 많은 문서에 나타나는지 또한 추출 기준으로 사용할 수 있다. bounds에 출현하는 문서 개수의 하한값과 상한값을 지정한다.

생성된 문서-용어행렬은 3×19의 크기(즉 3개의 문서와 19개의 단어)를 가지며, 57개(=20+37)의 셀 가운데 37개의 셀은 0의 값을 갖는다. 이는 셀의 65%($=\frac{37}{20+37}=\frac{37}{3\times19}$)가 0으로 채워져 있다는 뜻이다. 문서-용어행렬의 셀값은 기본적으로 단어의 출현 빈도이다. control 인수에 리스트 형식으로 빈도 이외의 다른 옵션을 지정할 수 있다(기본값 control=list(weighting

14) 용어-문서행렬을 생성하려면 TermDocumentMatrix() 함수를 이용한다.

=weightTf)).[15] 문서-용어행렬에 포함된 단어의 개수나 단어 자체를 보려면 다음과 같이 nTerms() 함수와 Terms() 함수를 이용한다.

```
> nTerms(corpus.dtm)
[1] 19
> Terms(corpus.dtm)
 [1] "ad"         "anim"        "best"      "crash"   "diet"          "economi"
 [7] "exclud"     "expect"      "flesh"     "job"     "lose"          "meat"
[13] "poultri"    "refinitiv"   "seafood"   "survey"  "vegetarian"    "way"
[19] "weight"
```

문서-용어행렬에 포함된 문서의 개수나 이름을 보려면 nDocs() 함수와 Docs() 함수를 이용한다.

```
> nDocs(corpus.dtm)
[1] 3
> Docs(corpus.dtm)
[1] "1" "2" "3"
```

문서의 이름은 필요할 경우 다음과 같이 변경할 수 있다.

```
> rownames(corpus.dtm) <- c("BBC", "CNN", "FOX")
> Docs(corpus.dtm)
[1] "BBC" "CNN" "FOX"
```

inspect() 함수를 이용하여 문서-용어행렬을 좀 더 자세히 탐색해볼 수 있다. 행렬 인덱싱을 이용하여 문서-용어행렬의 일부만을 추출하는 것도 가능하다.

---

15) 문서-용어행렬의 셀값으로 출현 빈도 이외에 분석 목적에 따라서 tf-idf(term frequency-inverse document frequency)가 많이 사용된다. tf-idf를 사용하기 위해서는 control=list(weighting=weightTfIdf)를 지정한다(이 경우 기본적으로 표준화된 값을 생성한다). tf-idf에 대해서는 '7.2 빈도 분석'에서 자세히 다룬다.

```
> inspect(corpus.dtm)
<<DocumentTermMatrix (documents: 3, terms: 19)>>
Non-/sparse entries: 20/37
Sparsity           : 65%
Maximal term length: 10
Weighting          : term frequency (tf)
Sample             :
    Terms
Docs  ad anim best crash diet economi exclud expect flesh job
  BBC  0    0    1     1    1       0      0      0     0   0
  CNN  0    1    0     0    1       0      1      0     1   0
  FOX  1    0    0     0    0       2      0      1     0   1
> inspect(corpus.dtm[1:2, 10:15])
<<DocumentTermMatrix (documents: 2, terms: 6)>>
Non-/sparse entries: 4/8
Sparsity           : 67%
Maximal term length: 9
Weighting          : term frequency (tf)
Sample             :
    Terms
Docs  job lose meat poultri refinitiv seafood
  BBC   0    1    0       0         0       0
  CNN   0    0    1       1         0       1
```

많은 텍스트마이닝 데이터셋은 tm 패키지의 DocumentTermMatrix 클래스 형식으로 제공된다. 따라서 일반적인 R 함수를 이용해 보다 다양한 분석을 수행하려면 DocumentTermMatrix 클래스 형식의 문서-용어행렬을 타이디-텍스트 형식의 데이터셋으로 변환한다. tm 패키지의 DocumentTermMatrix 클래스의 객체는 다음과 같이 tidy() 함수를 이용하여 타이디-텍스트 형식으로 쉽게 변환할 수 있다.[16)]

16) tidy() 함수는 DocumentTermMatrix 클래스의 객체가 주어지면 내부적으로 tdm_tidiers() 하위 함수를 호출하여 문서-용어행렬을 타이디-텍스트 형식의 데이터셋으로 변환한다.

```
> library(tidytext)
> tidy(corpus.dtm)
# A tibble: 20 x 3
   document term       count
   <chr>    <chr>      <dbl>
 1 BBC      best           1
 2 BBC      crash          1
 3 BBC      diet           1
…(중략)
18 FOX      job            1
19 FOX      refinitiv      1
20 FOX      survey         1
```

이번에는 타이디-텍스트 데이터셋으로부터 문서-용어행렬을 생성해보자. 앞서 생성한 타이디-텍스트 데이터셋을 이용한다.

```
> text <- c("Crash dieting is not the best way to lose weight. http://bbc.in/1G0J4Agg",
+           "A vegetarian diet excludes all animal flesh (meat, poultry, seafood).",
+           "Economists surveyed by Refinitiv expect the economy added 160,000 jobs.")
> source <- c("BBC", "CNN", "FOX")
> library(dplyr)
> library(tidytext)
> library(SnowballC)
> text.df <- tibble(source=source, text=text)
> text.df$text <- gsub("(f|ht)tp\\S+\\s*", "", text.df$text)
> text.df$text <- gsub("\\d+", "", text.df$text)
> tidy.docs <- text.df %>%
+   unnest_tokens(output=word, input=text) %>%
+   anti_join(stop_words, by="word")%>%
+   mutate(word=wordStem(word))
> tidy.docs$word <- gsub("\\s+", "", tidy.docs$word)
> tidy.docs$word <- gsub("economist", "economi", tidy.docs$word)
```

```
> tidy.docs %>% print(n=Inf)
# A tibble: 19 x 2
   source word
   <chr>  <chr>
 1 BBC    crash
 2 BBC    diet
 3 BBC    lose
…(중략)
17 FOX    economi
18 FOX    ad
19 FOX    job
> tidy.docs$word
 [1] "crash"      "diet"       "lose"       "weight"     "vegetarian" "diet"
 [7] "exclud"     "anim"       "flesh"      "meat"       "poultri"    "seafood"
[13] "economi"    "survei"     "refinitiv"  "expect"     "economi"    "ad"
[19] "job"
```

타이디-텍스트 데이터셋으로부터 문서-용어행렬을 만들기 위해서는 먼저 다음과 같이 문서-단어 쌍의 빈도를 계산한다. 이 빈도가 문서-용어행렬의 셀값이 된다.

```
> tidy.docs %>%
+   count(source, word)
# A tibble: 18 x 3
   source word           n
   <chr>  <chr>      <int>
 1 BBC    crash          1
 2 BBC    diet           1
 3 BBC    lose           1
…(중략)
16 FOX    job            1
17 FOX    refinitiv      1
18 FOX    survei         1
```

그런 다음 cast_dtm() 함수를 이용하여 문서-용어행렬로 변환한다. cast_dtm() 함수의

document, term, value 인수는 각각 문서-용어행렬의 행, 열, 셀값에 대응된다. 이렇게 변환된 문서-용어행렬은 앞서 tm 패키지의 DocumentTermMatrix() 함수를 이용하여 생성한 문서-용어행렬과 구조적으로 같다.[17] 따라서 tm 패키지의 함수를 동일하게 이용할 수 있다.

```
> tidy.dtm <- tidy.docs %>%
+   count(source, word) %>%
+   cast_dtm(document=source, term=word, value=n)
> tidy.dtm
<<DocumentTermMatrix (documents: 3, terms: 17)>>
Non-/sparse entries: 18/33
Sparsity           : 65%
Maximal term length: 10
Weighting          : term frequency (tf)
> Terms(tidy.dtm)
 [1] "crash"     "diet"      "lose"      "weight"     "anim"       "exclud"
 [7] "flesh"     "meat"      "poultri"   "seafood"    "vegetarian" "ad"
[13] "economi"   "expect"    "job"       "refinitiv"  "survei"
> Docs(tidy.dtm)
[1] "BBC" "CNN" "FOX"
> inspect(tidy.dtm)
<<DocumentTermMatrix (documents: 3, terms: 17)>>
Non-/sparse entries: 18/33
Sparsity           : 65%
Maximal term length: 10
Weighting          : term frequency (tf)
Sample             :
    Terms
Docs  anim crash diet economi exclud flesh lose meat poultri weight
  BBC    0     1    1       0      0     0    1    0       0      1
  CNN    1     0    1       0      1     1    0    1       1      0
  FOX    0     0    0       2      0     0    0    0       0      0
```

17) 문서-용어행렬의 구조는 동일하지만 전처리 방식의 차이로 인해 실제로 추출된 단어(즉 용어)는 달라질 수 있다.

7.2 빈도분석

분석기법 이해

텍스트분석은 기본적으로 문서에 대한 정보를 수치로 계량화하는 데 관심이 있다. 이러한 관점에서 전통적으로 가장 흔히 사용하는 텍스트분석 방법 가운데 하나는 문서에 등장하는 단어의 빈도를 살펴보는 것이다. 문서 내 단어의 출현 비율을 지표화한 것을 용어빈도(term frequency, tf)라고 한다.[18] 문서에서 중요하게 사용되는 단어는 대체로 반복적으로 등장하는 경향이 있다. 따라서 tf가 큰 단어를 살펴봄으로써 해당 문서가 어떠한 특징을 갖고 있는지, 다루고 있는 주제는 무엇인지, 그리고 다른 문서와는 어떻게 다른지 등을 유추할 수 있다. 반대로 tf가 작은 단어는 일반적으로 중요한 단어가 아닐 가능성이 높다. 이러한 단어는 텍스트분석에서 의미 있는 역할을 기대하기 어려우므로 분석해야 할 텍스트의 양이 많을 경우 분석에서 제외하는 것이 바람직하다.

많이 등장하는 단어는 일반적으로 중요한 단어가 맞는다. 하지만 많이 등장한다고 해서 모두 중요한 단어인 것은 아니다. 예를 들어, the, is, of 등과 같은 불용어가 그렇다. 불용어가 문서에 많이 출현함에도 불구하고 중요하지 않은 이유는 해당 문서뿐만 아니라 거의 모든 문서에 공통적으로 자주 등장하고, 이로 인해 문서의 특징을 식별할 때 기여하는 바가 거의 없기 때문이다. 따라서 출현 비율(또는 빈도)만으로 단어의 중요성을 결정하는 것은 다소 무리가 따를 수 있다. 이러한 용어빈도의 문제점을 보완하기 위하여 등장한 지표가 역문서빈도(inverse document frequency, idf)이다. 역문서빈도는 다음과 같이 계산한다.[19]

$$idf_j = \log\left(\frac{n}{d_j}\right)$$

여기에서, idf_j는 단어 j의 역문서빈도, n은 문서의 개수, d_j는 단어 j가 포함된 문서의 개수

어떤 단어가 여러 문서에 공통적으로 많이 포함되어 있을수록 idf는 작아지며, 반대로

---

18) 단어의 출현 비율이 아닌 출현 빈도가 사용되기도 한다.

19) 단어가 어떤 문서에도 등장하지 않으면 분모가 0이 되어 로그값을 계산할 수 없다(즉 $d_j = 0$). 이런 상황을 방지하기 위하여 실제 지표를 계산할 때는 분모에 1을 더한다: $\log\left(\frac{n}{1+d_j}\right)$.

몇 개의 소수의 문서에만 등장할 때 idf는 커진다. 큰 idf를 갖는 단어는 어떤 문서를 다른 문서와 구별되게 하는 중요한 단어일 가능성이 높다. 예를 들어, 1,000개의 문서가 있고 모든 문서에 coffee라는 단어가 포함되어 있다면 coffee의 idf는 0(= $\log \frac{1000}{1000}$)이다. idf값이 0이라는 것은 coffee라는 단어가 문서의 특징을 추출하는 데 아무런 유용한 정보도 제공하지 못한다는 것을 의미한다. 따라서 이러한 단어는 분석에서 제외해도 무방할 것이다. 그런데 만약 한 개의 문서에만 coffee가 포함되어 있다면 idf는 3(= $\log \frac{1000}{1}$)이다. 이처럼 큰 idf값은 coffee라는 단어가 해당 문서를 다른 문서와 구별할 수 있게 해주는 중요한 단어라는 것을 나타낸다.

tf와 idf 두 가지 지표를 개별적으로 사용하여 단어의 중요성을 평가하기도 하지만 이들을 종합적으로 고려한 tf-idf(term frequency-inverse document frequency)를 이용하여 단어의 중요성을 결정하기도 한다. tf-idf는 다음과 같이 계산한다.

$$tf-idf_{ij} = f_{ij} \times \log\left(\frac{n}{d_j}\right)$$

여기에서, $tf-idf_{ij}$는 문서 i에서의 단어 j의 tf-idf, f_{ij}는 문서 i에서의 단어 j의 비율(용어빈도), n은 문서의 개수, d_j는 단어 j가 포함된 문서의 개수

예를 들어, 10,000개의 단어로 이루어진 어떤 문서에서 coffee라는 단어가 400번 나타난다고 하면 그 단어의 tf는 0.04(= $\frac{400}{10000}$)이다. 1,000개의 문서가 있고 이 가운데 coffee를 포함하고 있는 문서가 10개 있다면 그 단어의 idf는 2(= $\log \frac{1000}{10}$)이다. 따라서 tf-idf값은 이 두 값의 곱인 0.08(= 0.04×2)이 된다. 만약 coffee를 포함하고 있는 문서가 100개 있다면 그 단어의 idf는 1(= $\log \frac{1000}{100}$)이 되어 tf-idf값은 0.04(= 0.04×1)가 된다. 따라서 tf가 동일하다 하더라도 10개 문서에 포함된 경우가 100개 문서에 포함된 경우보다 두 배 더 중요하게 평가된다. 출현 빈도가 동일하더라도 소수의 문서에 등장하는 단어가 다수의 문서에 등장하는 단어보다 더 큰 가중치를 갖게 되어 더 중요한 단어로 간주된다. 이처럼 tf-idf는 역문서빈도를 용어빈도에 대한 가중치로 사용함으로써 용어빈도만을 사용할 때 나타날 수 있는 중요성 크기의 왜곡문제를 보완할 수 있다.

사례: 대통령 연설문

단어의 출현 빈도를 바탕으로 몇 가지 분석을 수행해보자. 여기에서는 `quanteda` 패키지에

포함된 data_corpus_inaugural 데이터셋을 이용한다. 이 데이터셋은 미국 역대 대통령의 취임식 연설문이다.

```
> library(quanteda)
> summary(data_corpus_inaugural)
Corpus consisting of 59 documents, showing 59 documents:

            Text Types Tokens Sentences Year  President  FirstName       Party
 1789-Washington   625   1537        23 1789 Washington     George        none
 1793-Washington    96    147         4 1793 Washington     George        none
      1797-Adams   826   2577        37 1797      Adams       John  Federalist
…(중략)
       2001-Bush   621   1806        97 2001       Bush  George W.  Republican
       2005-Bush   772   2312        99 2005       Bush  George W.  Republican
      2009-Obama   938   2689       110 2009      Obama     Barack  Democratic
      2013-Obama   814   2317        88 2013      Obama     Barack  Democratic
      2017-Trump   582   1660        88 2017      Trump  Donald J.  Republican
      2021-Biden   811   2766       216 2021      Biden  Joseph R.  Democratic
> class(data_corpus_inaugural)
[1] "corpus"    "character"
```

data_corpus_inaugural 데이터셋은 코퍼스 형식(quanteda 패키지의 corpus 클래스)으로 저장되어 있다. 여기에서는 취임식 연설문 가운데 일부를 다음과 같이 데이터프레임(티블) 형식으로 변환하여 예제 데이터로 사용한다.

```
> library(tidytext)
> library(tibble)
> library(dplyr)
> us.president.address <- tidy(data_corpus_inaugural) %>%
+   group_by(President, FirstName) %>%
+   summarise(across(.col=everything(), .fns=~paste(.x, collapse=" "))) %>%
+   arrange(Year) %>%
+   ungroup() %>%
+   slice_tail(n=4)
```

```
> us.president.address
# A tibble: 4 x 5
  President FirstName text                                               Year   Party
  <chr>     <chr>     <chr>                                              <chr>  <chr>
1 Bush      George W. "President Clinton, distinguished guests and my f… 2001… Repu…
2 Obama     Barack    "My fellow citizens:\n\nI stand here today humble… 2009… Demo…
3 Trump     Donald J. "Chief Justice Roberts, President Carter, Preside… 2017   Repu…
4 Biden     Joseph R. "Chief Justice Roberts, Vice President Harris, Sp… 2021   Demo…
```

우선 tidy() 함수를 이용하여 quanteda 패키지의 data_corpus_inaugural 코퍼스 데이터셋을 한 행에 하나의 문서씩 배치되는 티블 형식으로 변환한다.[20] 예제를 단순화하기 위해 최근 네 명의 대통령(여기에서는 Bush, Obama, Trump, Biden) 연설문만을 추출한다. 재선에 성공한 대통령의 경우 연설문이 두 개가 있으므로 이를 합쳐서 대통령별로 한 개씩의 연설문 텍스트를 갖도록 전처리한다(group_by(President, FirstName) %>% summarise(across(.col=everything(), .fns=~paste(.x, collapse=" ")))).

이제 분석을 위해 이 데이터셋을 tm 패키지의 Corpus 클래스의 객체로 변환해보자. 데이터셋이 데이터프레임 형식으로 되어 있으므로 DataframeSource() 함수를 이용하여 읽어들인다. 그런데 DataframeSource() 함수를 이용하기 위해서는 데이터프레임의 첫 번째와 두 번째 열이 각각 문서의 고유 ID와 텍스트를 나타내야 하고 열 이름은 doc_id와 text이어야 한다. 따라서 데이터프레임을 코퍼스 형식으로 변환하기 전에 첫 번째 위치에 doc_id 열을 추가하고 text 열의 위치를 조정한다.

```
> us.president.address <- us.president.address %>%
+   select(text, everything()) %>%
+   add_column(doc_id=1:nrow(.), .before=1)
```

20) tidy() 함수는 corpus 클래스(quanteda 패키지)의 객체가 주어지면 내부적으로 corpus_tidiers() 하위 함수를 호출하여 타이디-텍스트 형식의 데이터셋으로 변환한다.

```
> us.president.address
# A tibble: 4 x 6
  doc_id text                                        Presi…¹ First…² Year  Party
   <int> <chr>                                       <chr>   <chr>   <chr> <chr>
1      1 "President Clinton, distinguished guests and… Bush    George… 2001… Repu…
2      2 "My fellow citizens:\n\nI stand here today h… Obama   Barack  2009… Demo…
3      3 "Chief Justice Roberts, President Carter, Pr… Trump   Donald… 2017  Repu…
4      4 "Chief Justice Roberts, Vice President Harri… Biden   Joseph… 2021  Demo…
# ... with abbreviated variable names ¹President, ²FirstName
> library(tm)
> address.corpus <- VCorpus(DataframeSource(us.president.address))
> address.corpus
<<VCorpus>>
Metadata:  corpus specific: 0, document level (indexed): 4
Content:  documents: 4
```

이어서 코퍼스 형식으로 변환된 텍스트에 대한 전처리 작업을 수행한다. 문자를 모두 소문자로 변환하고, 불용어를 제거하며, 문장부호와 숫자를 삭제하고, 텍스트 내 앞뒤의 공백을 없앤다. 여기에서는 불용어 제거 시 tm 패키지에서 제공하는 기존의 불용어 이외에 연설문에 빈번히 사용된 조동사 can, must, will을 새로운 불용어로 리스트에 추가하여 적용하였다.[21)]

```
> address.corpus <- tm_map(address.corpus, content_transformer(tolower))
> mystopwords <- c(stopwords("english"), c("can", "must", "will"))
> address.corpus <- tm_map(address.corpus, removeWords, mystopwords)
> address.corpus <- tm_map(address.corpus, removePunctuation)
> address.corpus <- tm_map(address.corpus, removeNumbers)
> address.corpus <- tm_map(address.corpus, stripWhitespace)
> address.corpus <- tm_map(address.corpus, content_transformer(trimws))
> lapply(address.corpus, content)
```

기본적인 데이터정제 작업을 수행한 후 변환된 텍스트를 살펴보아 변환이 올바르게 이루어

---

21) 처음부터 이러한 불용어 리스트를 만들 수 있는 것은 아니다. 대개는 분석을 진행하면서 좀 더 의미 있는 결과를 얻기 위해 추가 전처리가 필요한지 생각하게 된다. 여기서 추가한 불용어는 하나의 예이다. 독자에 따라서는 다른 불용어 리스트를 작성할 수도 있다.

졌는지 점검한다. 또한 추가로 전처리가 필요한지도 살펴본다. 예를 들어, 여기에서는 텍스트 내에 amercia로 시작하는 단어가 156개 포함되어 있다. 그런데 이 단어들, 즉 america, americas, american, americans는 대체로 모두 같은 의미의 단어로 볼 수 있으므로 여기에서는 동일한 단어로 취급하려고 한다. 따라서 이 네 개 단어를 모두 america로 대체한다.[22)]

```
> library(stringr)
> str_count(string=paste(as.vector(unlist(lapply(address.corpus, content))),
+                        collapse=" "),
+           pattern="america")
[1] 156
> for (i in c("america", "americas", "american", "americans")) {
+   n <- str_count(string=paste(as.vector(unlist(lapply(address.corpus, content))),
+                               collapse=" "), pattern=paste0("\\b", i, "\\b"))
+   print(paste(i, n))
+ }
[1] "america 70"
[1] "americas 19"
[1] "american 34"
[1] "americans 33"
> address.corpus <- tm_map(address.corpus, content_transformer(gsub),
+                          pattern="america|americas|american|americans",
+                          replacement="america")
> lapply(address.corpus, content)
```

이제 정제 과정을 마친 비정형의 텍스트 데이터를 문서-용어행렬 형태로 구조화한다. 생성된 문서-용어행렬은 4×2151의 크기를 가지며, 셀의 상당 부분(62%, 5,370개)은 0이다. 행은 문서를 나타내고 열은 단어를 의미한다. 행과 열이 교차하는 셀값은 해당 문서에서의 단어의 등장 횟수를 나타낸다. 여기에서는 네 개의 연설문 각각이 하나의 문서를 나타낸다.

22) 필요할 경우 america 이외의 다른 단어도 이와 동일한 방식으로 전처리할 수 있다. 처음부터 이러한 전처리가 필요하다는 것을 알고 데이터정제 작업을 수행하는 경우는 많지 않다. 일반적으로 분석을 진행하면서 추가로 전처리가 필요하다는 것을 깨닫게 될 때가 많다.

```
> address.dtm <- DocumentTermMatrix(address.corpus)
> inspect(address.dtm)
<<DocumentTermMatrix (documents: 4, terms: 2151)>>
Non-/sparse entries: 3234/5370
Sparsity           : 62%
Maximal term length: 16
Weighting          : term frequency (tf)
Sample             :
    Terms
Docs america country every freedom nation new one people time world
   1      50      17    16      30     17   6  10      7   11    11
   2      34       8    15       9     18  17   8     18   16     9
   3      34       9     7       0      6   6   8     10    2     6
   4      38       4     2       0     12   3  15      9    4     8
```

행렬 형태로 구조화된 텍스트는 이제 다양한 분석에 활용할 수 있다. 예를 들어, 개별 단어의 출현 빈도를 알고자 하면 다음과 같이 각 열의 합계를 구한다.

```
> termfreq <- colSums(as.matrix(address.dtm))
```

행렬에 대한 연산을 수행할 수 있도록 먼저 데이터 구조를 행렬 형식으로 변환하고(as.matrix() 함수) 단어를 나타내는 각 열을 합산한다(colSums() 함수). 2,151개 단어의 출현 빈도를 단어별로 확인할 수 있다.

```
> head(term.freq)
    abandon   abandoned abandonment     ability     abraham      abroad
          2           1           1           1           2           1
> length(term.freq)
[1] 2151
```

출현 빈도가 높은 상위 여섯 개 단어와 출현 빈도가 낮은 하위 여섯 개 단어는 다음과 같다.

```
> term.freq[head(order(term.freq, decreasing=TRUE))]
america  nation  people     one   every freedom
    156      53      44      41      40      39
> term.freq[tail(order(term.freq, decreasing=TRUE))]
    wrongs  yesterday yesterdays   yielding   youngest      youth
         1          1          1          1          1          1
```

findFreqTerms() 함수를 이용하면 일정 횟수 이상 출현한 단어를 쉽게 찾을 수 있다. 예를 들어, 40번 이상 등장한 단어를 찾으려면 다음과 같이 findFreqTerms() 함수에 lowfreq=40을 지정한다. 전체 문서에서 40번 이상 출현한 단어가 알파벳 순으로 출력된다(빈도순이 아님에 유의). highfreq를 함께 지정하면 출현 빈도가 일정 범위 내에 속하는 단어를 찾을 수 있다. lowfreq와 highfreq는 각각 출현 빈도의 하한값과 상한값을 나타낸다.

```
> findFreqTerms(address.dtm, lowfreq=40)
[1] "america" "every"   "nation"  "one"     "people"
> findFreqTerms(address.dtm, lowfreq=50, highfreq=100)
[1] "nation"
```

단어의 출현 빈도를 그래프로 나타내보자. 가장 간단한 방법은 출현 빈도의 분포를 막대도표로 표현하는 것이다. [그림 7-2]는 출현 빈도가 30 이상인 단어를 대상으로 X축에 단어의 출현 빈도를, Y축에 단어를 배치하여 생성한 막대도표이다. 최근 네 명의 미국 역대 대통령의 취임식 연설문에는 america가 가장 빈번히 등장한다.

```
> term.freq.df <- data.frame(word=names(term.freq), frequency=term.freq)
> head(term.freq.df)
                   word frequency
abandon         abandon         2
abandoned     abandoned         1
abandonment abandonment         1
ability         ability         1
abraham         abraham         2
abroad           abroad         1
```

[그림 7-2] **미국 대통령 취임식 연설문.** 대통령 취임식 연설에서 사용 빈도가 가장 높은 단어는 america 이다.

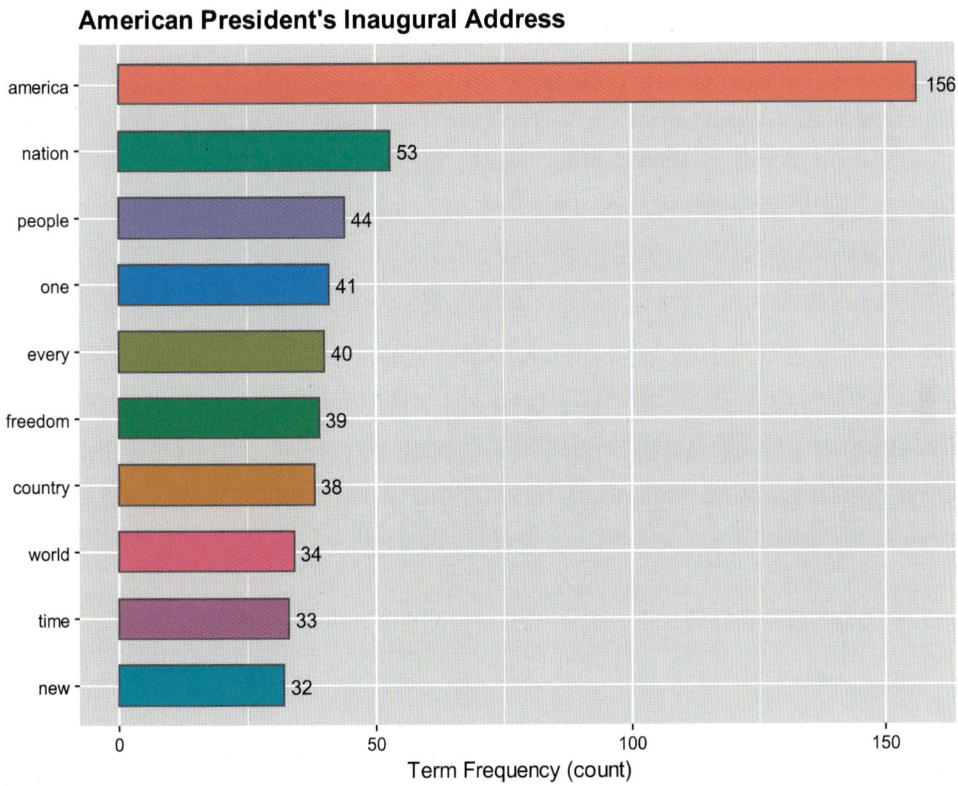


```
> library(ggplot2)
> ggplot(subset(term.freq.df, frequency >= 30),
+        aes(x=reorder(word, frequency), y=frequency, fill=word)) +
+   geom_col(color="dimgray", width=0.6, show.legend=FALSE) +
+   geom_text(aes(label=frequency), size=3.5, color="black", hjust=-0.3) +
+   coord_flip() +
+   labs(x=NULL, y="Term Frequency (count)",
+        title="American President's Inaugural Address") +
+   theme(plot.title=element_text(face="bold"))
```

출현 빈도에 따른 단어의 중요성을 시각적으로 보여주는 방법으로 워드클라우드(word cloud)가 종종 사용된다. 워드클라우드는 wordcloud 패키지의 wordcloud() 함수를 이용하여 생성한다.

```
> set.seed(123)
> library(wordcloud)
> library(RColorBrewer)
> term.freq <- colSums(as.matrix(address.dtm))
> wordcloud(words=names(term.freq), freq=term.freq, scale=c(4, 0.5), min.freq=7,
+           rot.per=0.1, random.order=FALSE, random.color=FALSE,
+           colors=brewer.pal(6, "Dark2"))
```

워드클라우드를 그리기 위해서는 먼저 앞에서 했듯이 문서-용어행렬을 행렬 형식으로 변환한 후 단어의 출현 빈도를 계산한다. wordcloud() 함수의 처음 두 인수 words와 freq에는 각각 단어와 단어의 출현 빈도를 지정한다. freq 인수 지정 없이 words 인수에 텍스트 벡터나 코퍼스를 지정할 수도 있다. words 인수에 텍스트 벡터나 코퍼스를 지정하면 지정된 텍스트 벡터나 코퍼스로부터 단어의 출현 빈도가 계산된다. scale 인수에는 단어 크기의 범위를 지정한다.

[그림 7-3] **미국 대통령 취임식 연설문.** 워드클라우드를 이용하여 빈번하게 출현하는 단어를 효과적으로 시각화할 수 있다. 출현 빈도가 높은 단어를 가운데에 배치하고 출현 빈도에 따라 색상을 다르게 표현한다.

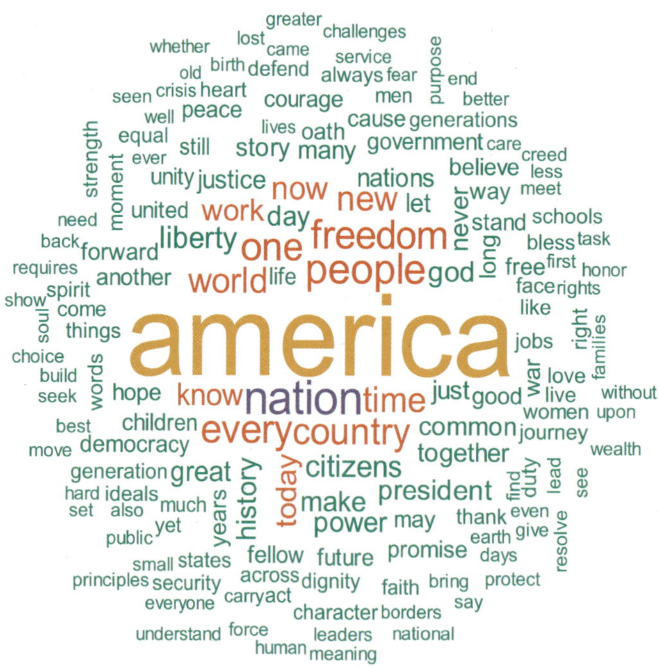

min.freq 인수에는 워드클라우드에 포함시킬 단어의 최소 빈도를 지정한다. rot.per 인수에는 회전시켜 수직으로 나타낼 단어의 비율을 지정한다. 0을 지정하면 모든 단어가 수평으로 나타난다. 중요한 단어(즉 높은 빈도를 갖는 단어)가 중앙에 나타나도록 하려면 random.order=FALSE를 지정한다. 색상은 colors 인수에 지정할 수 있다. 여기에서는 RColorBrewer 패키지의 색상 팔레트를 이용하였으므로 brewer.pal() 함수로 색상을 지정한다. random.color=FALSE를 지정하면 빈도 크기와 색상의 순서에 따라 단어의 색상이 결정된다. 생성된 그래프는 [그림 7-3]과 같다. 역대 미국 대통령의 취임식 연설에서 강조되었던 단어들이 워드클라우드의 중앙에 배치되었다.

지금까지는 코퍼스 전체를 대상으로 단어의 출현 빈도를 분석하였다. 이와 함께 코퍼스 내 개별 문서별로 단어의 출현 빈도를 살펴보면 각 문서의 특성을 이해하는 데 도움이 될 수 있다. 예를 들어, 바이든 대통령과 트럼프 대통령은 취임식에서 강조하고 싶은 말이 다를 수 있다. 대통령 취임식에서 사용한 단어가 대통령에 따라 어떠한 차이가 있는지 분석해보자. 이를 위해 앞서 생성한 문서-용어행렬의 문서명을 분석의 편의를 위해 1, 2, 3, 4에서 대통령 이름으로 변경한다.

```
> inspect(address.dtm)
<<DocumentTermMatrix (documents: 4, terms: 2151)>>
Non-/sparse entries: 3234/5370
Sparsity           : 62%
Maximal term length: 16
Weighting          : term frequency (tf)
Sample             :
    Terms
Docs america country every freedom nation new one people time world
   1      50      17    16      30     17   6  10      7   11    11
   2      34       8    15       9     18  17   8     18   16     9
   3      34       9     7       0      6   6   8     10    2     6
   4      38       4     2       0     12   3  15      9    4     8
> rownames(address.dtm) <- us.president.address$President
> Docs(address.dtm)
[1] "Bush"  "Obama" "Trump" "Biden"
```

이어서 tidy() 함수를 이용하여 데이터셋을 타이디-텍스트 형식으로 변환한다.

```
> address.tf <- tidy(address.dtm)
> address.tf
# A tibble: 3,234 x 3
   document term          count
   <chr>    <chr>         <dbl>
 1 Bush     abandon           2
 2 Bush     abandonment       1
 3 Bush     abraham           1
…(중략)
 8 Bush     accumulate        1
 9 Bush     achieved          2
10 Bush     achievement       1
# ... with 3,224 more rows
```

타이디-텍스트 형식의 데이터셋으로부터 문서별로 가장 많이 사용된 단어 10개씩을 추출한다. 문서는 각 대통령의 연설문을 나타내므로 이렇게 추출한 단어 리스트는 각 대통령이 취임식에서 가장 많이 사용한 상위 10개의 단어를 의미한다.

```
> address.tf <- address.tf %>%
+   mutate(document=factor(document, levels=us.president.address$President)) %>%
+   arrange(desc(count)) %>%
+   group_by(document) %>%
+   slice_max(order_by=count, n=10) %>%
+   ungroup()
> address.tf
# A tibble: 50 x 3
   document term      count
   <fct>    <chr>     <dbl>
 1 Bush     america      50
 2 Bush     freedom      30
 3 Bush     country      17
…(중략)
```

```
 8 Bush     know         11
 9 Bush     time         11
10 Bush     world        11
# ... with 40 more rows
```

단어의 출현 빈도에 따라 내림차순으로 정렬하고(arrange(desc(count))) 문서별로 그룹화한 후(group_by(document)) 문서별 상위 10개의 단어를 추출한다(slice_max(order_by=count, n=10)). 네 개의 연설문이 있으므로 여기에서는 대통령별로 10개씩 총 40개의 단어가 추출되어야 하지만 출현 빈도가 동일한 단어가 존재하기 때문에 10개 더 많은 50개가 추출되었다.[23)]

이렇게 추출한 단어 리스트를 다음과 같이 대통령별로 구분된 집단별 막대도표로 나타낼 수 있다. 생성된 그래프는 [그림 7-4]와 같다. 각 대통령별로 취임식에서 많이 사용한 단어를 출현 빈도가 높은 순서대로 볼 수 있다.

```
> library(ggplot2)
> ggplot(address.tf, aes(reorder_within(x=term, by=count, within=document),
+                        count, fill=document)) +
+   geom_col(show.legend=FALSE) +
+   facet_wrap(~ document, ncol=2, scales="free") +
+   scale_x_reordered() +
+   coord_flip() +
+   labs(x=NULL, y="Term Frequency (count)",
+        title="American President's Inaugural Address") +
+   theme(plot.title=element_text(face="bold"))
```

tidytext 패키지의 reorder_within() 함수는 지금처럼 패널 그래프상에 집단별로 정렬된 순서로 데이터를 출력하고 싶을 때 유용하다. 첫 번째 인수(x)와 두 번째 인수(by)에 각각 정렬할 벡터와 정렬 기준으로 사용할 벡터를 지정하고 세 번째 인수(within)에 그룹 변수(즉 그래프의 패널에 대응되는 변수)를 지정한다. reorder_within() 함수는 scale_x_reordered() 함수 또는 scale_y_reordered() 함수와 함께 사용한다.

---

23) 동률을 무시하고 지정된 개수만큼만 추출하려면 slice_max() 함수에 추가로 with_ties=FALSE를 지정한다.

[그림 7-4] **미국 대통령 취임식 연설문.** america, nation, world 등의 단어가 대통령 연설문에 공통적으로 자주 등장한다.

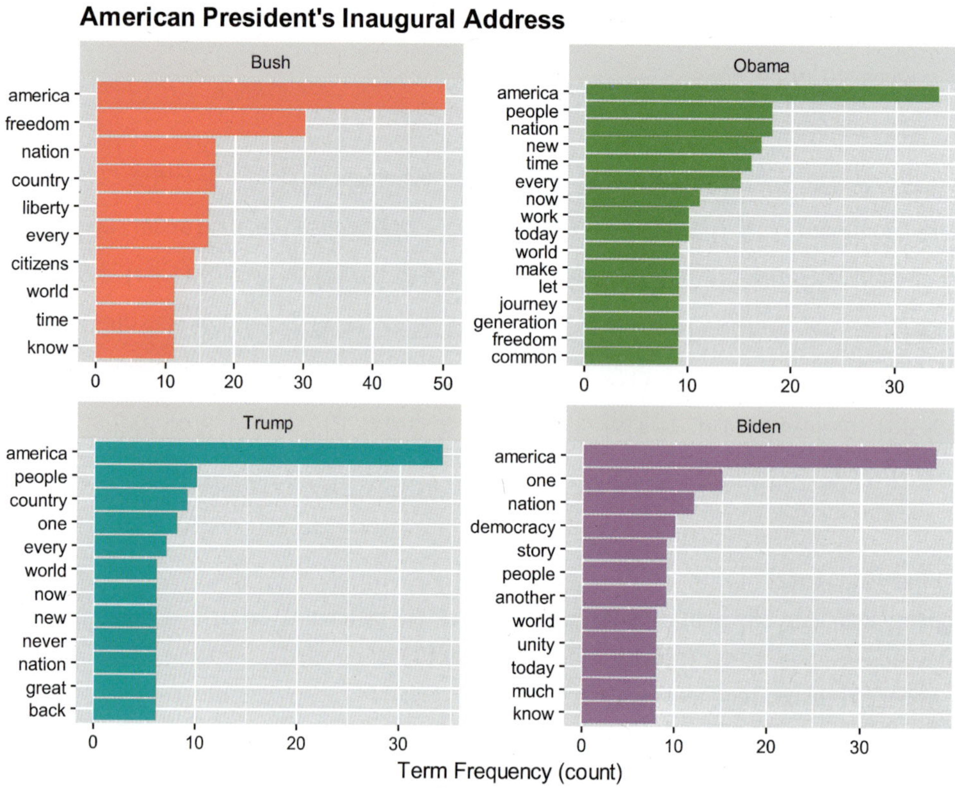

대통령 취임식 연설문에서 전반적으로 가장 많이 사용된 단어는 america였다. 대통령별 각 개별 연설문에서도 이 단어가 가장 많이 등장한다. 따라서 america라는 단어는 모든 대통령이 자신의 연설에서 빈번하게 사용하긴 했지만 각 연설을 고유하게 특징짓는 중요한 단어라고 보기는 어렵다. 왜냐하면 어느 연설문에서나 공통적으로 많이 나타나기 때문이다. 앞서 소개한 tf-idf 지표는 전체 문서(즉 코퍼스)에서 공통적으로 흔히 사용되는 단어에 대한 가중치는 낮추고 전체 문서에서 상대적으로 많이 사용되지 않는 단어에 대한 가중치는 높임으로써 각 개별 문서에서 어떤 단어가 중요한 역할을 하는지 식별한다.

tf-idf를 이용하여 대통령이 자신의 취임식 연설에서 중요하게 생각한 단어가 무엇인지 살펴보자. 기존에 생성한 문서-용어행렬은 단어의 출현 빈도를 셀값으로 갖고 있기 때문에 셀값이 tf-idf가 되도록 다음과 같이 문서-용어행렬을 다시 생성한다.

```
> address.dtm2 <- DocumentTermMatrix(address.corpus,
+                                    control=list(weighting=weightTfIdf))
> rownames(address.dtm2) <- us.president.address$President
> inspect(address.dtm2)
<<DocumentTermMatrix (documents: 4, terms: 2151)>>
Non-/sparse entries: 2878/5726
Sparsity           : 67%
Maximal term length: 16
Weighting          : term frequency - inverse document frequency (normalized) (tf-idf)
Sample             :
       Terms
Docs            back  countries     dreams     foreign     freedom       obama
  Biden 0.0000000000 0.000000000 0.00000000 0.000000000 0.000000000 0.000000000
  Bush  0.0000000000 0.000000000 0.00000000 0.000000000 0.016844469 0.000000000
  Obama 0.0009460738 0.000000000 0.00000000 0.000000000 0.004257332 0.000000000
  Trump 0.0084985836 0.008498584 0.01416431 0.008498584 0.000000000 0.008498584
       Terms
Docs     protected       story       truth       virus
  Biden 0.00000000 0.008403361 0.009337068 0.007469655
  Bush  0.00000000 0.005053341 0.000000000 0.000000000
  Obama 0.00000000 0.000000000 0.000000000 0.000000000
  Trump 0.01416431 0.000000000 0.000000000 0.000000000
```

이제 셀값이 tf-idf인 문서-용어행렬을 바탕으로 앞서와 동일한 방식으로 타이디-텍스트 형식의 데이터셋을 생성하여 문서별로 tf-idf가 가장 큰 단어 10개씩을 추출한다.

```
> address.tfidf <- tidy(address.dtm2) %>%
+   mutate(tf_idf=count, count=NULL)
> address.tfidf
# A tibble: 2,878 x 3
   document term           tf_idf
   <chr>    <chr>           <dbl>
 1 Bush     abandon       0.00225
 2 Bush     abandonment   0.00112
 3 Bush     abraham       0.000561
…(중략)
```

```
 8 Bush     accumulate  0.00112
 9 Bush     achieved    0.00225
10 Bush     achievement 0.00112
# ... with 2,868 more rows
> address.tfidf <- address.tfidf %>%
+   arrange(desc(tf_idf)) %>%
+   mutate(document=factor(document, levels=us.president.address$President)) %>%
+   group_by(document) %>%
+   slice_max(order_by=tf_idf, n=10) %>%
+   ungroup()
> address.tfidf
# A tibble: 107 x 3
  document  term     tf_idf
  <fct>     <chr>     <dbl>
 1 Bush     freedom  0.0168
 2 Bush     society  0.00561
 3 Bush     story    0.00505
…(중략)
 8 Bush     ideals   0.00393
 9 Bush     liberty  0.00373
10 Bush     acts     0.00337
# ... with 97 more rows
```

이렇게 추출한 tf-idf가 큰 단어 리스트를 다음과 같이 대통령별로 구분된 집단별 막대 도표로 나타낼 수 있다. 생성된 그래프는 [그림 7-5]와 같다.

```
> library(ggplot2)
> ggplot(address.tfidf, aes(reorder_within(x=term, by=tf_idf, within=document),
+                           tf_idf, fill=document)) +
+   geom_col(show.legend=FALSE) +
+   facet_wrap(~ document, ncol=2, scales="free") +
+   scale_x_reordered() +
+   coord_flip() +
+   labs(x=NULL, y="Term Frequency-Inverse Document Frequency",
+        title="American President's Inaugural Address") +
+   theme(plot.title=element_text(face="bold"))
```

[그림 7-5] **미국 대통령 취임식 연설문.** 각 취임식 연설에는 다른 대통령과 구별되는 고유한 단어들이 등장한다.

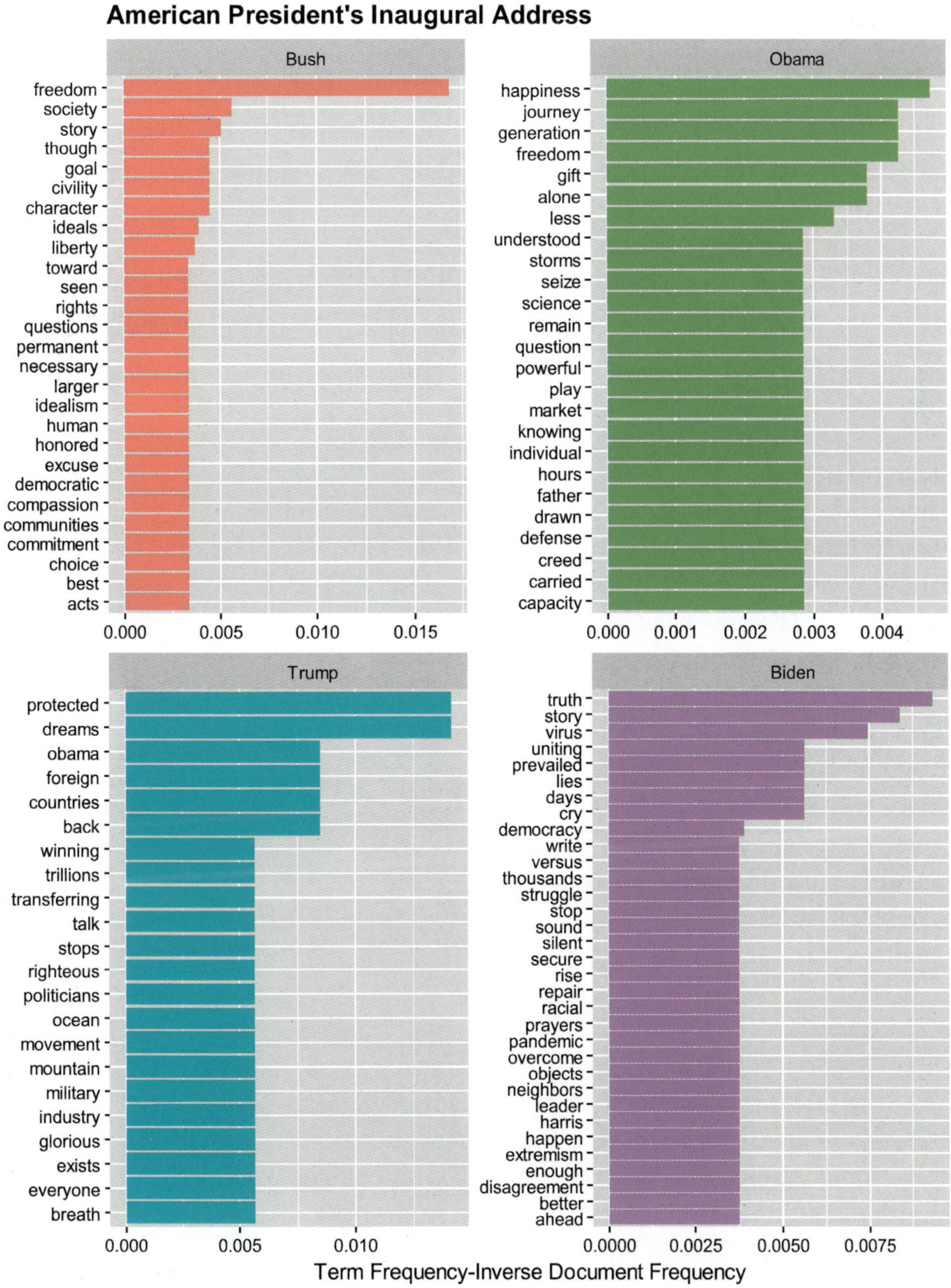

가장 출현 빈도가 컸던 america는 이제 어느 연설문에서도 더 이상 보이지 않으며 연설문 간에 중복되는 단어도 거의 없다. 대신 대통령별로 특징적인 고유의 단어가 상위 리스트를 차지하고 있다.[24] 예를 들어, 부시 대통령의 연설문에는 freedom, society가 눈에 띈다. 반면에 오바마 대통령은 happiness, generation을 자주 언급한다. 트럼프 대통령은 protect, dream을 중요하게 생각하며, 바이든 대통령은 truth, democracy를 강조한다.

타이디-텍스트 형식의 데이터셋은 dplyr 패키지에 포함된 다양한 데이터전처리 함수나 ggplot2 패키지의 그래프 함수와 쉽게 연동되기 때문에 문서 내 단어의 빈도를 분석하고 이를 그래프로 시각화할 때 매우 효과적이다. 여기에서는 타이디-텍스트 형식의 데이터셋을 이용하여 앞에서와 동일한 몇 가지 빈도분석을 수행해본다. 데이터셋은 앞서 데이터프레임으로 변환한 미국 역대 대통령의 취임식 연설문을 이용한다(quanteda 패키지의 data_corpus_inaugural 데이터셋).

```
> library(quanteda)
> library(tidytext)
> library(tibble)
> library(dplyr)
> us.president.address <- tidy(data_corpus_inaugural) %>%
+   group_by(President, FirstName) %>%
+   summarise(across(.col=everything(), .fns=~paste(.x, collapse=" "))) %>%
+   arrange(Year) %>%
+   ungroup() %>%
+   slice_tail(n=4) %>%
+   select(text, everything()) %>%
+   add_column(doc_id=1:nrow(.), .before=1)
> us.president.address
# A tibble: 4 x 6
  doc_id text                                          Presi…¹ First…² Year  Party
   <int> <chr>                                         <chr>   <chr>   <chr> <chr>
1      1 "President Clinton, distinguished guests and… Bush    George… 2001… Repu…
2      2 "My fellow citizens:\n\nI stand here today h… Obama   Barack  2009… Demo…
3      3 "Chief Justice Roberts, President Carter, Pr… Trump   Donald… 2017  Repu…
4      4 "Chief Justice Roberts, Vice President Harri… Biden   Joseph… 2021  Demo…
# … with abbreviated variable names ¹President, ²FirstName
```

24) 많은 단어가 동일한 tf-idf값을 갖고 있는 것을 볼 수 있다. 우리는 현재 단 네 개의 문서만을 다루고 있고, 따라서 tf-idf를 계산할 때 idf값은 log(4/1), log(4/2), log(4/3), log(4/4)의 네 가지 경우만 반복적으로 나타난다. 이처럼 idf값이 제한적이기 때문에 tf값이 같을 경우 tf-idf값도 같을 가능성이 높다.

먼저 토큰화 과정을 통해 한 행에 한 단어씩 포함되도록 타이디-텍스트 형식으로 변환한다.

```
> address.words <- us.president.address %>%
+   unnest_tokens(word, text)
> address.words
# A tibble: 11,986 x 6
  doc_id President FirstName Year      Party                 word
   <int> <chr>     <chr>     <chr>     <chr>                 <chr>
 1      1 Bush      George W. 2001 2005 Republican Republican president
 2      1 Bush      George W. 2001 2005 Republican Republican clinton
 3      1 Bush      George W. 2001 2005 Republican Republican distinguished
…(중략)
 8      1 Bush      George W. 2001 2005 Republican Republican citizens
 9      1 Bush      George W. 2001 2005 Republican Republican the
10      1 Bush      George W. 2001 2005 Republican Republican peaceful
# ... with 11,976 more rows
```

추출된 단어를 대상으로 다음과 같이 간단한 데이터전처리 작업을 수행한다.

```
> address.words <- address.words %>%
+   anti_join(stop_words, by="word") %>%
+   filter(!grepl(pattern="\\d+", word)) %>%
+   mutate(word=gsub(pattern="'|'", replacement="", word)) %>%
+   mutate(word=gsub(pattern="america|americas|american|americans",
+                    replacement="america", word)) %>%
+   count(President, word, sort=TRUE, name="count") %>%
+   ungroup()
> address.words
# A tibble: 2,743 x 3
  President word     count
  <chr>     <chr>    <int>
 1 Bush      america     50
 2 Biden     america     38
 3 Obama     america     34
…(중략)
```

```
 8 Bush       country    17
 9 Bush       nation     17
10 Bush       liberty    16
# ... with 2,733 more rows
```

우선 불용어를 제거한다(anti_join(stop_words, by="word")). 이어서 숫자도 제거한다(filter(!grepl(pattern="\\d+", word))). 그리고 **mutate()** 함수와 **gsub()** 함수를 이용하여 앞서 했던 것처럼 america, americas, american, americans 네 단어를 모두 america로 대체한다. 그런데 그 이전에 텍스트에 포함된 '(apostrophe)를 제거한다.[25] 왜냐하면 추출한 단어에는 america's와 같은 단어가 포함되어 있고 이 또한 america와 동일한 단어로 취급하고 싶기 때문이다. 그런 다음 대통령(즉 여기에서는 연설문)별로 연설문에 등장한 단어의 출현 빈도를 집계한다(count(President, word, sort=TRUE, name="count")).

타이디-텍스트 형식을 사용할 때 좋은 점 중의 하나는 %>% 연산자를 이용하여 일련의 연속된 작업을 효과적으로 수행할 수 있다는 것이다. 예를 들어, 데이터전처리 작업과 그래프 생성 작업을 순차적으로 연결하여 한꺼번에 처리할 수 있다. 따라서 미국 대통령 취임식 연설문에서 출현 빈도가 높은 상위 10개 단어를 추출하여 그 데이터로 막대도표를 생성하는 일련의 작업을 다음과 같은 방식으로 수행할 수 있다. 생성된 그래프는 [그림 7-6]과 같다.[26]

---

25) **unnest_tokens()** 함수는 단어를 추출하면서 문장부호도 제거한다. 그러나 단어에 포함된 '(apostrophe, 아포스트로피)는 제거하지 않는다. 그래서 예를 들면, america's와 같은 단어는 그대로 유지된다. 만약 이런 단어에서 아포스트로피를 제거하고 싶다면 여기에서처럼 별도의 전처리 과정을 통해 삭제해야 한다. 그런데 아포스트로피에는 두 종류가 있다: '(straight apostrophe)와 '(curly apostrophe, right single quotation mark). 텍스트 데이터에는 두 종류의 아포스트로피가 섞여 있을 수 있기 때문에 아포스트로피를 제거할 때는 두 가지를 모두 삭제해야 한다. **unnest_tokens()** 함수를 적용하기 전에 원래의 텍스트로부터 미리 삭제할 수도 있지만 이럴 경우 이후 불용어를 제거할 때 문제가 생길 수 있다. 왜냐하면 **tidytext** 패키지의 불용어 리스트(**stop_words**)에는, 예를 들어 aren't, he's, it'll과 같이 아포스트로피가 포함된 불용어가 있기 때문이다(**stop_words**에 포함된 아포스트로피는 스트레이트 아포스트로피이다). 따라서 원래의 텍스트로부터 아포스트로피를 삭제하면 이 단어들은 arent, hes, itll로 변환되어 불용어로서 제거되지 않을 뿐만 아니라 토큰화 과정에서 의미 없는 단어로 추출된다.

26) 출현 빈도가 높은 상위 10개 단어를 보면 앞서 **tm** 패키지의 코퍼스 데이터셋으로부터 추출한 단어 리스트와 일부 차이가 있다. one, every, new 등이 빠지고, 대신 citizens, liberty, day 등이 포함되었다. **tm** 패키지와 **tidytext** 패키지의 불용어 리스트가 다르기 때문에 텍스트로부터 제거되는 불용어가 달라지고, 이로 인해 추출되는 단어에서도 차이가 발생한다.

[그림 7-6] **미국 대통령 취임식 연설문.** 대통령 취임식 연설에서 자주 등장하는 단어는 america, nation, people 등이다.

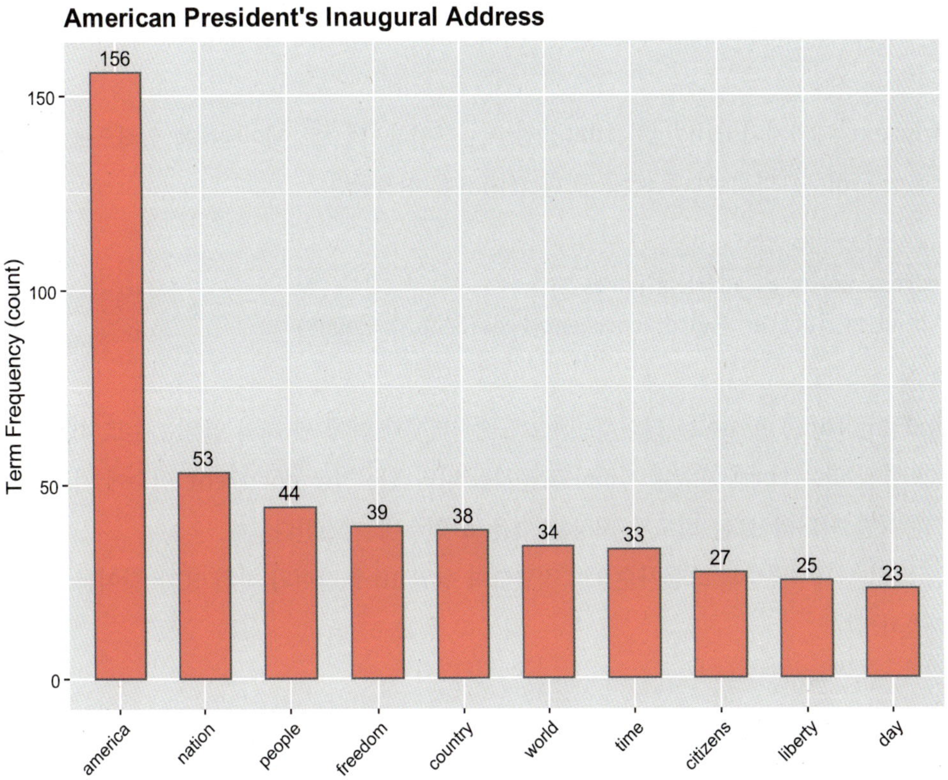


```
> library(ggplot2)
> address.words %>%
+   group_by(word) %>%
+   summarize(count=sum(count)) %>%
+   arrange(desc(count)) %>%
+   slice_max(order_by=count, n=10) %>%
+   ggplot(aes(reorder(word, -count), count)) +
+   geom_col(color="dimgray", fill="salmon", width=0.6, show.legend=FALSE) +
+   geom_text(aes(label=count), size=3.5, color="black", vjust=-0.5) +
+   labs(x=NULL, y="Term Frequency (count)",
+        title="American President's Inaugural Address") +
+   theme(plot.title=element_text(face="bold"),
+         axis.text.x=element_text(angle=45, hjust=1))
```

이번에는 tf-idf를 계산하여 연설문의 특징을 잘 드러내는 중요한 단어가 무엇인지 찾아보자. 어떤 단어의 tf-idf값이 크다는 것은 그 단어가 특정 연설문에서는 비교적 자주 등장하나 다른 연설문에서는 흔하지 않아서 그 연설문만의 특징을 고유하게 잘 설명해준다는 것을 의미한다.

tidytext 패키지의 bind_tf_idf() 함수는 타이디-텍스트 데이터셋을 입력으로 받아서 단어별로 tf, idf, 그리고 이 두 값을 곱한 tf-idf를 산출한다.

```
> address.words <- address.words %>%
+   bind_tf_idf(term=word, document=President, n=count)
```

bind_tf_idf() 함수에는 타이디-텍스트 데이터셋과 함께 세 개의 열을 인수로 지정한다. 단어가 포함된 열은 term 인수에 지정하고 문서를 나타내는 열은 document 인수에 지정한다. 그리고 문서별 단어의 출현 빈도가 저장된 열은 n 인수에 지정한다.

tf-idf값을 내림차순과 오름차순으로 정렬하여 상위 10개 단어와 하위 10개 단어를 추출해 보면 다음과 같다.

```
> address.words %>%
+   arrange(desc(tf_idf))
# A tibble: 2,743 x 6
   President word       count      tf   idf  tf_idf
   <chr>     <chr>      <int>   <dbl> <dbl>   <dbl>
 1 Bush      freedom       30 0.0211  0.693 0.0146
 2 Trump     dreams         5 0.00938 1.39  0.0130
 3 Trump     protected      5 0.00938 1.39  0.0130
 4 Biden     truth          5 0.00623 1.39  0.00863
 5 Trump     countries      3 0.00563 1.39  0.00780
 6 Trump     foreign        3 0.00563 1.39  0.00780
 7 Trump     obama          3 0.00563 1.39  0.00780
 8 Biden     story          9 0.0112  0.693 0.00777
 9 Biden     virus          4 0.00498 1.39  0.00691
10 Trump     breath         2 0.00375 1.39  0.00520
# ... with 2,733 more rows
```

```
> address.words %>%
+   arrange(tf_idf)
# A tibble: 2,743 x 6
   President word      count      tf   idf tf_idf
   <chr>     <chr>     <int>   <dbl> <dbl>  <dbl>
 1 Bush      america      50 0.0351      0      0
 2 Biden     america      38 0.0473      0      0
 3 Obama     america      34 0.0199      0      0
 4 Trump     america      34 0.0638      0      0
 5 Obama     nation       18 0.0105      0      0
 6 Obama     people       18 0.0105      0      0
 7 Bush      country      17 0.0119      0      0
 8 Bush      nation       17 0.0119      0      0
 9 Obama     time         16 0.00937     0      0
10 Bush      citizens     15 0.0105      0      0
# ... with 2,733 more rows
```

tf–idf 하위 10개 단어를 보면 idf가 모두 0이고, 따라서 tf에 idf를 곱한 tf–idf 역시 0이다. 이 단어들은 모두 네 개 연설문에 공통적으로 등장하기 때문에 idf는 0(=log(4/4))이 된다. 그런데 이 단어들은 또한 모두 출현 빈도 상위 10개 리스트에 포함된 단어이기도 하다. 이처럼 특정 문서에서 출현 빈도가 아무리 높더라도 그 단어가 등장하는 문서가 많으면 tf–idf는 작아진다. tf–idf가 큰 단어를 다음과 같이 대통령별로 구분된 집단별 막대도표로 나타낼 수 있다. 생성된 그래프는 [그림 7–7]과 같다.

```
> library(ggplot2)
> address.words %>%
+   arrange(desc(tf_idf)) %>%
+   mutate(President=factor(President, levels=us.president.address$President)) %>%
+   group_by(President) %>%
+   slice_max(order_by=tf_idf, n=7) %>%
+   ungroup() %>%
+   ggplot(aes(reorder_within(x=word, by=tf_idf, within=President),
+              tf_idf, fill=President)) +
+   geom_col(show.legend=FALSE) +
```

```
+   facet_wrap(~ President, ncol=2, scales="free") +
+   scale_x_reordered() +
+   coord_flip() +
+   labs(x=NULL, y="Term Frequency-Inverse Document Frequency",
+        title="American President's Inaugural Address") +
+   theme(plot.title=element_text(face="bold"))
```

[그림 7-7] **미국 대통령 취임식 연설문.** 대통령별로 취임식 연설에서 고유하게 강조한 단어들을 볼 수 있다.

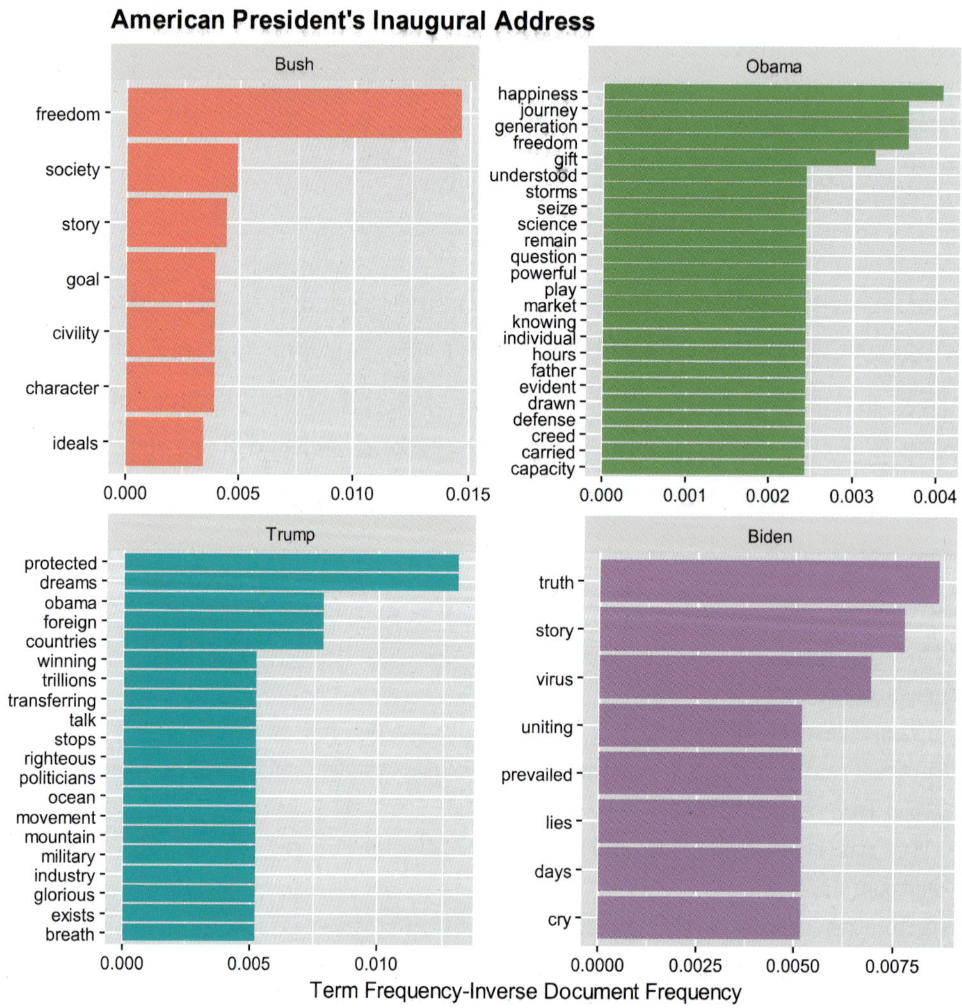

[그림 7-8] **미국 대통령 취임식 연설문.** 취임식 연설에서 많이 사용한 단어의 문서 내 출현 비율을 네 명의 대통령별로 볼 수 있다. 네 개의 연설문 모두 america의 출현 비율이 가장 높다.

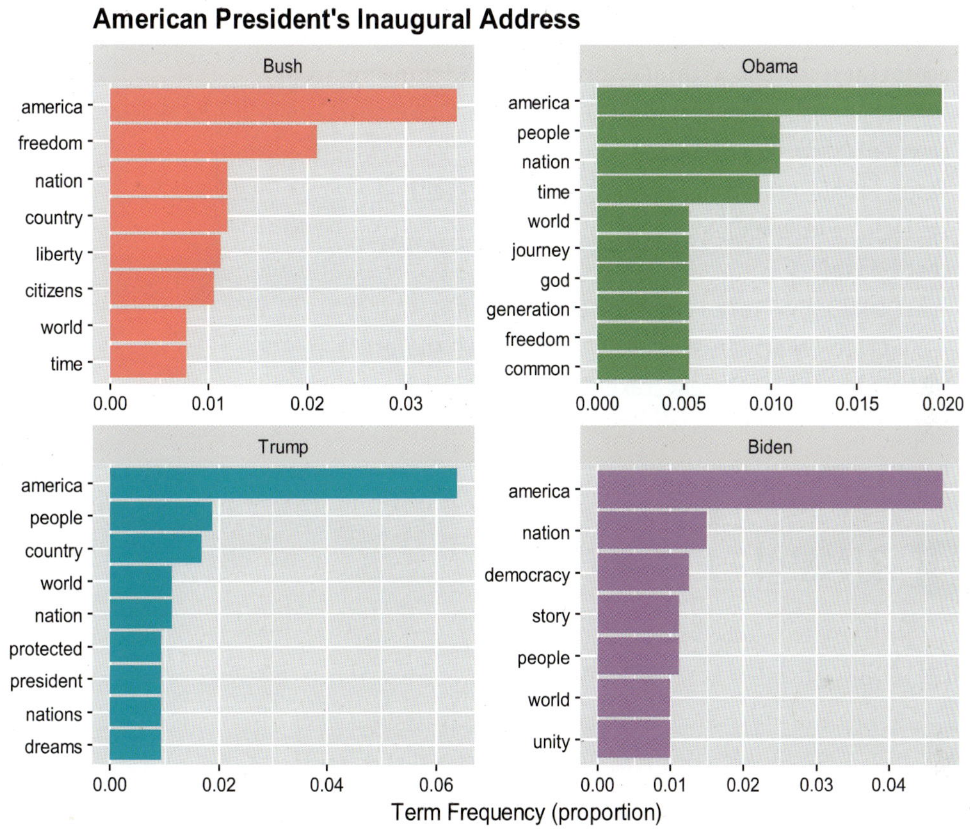

bind_tf_idf() 함수는 tf-idf뿐만 아니라 tf도 계산하기 때문에 다음과 같이 tf 상위 단어를 추출하여 대통령별로 구분된 집단별 막대도표를 생성할 수 있다.[27] 생성된 그래프는 [그림 7-8]과 같다.

```
> library(ggplot2)
> address.words %>%
+   arrange(desc(tf)) %>%
+   mutate(President=factor(President, levels=us.president.address$President)) %>%
```

27) 여기에서 tf는 문서 내에 단어가 등장한 빈도를 문서에 포함된 모든 단어의 총빈도로 나누어서 구한 단어의 출현 비율이다.

```
+   group_by(President) %>%
+   slice_max(order_by=tf, n=7) %>%
+   ungroup() %>%
+   ggplot(aes(reorder_within(x=word, by=tf, within=President),
+              tf, fill=President)) +
+   geom_col(show.legend=FALSE) +
+   facet_wrap(~ President, ncol=2, scales="free") +
+   scale_x_reordered() +
+   coord_flip() +
+   labs(x=NULL, y="Term Frequency (proportion)",
+        title="American President's Inaugural Address") +
+   theme(plot.title=element_text(face="bold"))
```

7.3 감성분석

분석기법 이해

감성분석(sentiment analysis)은 텍스트에 내재되어 있는 감정적 상태나 주관적 평가를 식별하고, 추출하고, 계량화하는 텍스트분석 기법이다. 텍스트(제품/서비스 리뷰, 정치인 연설, 금융뉴스, 소셜미디어 포스트 등)와 그 내용에 영향을 미칠 것으로 생각되는 변수(제품/서비스 평가, 정치적 성향, 주가, 감정상태 등) 간의 관계를 분석하는 것은 텍스트분석의 중요한 응용분야 중의 하나이다. 텍스트에 영향을 미치는 이러한 변수를 텍스트분석에서는 포괄적으로 감성(sentiment)이라고 부른다.[28] 감성분석은 때로는 오피니언마이닝(opinion mining)이라고 불리기도 한다. 텍스트의 양이 많다 하더라도 일반적으로 그 가운데 일부만이 텍스트와 관련된 감성정보를 포함한다. 대부분의 텍스트는 그 자체만으로는 어떤 감성상태인지 알 수 없다. 만약 감성정보를 포함하고 있는 텍스트를 바탕으로 텍스트와 감성 간의 관계를 파악할 수 있다면 이를 이용하여 새로운 텍스트의 감성상태를 예측할 수 있을 것이고 이는 실무적으로 매우 유용할 수 있다. 예를 들어,

---

28) 텍스트마이닝에서는 'sentiment'라는 단어를 감성 또는 감정으로 번역한다. 따라서 'sentiment analysis'는 연구자에 따라 감성분석 또는 감정분석으로 번역하여 사용한다. 두 용어에 대한 일치된 견해는 없으며 감성분석과 감정분석은 일반적으로 모두 같은 의미로 사용된다.

영화에 대한 댓글만으로 영화에 대한 관객의 평가를 예상해 보는 것이 가능하다.

우리는 텍스트를 접할 때 일반적으로 단어가 갖고 있는 감정적 의도에 대한 이해를 바탕으로 텍스트가 긍정적(positive)인지 또는 부정적(negative)인지 추론한다. 예를 들어, 'happy'가 포함된 텍스트는 긍정적이라고 생각하고, 'sad'가 사용된 텍스트는 부정적이라고 평가한다. 또는 텍스트를 단순히 이분법적으로 긍정 또는 부정으로만 평가하는 것을 넘어 놀람, 분노, 즐거움 등과 같은 좀 더 복잡한 감정상태로 평가하기도 한다.

감성분석은 기본적으로 이처럼 텍스트에 포함된 개별 단어를 바탕으로 수행된다. 텍스트를 단어의 집합으로 간주하고, 전체 텍스트의 감성상태를 개별 단어의 감성상태의 합으로 나타낸다. 이러한 접근법을 바탕으로 가장 간단하고 빈번히 사용되는 방법은 텍스트에 포함된 단어를 감성어휘사전(sentiment lexicon dictionary)을 이용하여 긍정 단어와 부정 단어로 분류하고 출현 빈도를 비교하거나, 각 단어의 감성점수(sentiment score)를 합산하고 평균하여 전체 텍스트의 긍정적 또는 부정적 감성상태를 평가 또는 범주화하는 것이다. 따라서 감성분석을 위해서는 먼저 분석에 사용할 감성어휘사전을 선택해야 한다.

`tidytext` 패키지는 `get_sentiments()` 함수를 통해 사용 빈도가 높은 네 가지 감성어휘사전(Bing, AFINN, NRC, Loughran)을 제공한다. Bing은 감성어휘를 긍정과 부정으로 분류한다. 반면에 AFINN은 감성어휘를 −5점에서 +5점의 범위를 갖는 점수로 표현한다. 음수는 부정적 어휘를 나타내며 양수는 긍정적 어휘를 의미한다. NRC는 긍정 및 부정의 감정뿐만 아니라 분노, 공포, 기쁨 등을 포함한 모두 10개의 감성상태를 제공한다(positive, negative, anger, anticipation, disgust, fear, joy, sadness, surprise, trust). Loughran은 감성어휘를 긍정 및 부정과 함께 추가로 네 가지 감성상태(constraining, litigious, superfluous, uncertainty)로 분류한다. Loughran은 금융 분야의 텍스트에 보다 적합한 것으로 알려져 있다.

Bing 감성어휘사전은 `sentiments` 데이터셋에 직접 접근하여 이용할 수 있다. 또한 Bing을 포함한 네 개의 감성어휘사전은 `get_sentiments()` 함수의 `lexicon` 인수에 감성어휘사전의 이름(bing, afinn, nrc, loughran)을 지정하여 추출할 수 있다.[29)]

29) Bing을 제외한 나머지 감성어휘사전은 `textdata` 패키지에 포함된 감성어휘사전 함수를 통해 다운로드된다. 따라서 `textdata` 패키지가 사전에 설치되어 있어야 한다.

```
> library(tidytext)
> sentiments
# A tibble: 6,786 x 2
   word        sentiment
   <chr>       <chr>
 1 2-faces     negative
 2 abnormal    negative
 3 abolish     negative
…(중략)
 8 abort       negative
 9 aborted     negative
10 aborts      negative
# ... with 6,776 more rows
> get_sentiments(lexicon="afinn")
# A tibble: 2,477 x 2
   word       value
   <chr>      <dbl>
 1 abandon       -2
 2 abandoned     -2
 3 abandons      -2
…(중략)
 8 abhorred      -3
 9 abhorrent     -3
10 abhors        -3
# ... with 2,467 more rows
> get_sentiments(lexicon="nrc")
# A tibble: 13,875 x 2
   word          sentiment
   <chr>         <chr>
 1 abacus        trust
 2 abandon       fear
 3 abandon       negative
…(중략)
 8 abandoned     sadness
 9 abandonment   anger
10 abandonment   fear
# ... with 13,865 more rows
```

```
> get_sentiments(lexicon="loughran")
# A tibble: 2,493 x 2
   word          sentiment
   <chr>         <chr>
 1 abandon       negative
 2 abandoned     negative
 3 abandoning    negative
…(중략)
 8 abdicates     negative
 9 abdicating    negative
10 abdication    negative
# ... with 2,483 more rows
```

사례: 트윗

트위터(Twitter) 데이터를 이용하여 감성분석을 수행해보자. 사용할 데이터셋은 뉴스 서비스 회사들의 건강 관련 뉴스 트윗(tweet)으로서 UCI Machine Learning Repository 웹사이트에 공개되어 있다(https://archive.ics.uci.edu/ml/datasets/Health+News+in+Twitter). 모두 16개의 트위터 데이터가 뉴스 서비스 회사별로 각각 별도의 텍스트 파일로 저장되어 있다. 예를 들어, 다음은 BBC의 트윗 데이터이다. 식별자, 시간, 트윗 등 세 개의 정보가 포함되어 있으며, 각 정보는 |로 구분되어 있다.

<bbchealth.txt 파일>

```
585978391360221184|Thu Apr 09 01:31:50 +0000 2015|Breast cancer risk test devised http://bbc.in/1CimpJF
585947808772960257|Wed Apr 08 23:30:18 +0000 2015|GP workload harming care - BMA poll http://bbc.in/1ChTBRv
585947807816650752|Wed Apr 08 23:30:18 +0000 2015|Short people's 'heart risk greater' http://bbc.in/1ChTANp
585866060991078401|Wed Apr 08 18:05:28 +0000 2015|New approach against HIV 'promising' http://bbc.in/1E6jAjt
585794106170839041|Wed Apr 08 13:19:33 +0000 2015|Coalition 'undermined NHS' - doctors http://bbc.in/1CnLwK7
585733482413891584|Wed Apr 08 09:18:39 +0000 2015|Review of case against NHS manager http://bbc.in/1Ffj6ci
```

먼저 다음과 같이 웹사이트로부터 텍스트 데이터를 다운로드한 후 전처리 과정을 거쳐 데이터프레임(티블) 형식으로 저장한다.

```
> library(dplyr)
> library(tibble)
> library(purrr)
> library(readr)
> library(lubridate)
> url <- "https://archive.ics.uci.edu/ml/machine-learning-databases/00438/Health-News-Tweets.zip"
> local.copy <- tempfile()
> download.file(url, destfile=local.copy, mode="wb")
> Sys.setlocale("LC_TIME", "English")
[1] "English_United States.1252"
> health.twitter <-
+   map(unzip(zipfile=local.copy,
+             files=c("Health-Tweets/bbchealth.txt",
+                     "Health-Tweets/cnnhealth.txt",
+                     "Health-Tweets/foxnewshealth.txt",
+                     "Health-Tweets/NBChealth.txt")),
+       read_delim, delim="|", quote="",
+       col_types=list(col_character(), col_character(), col_character()),
+       col_names=c("id", "datetime", "tweet")) %>%
+   map2(c("bbc", "cnn", "foxnews", "nbc"), ~cbind(.x, source=.y)) %>%
+   reduce(bind_rows) %>%
+   as_tibble() %>%
+   mutate(datetime=ymd_hms(strptime(datetime, "%a %b %d %H:%M:%S +0000 %Y")))
> unlink(local.copy)
> Sys.setlocale()
[1] LC_COLLATE=Korean_Korea.utf8;LC_CTYPE=Korean_Korea.utf8;LC_MONETARY=Korean_Korea.utf8;LC_NUMERIC
=C;LC_TIME=Korean_Korea.utf8"
```

우선 웹사이트에 링크된 파일을 다운로드한다(download.file()).[30] 다운로드한 압축파일로부터 BBC, CNN, Fox News, NBC 등 네 회사의 트윗 텍스트 파일을 읽어들여 차례대로 데이터프레임 형식으로 저장한다(map(), unzip(), read_delim()). 결과는 네 개의 원소를 갖는

30) 다운로드한 파일을 일시적으로만 사용하려고 할 때는 여기에서처럼 tempfile() 함수를 이용하여 다운로드용의 임시 파일을 생성하고 작업을 마친 후에는 unlink() 함수를 이용하여 임시로 생성한 파일을 삭제한다. 다운로드한 파일을 이후에도 반복 사용하려면 download.file() 함수의 destfile 인수에 사용할 파일 이름을 지정한다.

리스트 형식으로 출력되며, 리스트의 각 원소에는 네 회사 각각의 트윗 데이터가 데이터프레임 형식으로 저장된다.31) 그런 다음 각 데이터프레임에 뉴스의 출처를 나타내는 회사명을 추가한다(map2()).32) 이어서 차례대로 행의 방향으로 결합하여 하나의 데이터프레임으로 변환한다(reduce(), bind_rows()).33) 끝으로 날짜 및 시간을 다루기 용이하도록 문자로 표현된 날짜 및 시간을 날짜/시간 클래스의 객체(POSIXct 클래스)로 변환한다(ymd_hms(), strptime()). 웹상의 텍스트 데이터는 다음과 같이 네 개의 열을 갖는 데이터프레임으로 변환된다.

```
> health.twitter
# A tibble: 14,205 x 4
   id             datetime            tweet                                    source
   <chr>          <dttm>              <chr>                                    <chr>
 1 585978391360~  2015-04-09 01:31:50 Breast cancer risk test devised http://b… bbc
 2 585947808772~  2015-04-08 23:30:18 GP workload harming care - BMA poll http… bbc
 3 585947807816~  2015-04-08 23:30:18 Short people's 'heart risk greater' http… bbc
…(중략)
 8 585701601131~  2015-04-08 07:11:58 VIDEO: 'Overhaul needed' for end-of-life… bbc
 9 585620828110~  2015-04-08 01:51:00 Care for dying 'needs overhaul' http://b… bbc
10 585437294120~  2015-04-07 13:41:42 VIDEO: NHS: Labour and Tory key policies… bbc
# ... with 14,195 more rows
```

---

31) map() 함수는 첫 번째 인수에 지정된 데이터의 각 원소에 두 번째 인수에 지정된 함수를 적용하여 전체 결과를 모아서 리스트 형식으로 반환한다. 두 번째 인수에 지정된 함수에서 사용하는 인수는 세 번째 이후 인수에 지정한다. 여기에서는 우선 unzip() 함수에 의해 압축이 풀린 네 개 파일의 저장 경로를 read_delim() 함수로 전달한다. 그러면 read_delim() 함수는 저장 경로로부터 텍스트 파일을 읽어들여 데이터프레임을 생성한다. 이렇게 생성된 네 개의 데이터프레임은 모두 합쳐져서 하나의 리스트 형식으로 반환된다.

32) map2() 함수는 첫 번째와 두 번째 인수에 지정된 데이터를 세 번째 인수에 지정된 함수로 전달하여 각 입력값을 주어진 함수에 의해 반복적으로 처리한다. 여기에서는 앞서 생성한 네 개의 회사별 데이터프레임과 네 개의 회사명을 차례대로 cbind() 함수로 전달하고 반복 적용하여 네 개의 회사별 데이터프레임에 회사명을 나타내는 source 열을 추가한다.

33) reduce() 함수는 첫 번째 인수로 주어진 데이터의 원소쌍에 대해 두 번째 인수로 주어진 함수를 반복 적용하여 하나의 데이터값으로 만들어준다. 여기에서는 리스트 구조의 각 원소에 저장된 회사별 트윗 데이터프레임을 차례대로 bind_rows() 함수에 의해 결합하여 하나의 데이터프레임을 생성한다. map() 함수, map2() 함수, reduce() 함수는 모두 purrr 패키지에 포함되어 있으며 곽기영 교수의 유튜브 채널에서 이 함수들에 대한 동영상 강의를 시청할 수 있다(https://www.youtube.com/곽기영).

이제 이 데이터셋을 바탕으로 여러 가지 분석을 수행할 수 있다. 예를 들어, 트윗 개수를 뉴스 서비스 회사별로 살펴보면 다음과 같다.

```
> health.twitter %>%
+   count(source)
# A tibble: 4 x 2
  source      n
  <chr>   <int>
1 bbc      3929
2 cnn      4061
3 foxnews  2000
4 nbc      4215
```

트윗 메시지에 대한 감성분석을 수행해보자. 이를 위해 먼저 트윗 텍스트로부터 단어를 추출하여 다음과 같이 한 행에 한 단어씩 배치되는 타이디-텍스트 형식으로 변환한다.

```
> library(tidytext)
> library(stringr)
> health.words <- health.twitter %>%
+   select(-id) %>%
+   mutate(tweet=str_replace_all(tweet, pattern="(f|ht)tp\\S+\\s*", replacement="")) %>%
+   mutate(tweet=str_replace_all(tweet, pattern="\\d+", replacement="")) %>%
+   mutate(tweet=str_replace_all(tweet, pattern="\\bRT", replacement="")) %>%
+   mutate(tweet=str_replace_all(tweet, pattern="@\\S+", replacement="")) %>%
+   mutate(tweet=str_replace_all(tweet, pattern="&amp", replacement="")) %>%
+   unnest_tokens(word, tweet)
> health.words
# A tibble: 124,559 x 3
   datetime            source word
   <dttm>              <chr>  <chr>
 1 2015-04-09 01:31:50 bbc    breast
 2 2015-04-09 01:31:50 bbc    cancer
 3 2015-04-09 01:31:50 bbc    risk
…(중략)
```

```
 8 2015-04-08 23:30:18 bbc     harming
 9 2015-04-08 23:30:18 bbc     care
10 2015-04-08 23:30:18 bbc     bma
# ... with 124,549 more rows
```

unnest_tokens() 함수를 이용하여 텍스트를 토큰화하기 전에 데이터전처리 작업을 수행한다. 여기에서는 우선 분석에 불필요한 id 열을 제거한다. 이어서 텍스트에 포함된 URL, 숫자, 리트윗(retweet, RT), 멘션(mention, @), 앰퍼샌드(ampersand, &) 등을 제거한다.

트윗의 감성상태에 전체적으로 가장 많은 영향을 미치는 단어들을 찾아보자. 즉 출현 빈도가 큰 긍정 단어와 부정 단어를 추출한다. 앞서 생성한 타이디-텍스트 데이터셋을 이용하여 다음과 같이 출현 빈도가 상위 10위 안에 드는 긍정 단어와 부정 단어를 추출한다.

```
> health.sentiment <- health.words %>%
+   inner_join(get_sentiments("bing"), by="word") %>%
+   count(word, sentiment, sort=TRUE) %>%
+   group_by(sentiment) %>%
+   slice_max(order_by=n, n=10) %>%
+   ungroup() %>%
+   mutate(nsign=ifelse(sentiment=="negative", -n, n))
> health.sentiment
# A tibble: 20 x 4
   word     sentiment     n  nsign
   <chr>    <chr>     <int>  <int>
 1 cancer   negative    701   -701
 2 risk     negative    317   -317
 3 death    negative    193   -193
…(중략)
18 free     positive     95     95
19 love     positive     90     90
20 best     positive     87     87
```

긍정 단어와 부정 단어를 식별하기 위하여 데이터셋을 감성어휘사전(여기에서는 Bing)과 결합한다(inner_join()). 그런 다음 긍정 단어와 부정 단어의 출현 빈도를 산출하고(count()),

[그림 7-9] **건강뉴스 트윗.** 트윗에 가장 많이 등장하는 긍정 단어와 부정 단어는 각각 work와 cancer이다.

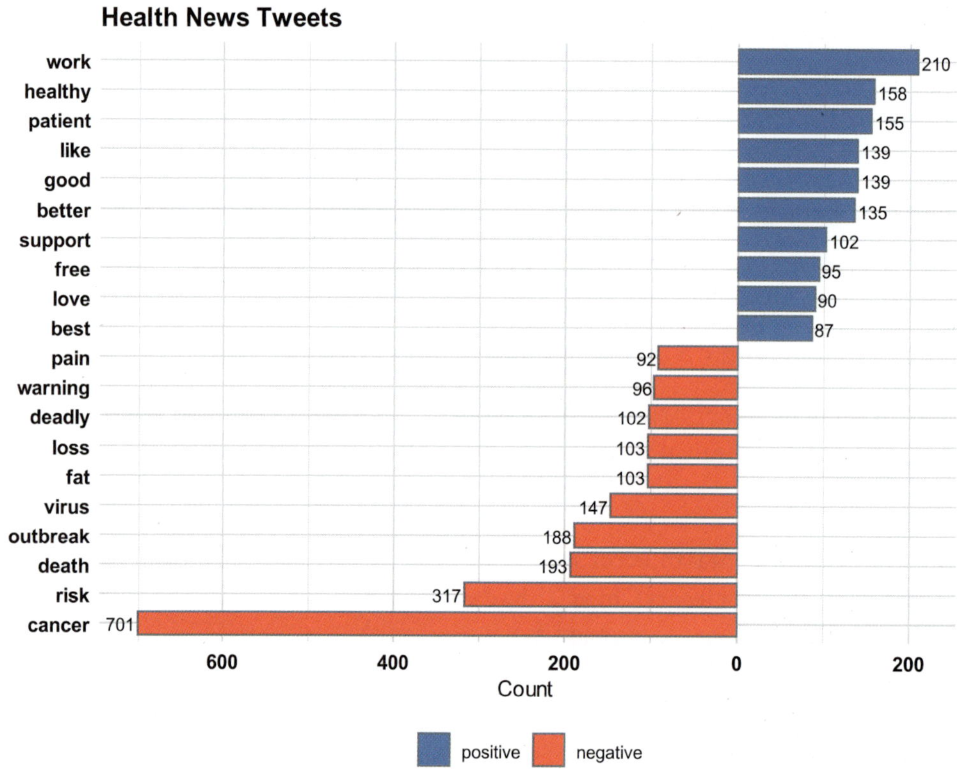

출현 빈도순으로 상위 10위 내에 속하는 긍정 단어와 부정 단어를 추출한다(group_by(), slice_max()). 긍정 단어와 부정 단어를 하나의 그래프상에 효과적으로 나타내기 위한 별도의 열(nsign)을 생성하여 부정 단어의 경우 출현 횟수를 음수로 변환하여 저장한다(mutate(), ifelse()).

이렇게 추출한 긍정 단어와 부정 단어 데이터셋을 이용하여 각 단어의 출현 빈도를 다음과 같이 그래프로 그릴 수 있다. 생성된 그래프는 [그림 7-9]와 같다.

```
> library(ggplot2)
> library(scales)
> ggplot(health.sentiment,
+        aes(x=reorder(word, nsign), y=nsign,
+            fill=factor(sentiment, levels=c("positive", "negative")))) +
```

```
+   geom_col(color="lightslategray", width=0.8) +
+   geom_text(aes(label=n), size=3, color="black",
+             hjust=ifelse(health.sentiment$nsign < 0, 1.1, -0.1)) +
+   scale_fill_manual(values=c("cornflowerblue", "tomato")) +
+   scale_y_continuous(breaks=pretty(health.sentiment$nsign),
+                      labels=abs(pretty(health.sentiment$nsign))) +
+   coord_flip() +
+   labs(x=NULL, y="Count",
+        title="Health News Tweets") +
+   theme_minimal() +
+   theme(legend.position="bottom",
+         legend.title=element_blank(),
+         plot.title=element_text(face="bold"),
+         axis.text=element_text(face="bold", size=10))
```

그런데 건강 관련 텍스트라는 것을 감안할 때 출현 빈도 상위 10개 단어 가운데는 긍정 및 부정의 의미라고 보기에는 적절하지 않은 것이 있다. 예를 들어, 긍정 단어에 포함된 patient와 부정 단어로 선정된 cancer, virus가 일반적인 문장에서 사용된다면 긍정적 감정상태와 부정적 감정상태를 반영하는 단어로 보아도 무방하지만 여기와 같은 건강 관련 글에서는 환자, 암, 바이러스라는 의료와 관련된 용어로 보는 것이 더 타당하다.[34] 따라서 이 단어들은 분석에서 제외하는 것이 바람직할 것이다. 다음과 같이 이 단어들을 제외하고 다시 상위 10개의 긍정 단어와 부정 단어를 추출한 후 그래프로 그린다. 생성된 그래프는 [그림 7-10]과 같다.

```
> health.sentiment <- health.words %>%
+   inner_join(get_sentiments("bing"), by="word") %>%
+   filter(!(word %in% c("patient", "cancer", "virus"))) %>%
+   count(word, sentiment, sort=TRUE) %>%
+   group_by(sentiment) %>%
+   slice_max(order_by=n, n=10) %>%
+   ungroup() %>%
+   mutate(nsign=ifelse(sentiment=="negative", -n, n))
```

34) 물론 이것은 한 의견일 뿐이다. 분석 목적과 관점에 따라서는 다르게 생각할 수도 있다.

```
> library(ggplot2)
> ggplot(health.sentiment,
+        aes(x=reorder(word, n), y=n,
+            fill=factor(sentiment, levels=c("positive", "negative")))) +
+   geom_col(color="lightslategray", width=0.6, show.legend=FALSE) +
+   geom_text(aes(label=n), size=3, color="black", hjust=1.2) +
+   scale_fill_manual(values=c("lightsteelblue1", "lightsalmon1")) +
+   facet_wrap(~ factor(sentiment, levels=c("positive", "negative")),
+              ncol=2, scales="free") +
+   coord_flip() +
+   labs(x=NULL, y="Count",
+        title="Health News Tweets") +
+   theme_light() +
+   theme(plot.title=element_text(face="bold"),
+         axis.line=element_line(color="gray"),
+         axis.text=element_text(face="bold", size=10))
```

[그림 7-10] **건강뉴스 트윗.** 트윗에 가장 많이 등장하는 긍정 단어와 부정 단어는 각각 work와 risk이다. 부적절한 단어 제거 후 safe, dies, lost가 추가되었다.

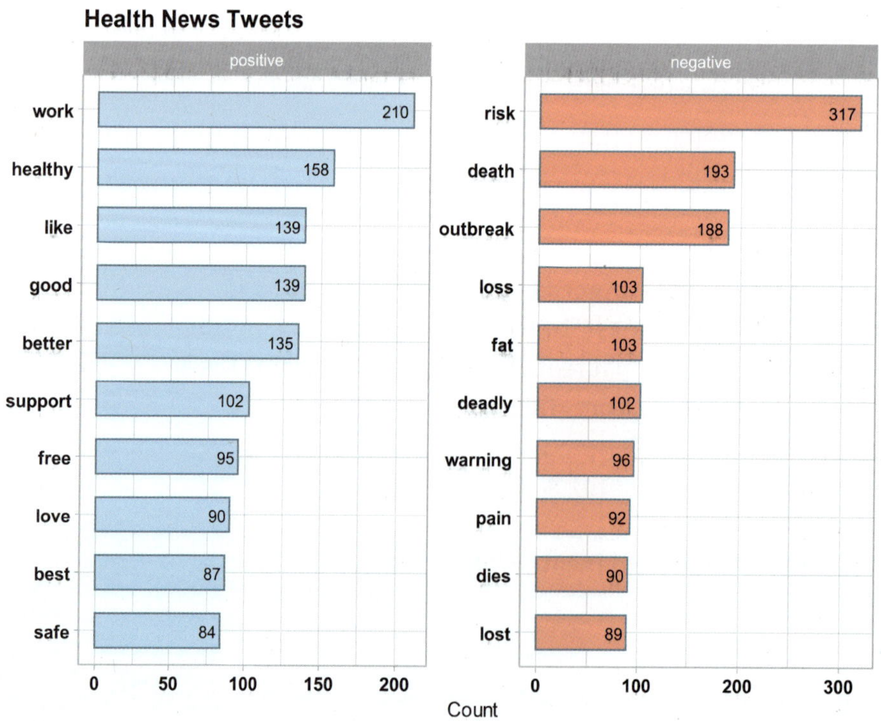

[그림 7-11]과 같이 긍정 단어와 부정 단어의 분포를 하나의 워드클라우드상에 나타내 비교해볼 수도 있다. 다음과 같이 wordcloud 패키지의 comparison.cloud() 함수를 이용한다.

```
> library(wordcloud)
> library(reshape2)
> set.seed(123)
> health.words %>%
+   inner_join(get_sentiments("bing"), by="word") %>%
+   filter(!(word %in% c("patient", "cancer", "virus"))) %>%
+   count(word, sentiment, sort=TRUE) %>%
+   ungroup() %>%
+   acast(formula=word ~ sentiment, value.var="n", fill=0) %>%
+   comparison.cloud(colors=c("tomato", "cornflowerblue"), title.size=2,
+                    title.colors=c("red","blue"), title.bg.colors=c("wheat"),
+                    scale=c(4, 0.3), max.words=200, match.colors=TRUE)
```

[그림 7-11] **건강뉴스 트윗.** 긍정 단어와 부정 단어의 출현 빈도 분포를 워드클라우드를 이용하여 살펴볼 수 있다.

comparison.cloud() 함수를 이용하여 단어의 출현 빈도를 범주별로 구분하여 워드클라우드상에 나타내기 위해서는 행과 열에 각각 단어와 범주가 배치되고 셀값은 빈도인 행렬 형식의 데이터셋을 입력으로 제공해야 한다. reshape2 패키지의 acast() 함수를 이용하여 이러한 변환작업을 손쉽게 할 수 있다. 행과 열에 위치할 변수를 포뮬러 형식으로 지정한다(여기에서는 formula=word ~ sentiment). value.var 인수에는 셀값으로 사용할 열의 이름을 지정한다(여기에서는 count() 함수 실행 후 생성된 출현 빈도 합산 열 n). 대응되는 셀값이 없으면 fill 인수에 지정된 값이 사용된다. 많이 등장하는 단어는 워드클라우드상에서 더 크게 표현되나, 그 크기는 각 범주 내에서의 출현 빈도에 비례하여 결정된다. 범주 간에 단어의 크기를 비교하는 것은 무의미하다.

뉴스 서비스 회사별로 많이 사용한 상위 10개의 긍정 단어와 부정 단어는 다음과 같이 그래프로 나타낼 수 있다. 생성된 그래프는 [그림 7-12]와 같다. 일부 중복되는 단어가 있기는 하지만 회사별로 많이 사용하는 단어에 있어서 차이가 있다는 것을 알 수 있다.

```
> health.sentiment <- health.words %>%
+   inner_join(get_sentiments("bing"), by="word") %>%
+   filter(!(word  %in% c("patient", "cancer", "virus"))) %>%
+   count(word, sentiment, source, sort=TRUE) %>%
+   ungroup() %>%
+   group_by(source, sentiment) %>%
+   slice_max(order_by=n, n=10) %>%
+   ungroup()
> health.sentiment
# A tibble: 86 x 4
   word    sentiment source     n
   <chr>   <chr>     <chr>  <int>
 1 risk    negative  bbc       89
 2 death   negative  bbc       72
 3 warning negative  bbc       54
…(중략)
 8 fat     negative  bbc       22
 9 poor    negative  bbc       22
10 strike  negative  bbc       22
# ... with 76 more rows
```

[그림 7-12] **건강뉴스 트윗.** 뉴스 서비스 회사별로 많이 사용한 긍정 단어와 부정 단어 분포를 살펴볼 수 있다.

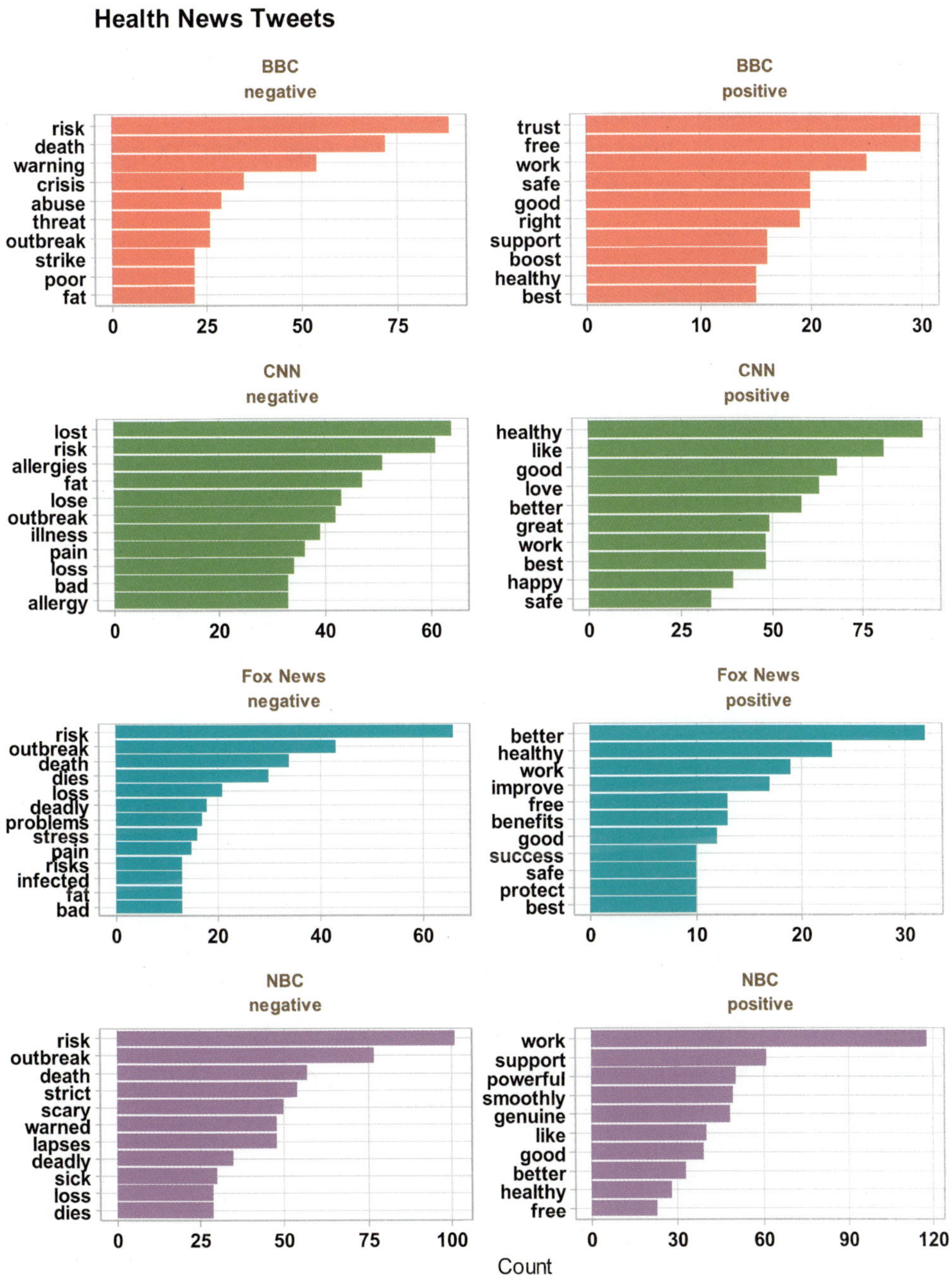

```
> library(ggplot2)
> ggplot(health.sentiment,
+        aes(reorder_within(x=word, by=n, within=source), n, fill=source)) +
+   geom_col(show.legend=FALSE) +
+   facet_wrap(~ factor(source,
+                       labels=c("BBC", "CNN", "Fox News", "NBC")) + sentiment,
+              ncol=2, scales="free") +
+   scale_x_reordered() +
+   coord_flip() +
+   labs(x=NULL, y="Count",
+        title="Health News Tweets") +
+   theme_light() +
+   theme(strip.background=element_blank(),
+         strip.text=element_text(color="goldenrod4", face="bold"),
+         plot.title=element_text(face="bold"),
+         axis.line=element_line(color="gray"),
+         axis.text=element_text(face="bold", size=10),
+         panel.grid.minor=element_blank())
```

데이터셋에 시간이 포함되어 있으면 시간의 흐름에 따른 다양한 추이분석을 수행할 수 있다. 예를 들어, 다음과 같이 긍정 단어와 부정 단어의 출현 빈도가 시간이 흘러감에 따라 어떻게 변화하는지 살펴볼 수 있다.

```
> library(lubridate)
> health.sentiment <- health.words %>%
+   inner_join(get_sentiments("bing"), by="word") %>%
+   filter(!(word %in% c("patient", "cancer", "virus"))) %>%
+   mutate(time=floor_date(x=datetime, unit="month")) %>%
+   count(sentiment, time) %>%
+   group_by(sentiment) %>%
+   slice(2:(n()-1)) %>%
+   ungroup()
```

```
> health.sentiment
# A tibble: 62 x 3
   sentiment time                    n
   <chr>     <dttm>              <int>
 1 negative  2012-09-01 00:00:00    86
 2 negative  2012-10-01 00:00:00    94
 3 negative  2012-11-01 00:00:00    54
…(중략)
 8 negative  2013-04-01 00:00:00   197
 9 negative  2013-05-01 00:00:00   212
10 negative  2013-06-01 00:00:00   176
# ... with 52 more rows
```

이러한 시계열분석을 위해서는 먼저 데이터를 집계해서 보여줄 시계열 구간 단위를 결정해야 한다. 여기에서는 월 단위로 긍정 단어와 부정 단어의 출현 빈도를 집계한다. `lubridate` 패키지의 `floor_date()` 함수는 `x` 인수에 주어진 일자 정보를 `unit` 인수에 지정된 구간 단위로 변환한다(가까운 시간 단위로 내림). 여기에서는 월 단위로 변환하기 때문에 주어진 일자는 해당 월의 1일로 변환된다. 시간 구간에 집계된 단어 개수의 왜곡을 방지하기 위하여 각 감성상태 범주별로 처음과 마지막 한 개의 구간은 제외한다(`slice(2:(n()-1))`).

이제 이렇게 생성한 데이터셋을 이용하여 다음과 같이 감성상태별 시계열 그래프를 그릴 수 있다. 생성된 그래프는 [그림 7-13]과 같다. 시간대별로 긍정 단어와 부정 단어 출현 빈도의 추이를 시각적으로 비교해볼 수 있다. 출현 빈도의 패턴은 긍정 단어와 부정 단어 모두 비슷하나 전반적으로 부정 단어가 긍정 단어에 비해 더 많다

```
> Sys.setlocale("LC_TIME", "English")
[1] "English_United States.1252"
> library(ggplot2)
> ggplot(health.sentiment, aes(x=time, y=n, fill=sentiment, color=sentiment)) +
+   geom_area(position="identity", alpha=0.3) +
+   geom_line(size=1.5) +
+   scale_fill_manual(labels=c("Negative", "Positive"),
+                     values=c("orangered", "deepskyblue2")) +
```

```
+   scale_color_manual(labels=c("Negative", "Positive"),
+                      values=c("orangered", "deepskyblue2")) +
+   scale_x_datetime(date_labels="%b %Y", date_breaks="6 months") +
+   labs(x=NULL, y="Count",
+        title="Health News Tweets") +
+   theme_minimal() +
+   theme(plot.title=element_text(face="bold"),
+         axis.text=element_text(face="bold"),
+         legend.position="bottom",
+         legend.title=element_blank())
> Sys.setlocale()
[1] "LC_COLLATE=Korean_Korea.utf8;LC_CTYPE=Korean_Korea.utf8;LC_MONETARY=Korean_Korea.
utf8;LC_NUMERIC=C;LC_TIME=Korean_Korea.utf8"
```

[그림 7-13] **건강뉴스 트윗.** 전반적으로 부정 단어가 긍정 단어보다 출현 빈도가 더 높다.

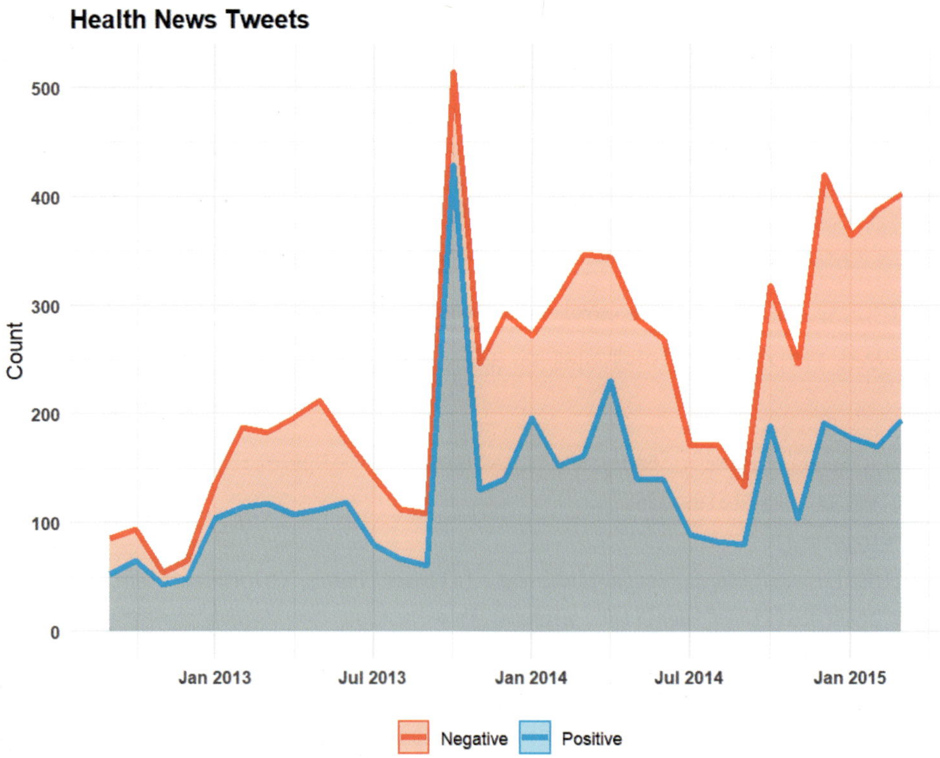

시간의 흐름에 따른 긍정 단어와 부정 단어의 출현 빈도를 뉴스 서비스 회사별로 다음과 같이 그려볼 수 있다. 생성된 그래프는 [그림 7-14]와 같다.

```
> Sys.setlocale("LC_TIME", "English")
[1] "English_United States.1252"
> library(ggplot2)
> health.words %>%
+   inner_join(get_sentiments("bing"), by="word") %>%
+   filter(!(word  %in% c("patient", "cancer", "virus"))) %>%
+   mutate(time=floor_date(datetime, unit="month")) %>%
+   count(source, sentiment, time) %>%
+   group_by(source, sentiment) %>%
+   slice(2:(n()-1)) %>%
+   ungroup() %>%
+   ggplot(aes(x=time, y=n, fill=sentiment, color=sentiment)) +
+   geom_area(position="identity", alpha=0.3) +
+   geom_line(size=1.5) +
+   facet_wrap(~ factor(source,
+                       labels=c("BBC", "CNN", "Fox News", "NBC")),
+              nrow=4, scales="free") +
+   scale_fill_manual(labels=c("Negative", "Positive"),
+                     values=c("coral", "cornflowerblue")) +
+   scale_color_manual(labels=c("Negative", "Positive"),
+                      values=c("coral", "cornflowerblue")) +
+   scale_x_datetime(date_labels="%b %Y", date_breaks="2 months") +
+   labs(x=NULL, y="Count",
+        title="Health News Tweets") +
+   theme(plot.title=element_text(face="bold"),
+         axis.text.x=element_text(size=8),
+         legend.position="bottom",
+         legend.title=element_blank())
> Sys.setlocale()
[1] "LC_COLLATE=Korean_Korea.utf8;LC_CTYPE=Korean_Korea.utf8;LC_MONETARY=Korean_Korea.
utf8;LC_NUMERIC=C;LC_TIME=Korean_Korea.utf8"
```

[그림 7-14] **건강뉴스 트윗.** 뉴스 서비스 회사별로 긍정 단어와 부정 단어의 출현 빈도의 추이를 볼 수 있다.

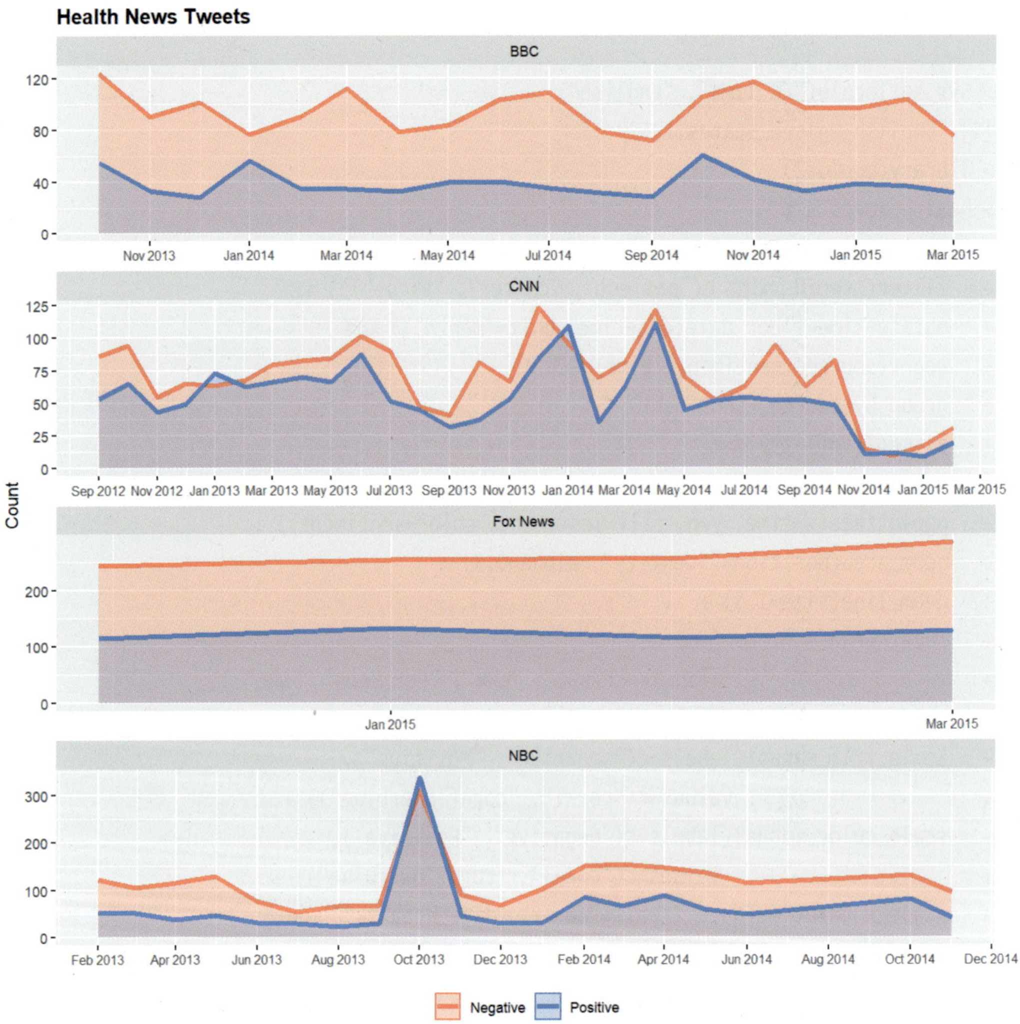

7.4 분류분석

분석기법 이해

문서분류(document classification) 또는 텍스트분류(text classification)는 텍스트분석의 중요한 응용분야 중의 하나이다. 최근 디지털화된 텍스트 데이터(예를 들어, 뉴스 기사, 소셜미디어 포스트, 블로그 게시글, 기업 내 업무용 문서 등)의 급격한 증가로 인해 자동화된 문서분류는 텍스트 기반의 업무 환경에서 점차 그 중요성이 커지고 있다.

문서분류는 범주가 정해진 문서들을 바탕으로 범주를 예측하는 모델을 개발한 후 이 예측 모델을 이용하여 새로운 문서를 정해진 범주 가운데 하나로 분류한다. 머신러닝을 기반으로 한 다양한 분류분석 기법(예를 들면, 나이브베이즈, SVM 등)을 텍스트 데이터에 적용할 수 있다. 그러나 텍스트마이닝에서의 문서분류는 전통적인 데이터마이닝에서의 분류문제와는 몇 가지 다른 측면이 있다. 첫째, 텍스트 데이터는 본질적으로 전통적인 데이터마이닝에서 사용하는 데이터에 비해 덜 구조적이다. 이러한 텍스트 데이터의 비정형성은 문서분류를 위한 추가 데이터전처리 과정을 필요로 한다. 둘째, 문서분류모델의 구축을 위해 투입되는 훈련 데이터는 문서(즉 케이스)와 특성(feature, 즉 예측변수를 의미하며 일반적으로 텍스트로부터 추출된 단어)의 개수가 일반적인 데이터마이닝의 경우에 비해 대부분 매우 많다. 이로 인해 경우에 따라서는 큰 저장 공간과 빠른 컴퓨팅 자원이 요구될 수 있다. 또한 지나치게 많은 특성은 성능에 영향을 미칠 수 있기 때문에 특성선택(feature selection) 과정을 통해 특성의 개수를 축소하는 과정이 필요할 수도 있다. 셋째, 예측해야 할 범주의 개수가 일반적인 데이터마이닝 분류문제에 비해 많다. 문서분류문제는 많게는 수백 개에 이르는 범주를 다루기도 한다.

문서분류는 사전에 정의된 범주를 이용하여 문서 내용에 가장 부합하는 범주를 각 문서에 할당하는(labeling, tagging) 작업이다. 문서분류 작업은 전통적으로 사람이 수작업으로 처리해왔다. 그러나 문서의 양이 많으면 이러한 작업은 오랜 시간이 걸리고 정확도가 떨어질 뿐만 아니라 비효율적이다. 머신러닝 기법으로 분류작업을 자동화함으로써 더 빠르고 비용 대비 효율적이며 더 정확한 업무 처리가 가능해진다. 예를 들어, 자동화된 문서분류는 다음과 같은 업무를 처리하는 데 도움을 줄 수 있다.

- 텍스트를 자동으로 분류하여 담당 부서로 전달한다. 예를 들어, 근로자 상담 게시판에

올라온 어떤 질문이 '산업재해' 카테고리로 분류되면 해당 게시글은 산업재해 담당부서의 담당자에게 자동으로 전달된다.

- 텍스트의 장르나 토픽을 자동으로 식별하여 맞춤형 추천시스템에 활용할 수 있다. 예를 들어, 뉴스 기사의 토픽을 분석하여 해당 주제에 관심 있어 할 만한 구독자에게 실시간으로 제공할 수 있다.
- 텍스트에 포함된 중요한 정보를 모니터링하는 데 이용할 수 있다. 예를 들어, 제품이나 서비스에 대한 문제, 소셜미디어상에서의 부적절한 행위, 취약계층의 위기 상황 등을 사전에 감지할 수 있다.

사례: 스팸 필터링

여기에서는 핸드폰 문자 메시지 텍스트를 분석하여 스팸인 문자 메시지와 정상인 문자 메시지를 식별하는 스팸 필터링(spam filtering) 분류모델을 개발해보자. 문자 메시지에 포함된 단어를 추출하고, 이 단어들의 출현 빈도를 계산한 후, 이를 바탕으로 머신러닝의 다양한 분류분석 기법을 활용하여 스팸 메시지와 정상 메시지를 분류한다. 분류분석을 위한 기법으로서 여기에서는 이메일 스팸 필터링에 많이 사용되는 나이브베이즈분석 방법을 사용한다.

UCI Machine Learning Repository 웹사이트에 공개된 핸드폰 문자 데이터를 이용하여 분석을 수행한다(https://archive.ics.uci.edu/ml/datasets/SMS+Spam+Collection). 문자 메시지는 다음과 같은 형식으로 텍스트 파일로 저장되어 있다. 각 메시지의 맨 앞에 해당 메시지의 스팸 여부가 표시되어 있다. 스팸인 경우 spam이라고 적혀 있으며, 정상인 경우 ham이라고 기록되어 있다. 이어지는 문자 메시지는 탭키(\t)로 구분되어 있다.

<SMSSpamCollection 파일>

```
ham     Go until jurong point, crazy.. Available only in bugis n great world la e buffet... Cine there got amore wat...
ham     Ok lar... Joking wif u oni...
spam    Free entry in 2 a wkly comp to win FA Cup final tkts 21st May 2005.
        Text FA to 87121 to receive entry question(std txt rate)T&C's apply 08452810075over18's
ham     U dun say so early hor... U c already then say...
```

먼저 다음과 같이 웹사이트로부터 텍스트 데이터를 다운로드한 후 읽어들여 데이터프레임(티블) 형식으로 저장한다. 텍스트 파일에는 모두 5,574개의 문자 메시지가 포함되어 있다.

```
> library(readr)
> url <- "https://archive.ics.uci.edu/ml/machine-learning-databases/00228/smsspamcollection.zip"
> local.copy <- tempfile()
> download.file(url, local.copy, mode="wb")
> sms <-  read_delim(unzip(zipfile=local.copy, files="SMSSpamCollection"),
+                    delim="\t", quote="",
+                    col_types=cols("f", "c"),
+                    col_names=c("type", "text"))
> unlink(local.copy)
> sms
# A tibble: 5,574 x 2
   type  text
   <fct> <chr>
 1 ham   Go until jurong point, crazy.. Available only in bugis n great world la …
 2 ham   Ok lar... Joking wif u oni...
 3 spam  Free entry in 2 a wkly comp to win FA Cup final tkts 21st May 2005. Text…
…(중략)
 8 ham   As per your request 'Melle Melle (Oru Minnaminunginte Nurungu Vettam)' h…
 9 spam  WINNER!! As a valued network customer you have been selected to receivea…
10 spam  Had your mobile 11 months or more? U R entitled to Update to the latest …
# ... with 5,564 more rows
```

문자 메시지 데이터셋에는 747개의 스팸 문자 메시지와 4,827개의 정상 문자 메시지가 포함되어 있다. 스팸이 전체의 13.4%를 차지한다.

```
> table(sms$type)

 ham spam
4827  747
> prop.table(table(sms$type))

      ham      spam
0.8659849 0.1340151
```

이제 텍스트분석을 통해 스팸 문자와 정상 문자 간의 차이를 탐색해보자. 분석을 위해 다운로드받은 문자 메시지를 **tm** 패키지의 코퍼스(Corpus 클래스)로 변환한다.

```
> library(dplyr)
> library(tibble)
> library(tm)
> sms <- sms %>%
+   select(text, type) %>%
+   add_column(doc_id=1:nrow(.), .before=1) %>%
+   mutate(text=iconv(text, to="ascii", sub=""))
> sms
# A tibble: 5,574 x 3
   doc_id text                                                          type
    <int> <chr>                                                         <fct>
 1      1 Go until jurong point, crazy.. Available only in bugis n great wo… ham
 2      2 Ok lar... Joking wif u oni...                                  ham
 3      3 Free entry in 2 a wkly comp to win FA Cup final tkts 21st May 200… spam
…(중략)
 8      8 As per your request 'Melle Melle (Oru Minnaminunginte Nurungu Vet… ham
 9      9 WINNER!! As a valued network customer you have been selected to r… spam
10     10 Had your mobile 11 months or more? U R entitled to Update to the … spam
# ... with 5,564 more rows
> docs <- VCorpus(DataframeSource(sms))
> docs
<<VCorpus>>
Metadata:  corpus specific: 0, document level (indexed): 1
Content:  documents: 5574
```

데이터셋이 데이터프레임 형식이므로 DataframeSource() 함수로 읽어들인 후 코퍼스로 변환한다. DataframeSource() 함수를 이용하기 위해서는 데이터프레임의 첫 번째와 두 번째 열에 문서의 고유 ID와 텍스트가 저장되어야 하고 열 이름은 각각 doc_id와 text이어야 한다. 데이터프레임이 이러한 형식을 갖도록 열의 위치를 조정하고 새로운 열을 추가한다. 또한 정상적인 변환이 이루어지지 않아 종종 글자가 깨지는 비ASCII 문자(non-ASCII character)는 분석에 영향을 미칠 수 있으므로 텍스트로부터 제거한다(iconv(text, to="ascii", sub="")).

변환된 코퍼스의 일부를 살펴보면 다음과 같다.

```
> lapply(docs, content)[c(13, 16, 20)]
$`13`
[1] "URGENT! You have won a 1 week FREE membership in our 100,000 Prize Jackpot! Txt
the word: CLAIM to No: 81010 T&C www.dbuk.net LCCLTD POBOX 4403LDNW1A7RW18"

$`16`
[1] "XXXMobileMovieClub: To use your credit, click the WAP link in the next txt
message or click here>> http://wap. xxxmobilemovieclub.com?n=QJKGIGHJJGCBL"

$`20`
[1] "England v Macedonia - dont miss the goals/team news. Txt ur national team to
87077 eg ENGLAND to 87077 Try:WALES, SCOTLAND 4txt/1.20 POBOXox36504W45WQ 16+"

> meta(docs)$type[c(13, 16, 20)]
[1] spam spam spam
Levels: ham spam
```

변환된 코퍼스에 대해 데이터정제 작업을 수행한다. 먼저 텍스트 내 모든 문자를 소문자로 변환한다.

```
> docs <- tm_map(docs, content_transformer(tolower))
```

이어서 문자열을 삭제하는 사용자 정의 함수 myRemove()를 생성하여 URL과 웹사이트 주소를 제거한다.

```
> myRemove <- function(x, pattern)
+   {return(gsub(pattern, "", x))}
> docs <- tm_map(docs, content_transformer(myRemove), "(f|ht)tp\\S+\\s*")
> docs <- tm_map(docs, content_transformer(myRemove), "www\\.+\\S+")
> lapply(docs, content)[c(13, 16, 20)]
$`13`
[1] "urgent! you have won a 1 week free membership in our 100,000 prize jackpot! txt
the word: claim to no: 81010 t&c  lccltd pobox 4403ldnw1a7rw18"
```

```
$`16`
[1] "xxxmobilemovieclub: to use your credit, click the wap link in the next txt
message or click here>> xxxmobilemovieclub.com?n=qjkgighjjgcbl"

$`20`
[1] "england v macedonia - dont miss the goals/team news. txt ur national team to
87077 eg england to 87077 try:wales, scotland 4txt/1.20 poboxox36504w45wq 16+"
```

그리고 tm 패키지에서 제공하는 변환함수를 이용하여 텍스트 내 불용어를 제거한다. 여기에서는 불용어 제거 시 tm 패키지에서 제공하는 기존의 불용어 이외에 새로운 불용어를 리스트에 추가하여 적용한다.

```
> mystopwords <- c(stopwords("english"),
+                  c("can", "cant", "don", "dont", "get", "got", "just", "one", "will"))
> docs <- tm_map(docs, removeWords, mystopwords)
```

tm 패키지에서 제공하는 변환함수를 이용하여 문장부호를 제거할 때는 사전 정제작업이 필요할 수 있다. 예를 들어, 간혹 어떤 이유에서든 :(colon)이나 ;(semicolon)이 단어와 단어 사이에 공백 없이 사용되는 경우가 있다. /(slash) 또한 공백 없이 단어 사이에 사용된다. 이런 경우 별도의 전처리 과정 없이 removePunctuation() 변환함수를 사용하면 해당 문장부호의 양쪽에 있는 단어들이 합쳐져서 의미 없는 단어가 만들어진다. 예를 들어, 20번째 텍스트의 goals/team, try:wales는 각각 goalsteam, trywales로 변환된다. 따라서 이런 문제를 피하기 위해서는 변환함수를 적용하기 전에 이에 대한 수정작업이 필요하다. 사전에 :과 ;을 공백으로 대체하면 예기치 않게 단어들이 서로 결합되는 문제를 피할 수 있다. 다음과 같이 특정 문자를 공백으로 변환하는 사용자 정의 함수 toSpace() 함수를 생성하여 코퍼스로부터 : ; / 등을 공백으로 대체한다.

```
> toSpace <- function(x, pattern)
+   {return(gsub(pattern, " ", x))}
> docs <- tm_map(docs, content_transformer(toSpace), ":")
> docs <- tm_map(docs, content_transformer(toSpace), ";")
```

```
> docs <- tm_map(docs, content_transformer(toSpace), "/")
> lapply(docs, content)[c(13, 16, 20)]
$`13`
[1] "urgent!  won  1 week free membership  100,000 prize jackpot! txt  word  claim
81010 t&c  lccltd pobox 4403ldnw1a7rw18"

$`16`
[1] "xxxmobilemovieclub  use  credit, click  wap link  next txt message  click >>
xxxmobilemovieclub.com?n=qjkgighjjgcbl"

$`20`
[1] "england v macedonia -  miss  goals team news. txt ur national team  87077 eg
england  87077 try wales, scotland 4txt 1.20 poboxox36504w45wq 16+"
```

이어서 tm 패키지에서 제공하는 변환함수를 이용하여 문장부호, 숫자, 공백을 제거한다. 그리고 끝으로 어간을 추출한다.

```
> docs <- tm_map(docs, removePunctuation)
> docs <- tm_map(docs, removeNumbers)
> docs <- tm_map(docs, stripWhitespace)
> docs <- tm_map(docs, content_transformer(trimws))
> docs <- tm_map(docs, stemDocument)
> lapply(docs, content)[c(13, 16, 20)]
$`13`
[1] "urgent won week free membership prize jackpot txt word claim tc lccltd pobox
ldnwarw"

$`16`
[1] "xxxmobilemovieclub use credit click wap link next txt messag click
xxxmobilemovieclubcomnqjkgighjjgcbl"

$`20`
[1] "england v macedonia miss goal team news txt ur nation team eg england tri wale
scotland txt poboxoxwwq"
```

이제 모든 데이터정제 작업이 완료되었다. 결과를 확인한 후 기대한 대로 변환이 이루어졌으면 다음과 같이 DocumentTermMatrix() 함수를 이용하여 문서-용어행렬을 생성한다. 5,574개의 문서로부터 총 6,399개의 단어가 추출되어 5574×6399 크기의 문서-용어행렬이 생성되었다. 문서-용어행렬을 탐색하기 위해서는 inspect() 함수를 이용한다.

```
> dtm <- DocumentTermMatrix(docs)
> dtm
<<DocumentTermMatrix (documents: 5574, terms: 6399)>>
Non-/sparse entries: 40352/35627674
Sparsity           : 100%
Maximal term length: 38
Weighting          : term frequency (tf)
> inspect(dtm)
<<DocumentTermMatrix (documents: 5574, terms: 6399)>>
Non-/sparse entries: 40352/35627674
Sparsity           : 100%
Maximal term length: 38
Weighting          : term frequency (tf)
Sample             :
      Terms
Docs   call come day free good know like love now want
  1086    0    1   2    0    0    0    1    4   0    0
  1864    0    0   0    0    1    1    1    0   0    2
  2159    0    0   0    0    0    0    0    0   0    0
  2371    0    0   0    1    0    0    1    1   0    0
  2381    0    0   1    0    1    0    0    0   0    1
  2409    1    0   0    0    0    0    0    0   0    0
  2435    0    0   0    1    0    0    0    0   0    0
  2850    0    0   0    0    0    0    0    0   0    0
  3018    0    0   6    0    1    0    0    0   0    0
  5107    0    0   0    1    0    0    1    1   0    0
```

이 문서-용어행렬은 5,574개의 문서에서 한 번이라도 나타난 단어는 모두 포함하고 있다. 따라서 상당히 많은 양의 단어가 포함되었다. 텍스트분석에 있어서 모든 단어가 동일하게 중요한 것은 아니기 때문에 분석 목적에 따라서는 문서-용어행렬에 포함된 단어의 개수를 적정 수준으로 축소할 필요가 있다. 단어의 길이가 너무 짧거나 긴 단어, 그리고 전체 문서에 너무 많이 등장하거나 적게 등장하는 단어는 문서 간의 차이를 식별하는 데 유용한 정보를 제공할 가능성이 낮기 때문에 이 단어들은 제거하는 것이 바람직할 수 있다.

DocumentTermMatrix() 함수의 control 인수를 이용하여 문서-용어행렬에 포함시킬 단어의 추출 기준을 지정한다. wordLengths에 단어 길이의 하한값과 상한값을 지정한다. 여기에서는 길이가 최소 4에서 최대 10인 단어만 문서-용어행렬에 포함시킨다. bounds에 출현하는 문서 개수의 하한값과 상한값을 지정한다. 여기에서는 하한값으로 5,574개 전체 문서의 약 0.1%에 해당하는 5를 지정하여 최소한 다섯 개 이상의 문서에서 나타나는 단어만 문서-용어행렬에 포함시킨다. 상한값으로는 5300을 지정하여 전체 문서의 약 95% 이상에서 나타나는 단어는 제외한다.

```
> dtm <- DocumentTermMatrix(docs, control=list(wordLengths=c(4, 10),
+                                              bounds=list(global=c(5, 5300))))
> dtm
<<DocumentTermMatrix (documents: 5574, terms: 1093)>>
Non-/sparse entries: 25479/6066903
Sparsity           : 100%
Maximal term length: 10
Weighting          : term frequency (tf)
```

새롭게 생성한 문서-용어행렬을 살펴보면 포함된 단어의 개수가 1,093개로 줄어 행렬의 크기가 5574×1093으로 축소되었다.

각 단어별 출현 빈도를 계산해보자. call, come, free 등이 출현 빈도가 큰 단어로 눈에 띈다. 최소 출현 빈도는 5이다.

```
> term.freq <- colSums(as.matrix(dtm))
> term.freq[head(order(term.freq, decreasing=TRUE))]
call come free know like love
 663  301  278  272  259  255
> term.freq[tail(order(term.freq, decreasing=TRUE))]
  websit  whether    white    woman    xchat yogasana
       5        5        5        5        5        5
```

문자 메시지에 빈번하게 나타난 단어들을 findFreqTerms() 함수를 이용하여 찾아보자. 다음과 같이 200번 이상 출현한 단어들을 출력할 수 있다.

```
> findFreqTerms(dtm, lowfreq=200)
 [1] "call" "come" "free" "good" "know" "like" "love" "send" "text" "time" "want"
```

이렇게 빈번하게 나타나는 단어는 문자 메시지를 작성할 때 주로 어떤 단어와 함께 사용되는지 궁금할 수 있다. tm 패키지의 findAssocs() 함수는 인수로 주어진 단어와 일정 수준 이상의 상관관계를 갖는 단어를 찾아준다. 첫 번째 인수에는 문서-용어행렬을 지정하고, 두 번째(terms)와 세 번째(corlimit) 인수에는 각각 단어와 상관계수의 하한값을 지정한다.

```
> findAssocs(dtm, terms=c("call", "free"), corlimit=c(0.20, 0.25))
$call
 claim  prize  mobil  urgent
  0.24   0.24   0.22    0.21

$free
 nokia  mobil   mths  updat  colour  latest  camera  orang
  0.31   0.30   0.30   0.29    0.28    0.27    0.26   0.26
```

이번에는 워드클라우드를 이용하여 문자 메시지에 포함된 단어들의 출현 빈도에 따른 중요도를 살펴보자. 최소 30번 이상(min.freq=30) 출현한 단어를 대상으로 최대 200개(max.words=200)까지 워드클라우드상에 나타낸다. 생성된 워드클라우드는 [그림 7-15]와 같다.

```
> library(wordcloud)
> library(RColorBrewer)
> set.seed(123)
> wordcloud(words=names(colSums(as.matrix(dtm))), freq=colSums(as.matrix(dtm)),
+           scale=c(4, 0.5), min.freq=30, max.words=200,
+           rot.per=0, random.order=FALSE, random.color=FALSE,
+           colors=brewer.pal(6, "Set2"))
```

[그림 7-15] **문자 메시지.** 중앙에 배치된 call, come, free, know, like, love 등은 문자 메시지에 가장 빈번히 등장하는 단어이다.

스팸 문자 메시지와 정상 문자 메시지의 워드클라우드를 비교해보는 것도 흥미로울 것 같다. 왜냐하면 스팸 메시지에 정상 메시지와는 다른 단어들이 빈번히 출현한다면 단어의 출현 여부를 바탕으로 스팸 메시지를 구별하는 예측모델을 개발할 수 있다는 것을 의미하기 때문이다. 스팸 메시지와 정상 메시지의 출현 단어를 비교할 수 있는 워드클라우드를 그리기 위해서는 먼저 다음과 같이 스팸 및 정상 문서별로 단어의 출현 빈도를 집계한다.

```
> hamspam <- as.matrix(dtm)
> rownames(hamspam) <- sms$type
> hamspam <- rowsum(hamspam, group=rownames(hamspam))
> hamspam[, 1:10]
     abiola accept access account across activ actual address admir ador
ham      11      9      2      24     10     5     34      17     0    5
spam      0      0      8      19      0     8      0       4    10    0
```

[그림 7-16] **문자 메시지.** 스팸 메시지와 정상 메시지는 사용하는 단어에 있어서 차이가 있다.

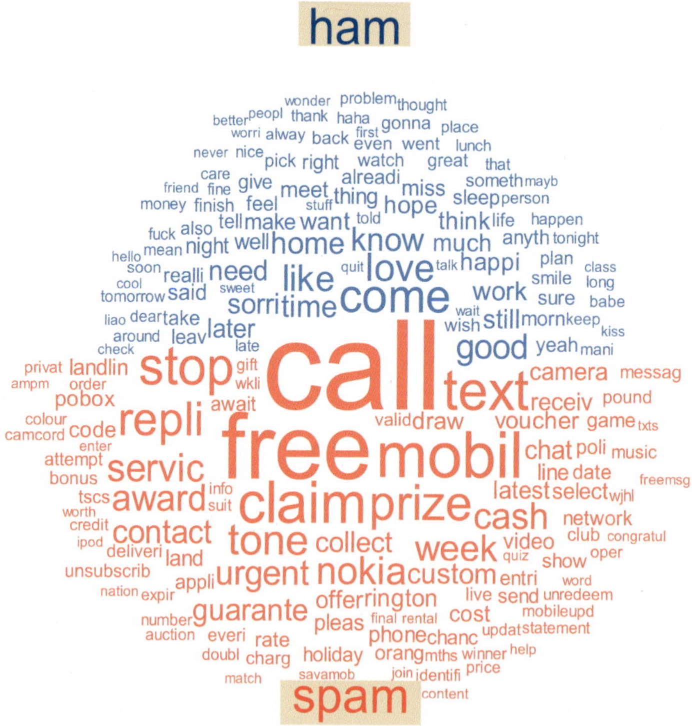

이렇게 생성한 행렬을 행이 단어이고 열이 문서 유형(ham, spam)인 형태의 행렬로 변환한 후 comparison.cloud() 함수의 입력 데이터로 제공한다. 생성된 워드클라우드는 [그림 7-16]과 같다.

```
> library(wordcloud)
> set.seed(123)
> comparison.cloud(t(hamspam), colors=c("cornflowerblue", "tomato"), title.size=2,
+                  title.colors=c("blue", "red"), title.bg.colors=c("wheat"),
+                  rot.per=0, scale=c(5, 0.4), max.words=200)
```

스팸 메시지의 워드클라우드에서 call, free, claim, prize, stop, urgent, award 등의 단어가 눈에 띈다. 이 단어들은 정상 메시지의 워드클라우드에서는 찾아볼 수 없다. 반면에 정상 메시지에는 come, home, good, like, love, need, hope 등의 단어가 빈번하게 출현한다.

스팸 메시지와 정상 메시지 간의 이러한 차이는 이 두 유형의 메시지를 구분할 수 있는 단어들이 존재할 수 있음을 의미한다.

나이브베이즈분석을 이용하여 스팸 메시지와 정상 메시지를 구분할 수 있는 예측모델을 개발해보자. 여기에서 예측변수는 문서로부터 추출한 단어이며, 결과변수는 문서의 유형(ham, spam)이다. 나이브베이즈분석을 수행하기 위해서는 예측변수가 행렬(데이터프레임) 형식으로 되어 있어야 하며, 결과변수는 팩터 형식의 벡터이어야 한다.[35] 여기에서 현재 예측변수는 문서-용어행렬(dtm 객체)에 저장되어 있고, 결과변수는 코퍼스로 변환하기 이전의 원래의 텍스트 데이터에 하나의 변수(sms 객체의 type 변수)로 저장되어 있다.

나이브베이즈분석을 수행하기 위해서 먼저 데이터셋을 예측모델 개발을 위한 훈련 데이터와 예측모델의 정확성 검증을 위한 테스트 데이터로 분할한다. 전체 문자 메시지 5,574개 중 70%에 해당하는 3,901개는 훈련 데이터로 이용하고, 나머지 30%에 해당하는 1,673개는 테스트 데이터로 사용한다. 우선 다음과 같이 결과변수를 훈련 데이터와 테스트 데이터로 분할한다.

```
> set.seed(123)
> train <- sample(nrow(sms), 0.7*nrow(sms))
> y.train <- sms[train,]$type
> y.test <- sms[-train,]$type
> table(y.train)
y.train
 ham spam
3376  525
> table(y.test)
y.test
 ham spam
1451  222
```

분할된 데이터셋이 전체 데이터셋의 성격을 적절히 반영하고 있는지 확인하기 위하여 다음과 같이 두 데이터셋에 포함된 스팸 메시지와 정상 메시지의 비율을 비교한다. 훈련 데이터와 테스트 데이터 모두 13% 정도의 스팸 메시지를 포함하고 있다.[36] 따라서 훈련 데이터와 테스트

35) 하나의 데이터프레임에 예측변수와 결과변수가 모두 포함되어 있을 수도 있다. 이 경우 결과변수와 예측변수를 포뮬러 형식으로 지정한다.

36) 분할한 데이터셋 간에 결과변수의 범주 비율을 유사하게 만들기 위해서는 caret 패키지를 이용하면 편리하다.

데이터는 전체 데이터셋을 적절히 반영하고 있다고 볼 수 있다.

```
> prop.table(table(y.train))
y.train
      ham      spam
0.8654191 0.1345809
> prop.table(table(y.test))
y.test
      ham      spam
0.8673042 0.1326958
```

결과변수에 대한 데이터 분할이 적절히 이루어졌으므로 다음으로 예측변수가 포함된 데이터셋을 훈련 데이터와 테스트 데이터로 분할한다. 데이터셋을 분할하기 전에 먼저 나이브베이즈분석을 수행하기 적합한 형태로 예측변수 데이터셋을 변환할 필요가 있다. 나이브베이즈분석은 일반적으로 범주형 예측변수를 바탕으로 예측모델을 개발한다. 현재 예측변수의 값은 출현 빈도이므로 이를 범주형 값으로 변환한다. 단어의 출현 빈도와 관계없이 단어가 등장했으면 1(yes), 아니면 0(no)으로 예측변수의 셀값을 대체하여 예측변수를 범주형으로 변환한다. 이를 위해 다음과 같이 toFactor() 함수를 생성한다.

```
> toFactor <- function(x) {
+   x <- ifelse(x > 0, 1, 0)
+   x <- factor(x, levels=c(0, 1), labels=c("no", "yes"))
+   return(x)
+ }
```

예측변수 데이터셋의 각 열에 toFactor() 함수를 적용하여 예측변수를 범주형으로 변환한다.

---

caret 패키지에 포함된 createDataPartition() 함수는 훈련 데이터와 테스트 데이터를 분할할 때 결과변수의 범주 분포가 분할된 두 데이터셋 내에서 균형을 갖도록 만들어준다. 예를 들어, 훈련 데이터의 인덱스는 다음과 같이 생성할 수 있다: createDataPartition(sms$type, p=0.7, list=FALSE).

```
> sms.dtm <- apply(dtm, MARGIN=2, toFactor)
> str(sms.dtm)
 chr [1:5574, 1:1093] "no" "no" "no" "no" "no" "no" "no" "no" "no" "no" "no" "no" ...
 - attr(*, "dimnames")=List of 2
  ..$ Docs : chr [1:5574] "1" "2" "3" "4" ...
  ..$ Terms: chr [1:1093] "abiola" "accept" "access" "account" ...
```

예측변수 데이터셋이 나이브베이즈분석에 적합한 형식으로 변환되었다. 결과변수 데이터셋을 분할할 때 사용했던 훈련 데이터 인덱스를 이용하여 앞서와 마찬가지로 예측변수 데이터셋을 훈련 데이터와 테스트 데이터로 분할한다.

```
> x.train <- sms.dtm[train,]
> x.test <- sms.dtm[-train,]
```

이제 나이브베이즈분석을 수행하기 위한 모든 데이터 변환작업이 완료되었다. e1071 패키지를 메모리에 적재한 후 다음과 같이 naiveBayes() 함수를 훈련 데이터에 적용하여 나이브베이즈 예측모델을 생성한다.

```
> library(e1071)
> sms.nb <- naiveBayes(x=x.train, y=y.train)
```

예측모델을 테스트 데이터에 적용하여 스팸 문자 메시지를 예측해보자. 다음과 같이 predict() 함수를 이용한다.

```
> sms.nb.pred <- predict(sms.nb, newdata=x.test)
```

predict() 함수의 첫 번째 인수에 훈련 데이터로부터 구축한 나이브베이즈모델(여기에서는 sms.nb)을 지정한다. newdata 인수에는 예측에 사용할 데이터셋(여기에서는 x.test)을 지정한다. predict() 함수는 달리 지정하지 않는 한 모델에 의해 예측한 범주(즉 여기에서는 ham 또는 spam)를 출력한다(type="class"). 범주가 아닌 각 범주의 예측확률을 구하려면 type="raw"를 지정한다. 예측된 결과와 실제의 결과를 다음과 같이 비교하여 예측모델의 성능을 평가한다.

```
> table(y.test, sms.nb.pred, dnn=c("Actual", "Predicted"))
      Predicted
Actual  ham  spam
  ham  1440    11
  spam   27   195
> mean(sms.nb.pred==y.test)
[1] 0.9772863
```

222개의 스팸 문자 메시지 가운데 195개를 정확히 스팸으로 예측하였다. 정상 메시지의 경우 1,451개의 메시지 가운데 1,440개를 올바르게 분류하였다. 스팸 메시지 필터링을 위한 나이브베이즈 예측모델은 전체적으로 97.7% 정도의 분류정확도를 보여준다.

7.5 토픽모델링

분석기법 이해

토픽모델링(topic modeling)은 대량의 문서 집합 속에서 토픽(topic)을 찾는 텍스트분석 기법이다. 우리는 종종 방대한 양의 텍스트 문서를 접하게 된다. 너무나 문서가 많기 때문에 어떤 문서가 어떤 내용을 다루는지 알기 어려운 상황이다. 이때 각 문서마다 문서 내용에 대한 간단한 설명이 달려 있다면 좋을 것이다. 문서를 대표하는 이러한 간단한 설명을 토픽이라고 한다. 텍스트분석의 관점에서 볼 때 토픽은 단어주머니(bag-of-words)로 정의되며, 특정 단어들이 반복적으로 함께 등장하는 패턴(recurring pattern of co-occurring words)을 의미한다. 토픽모델링의 결과물은 일반적으로 토픽을 구성하는 단어의 리스트(즉 단어주머니)이며, 이 단어 리스트를 통해 문서 내에 존재하는 토픽을 추론한다.

토픽모델링에서는 문서를 토픽의 혼합체(mixture of topics)라고 가정한다. 즉 문서는 여러 다양한 토픽들로 구성된다. 그리고 토픽은 단어의 혼합체(mixture of words)로서 여러 다른 단어들로 구성된다([그림 7-17]). 예를 들어, 뉴스 기사를 토픽모델링하면 '1번 뉴스 기사는 정치

[그림 7-17] **토픽모델링.** 문서는 토픽의 혼합체이며 토픽은 단어의 혼합체이다.

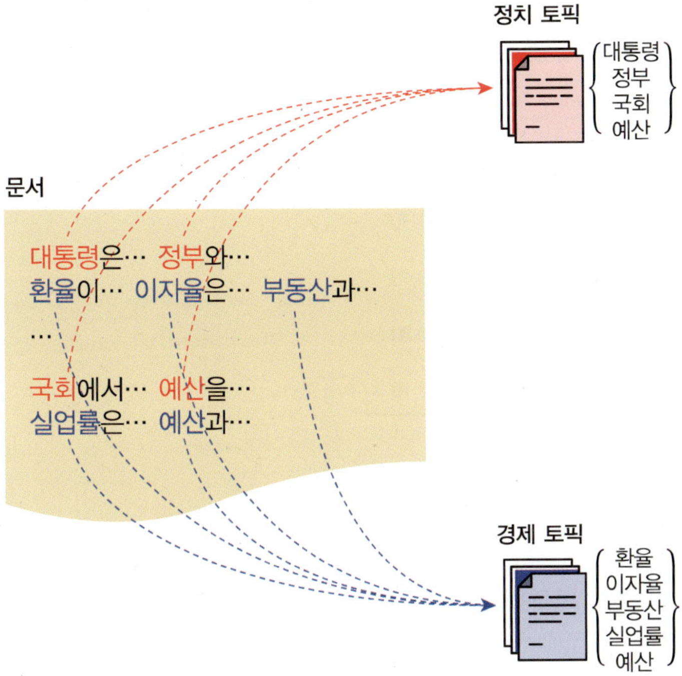

토픽 90%와 경제 토픽 10%로 구성되며, 2번 뉴스 기사는 정치 토픽 30%와 경제 토픽 70%로 구성된다'와 같은 결과를 얻을 수 있다. 또한 정치 토픽에서는 대통령, 정부, 국회 등이 많이 등장하며 경제 토픽은 주로 환율, 이자율, 부동산, 실업률과 같은 단어로 구성된다. 주목할 부분은 단어는 토픽 간에 중복될 수 있다는 것이다. 예를 들어, '예산'이라는 단어는 두 토픽에 모두 동일하게 나타날 수 있다.

어떤 문서에 어떤 토픽들이 포함될지는 토픽의 확률분포에 따라 결정되며, 어떤 토픽에 어떤 단어들이 포함될지는 단어주머니에 포함된 단어의 확률분포에 따라 결정된다. 토픽모델은 토픽과 단어의 확률분포를 바탕으로 새로운 문서를 생성하는 확률적 절차를 정의하며, 이런 관점에서 토픽모델은 문서에 대한 생성모델(generative model)이라고 한다. 이는 문서에 포함된 주제의 구성 비율(즉 토픽의 확률분포)과 각 주제별로 특정 단어가 선택될 확률(즉 토픽을 구성하는 단어의 확률분포)을 알고 있으면 특정 토픽들로 구성된 문서를 생성할 수 있다는 것을 의미한다. 즉 토픽으로부터 단어를 추출하고, 추출된 단어로부터 문서를 생성한다.

예를 들어, 지금 '반려동물과 먹이'에 관한 글을 쓰려고 한다고 생각해보자. 반려동물과 먹거리라는 두 가지 토픽만 있고, 각 토픽별 단어 발생 확률은 [그림 7-18]과 같다고 가정한다.

[그림 7-18] **토픽과 단어.** 문서에 포함될 단어는 단어의 발생 확률에 따라 각 토픽으로부터 반복하여 추출된다.

반려동물 토픽

단어	확률
adopt	0.14
kitten	0.29
puppy	0.14
cute	0.29
play	0.14

먹거리 토픽

단어	확률
eat	0.30
fish	0.30
egg	0.10
milk	0.20
breakfast	0.10

토픽모델에 따르면 문서는 다음과 같은 절차에 따라 작성된다.

- 문서에 대한 토픽의 개수 및 구성 비율을 결정한다. 예를 들어, 반려동물과 먹거리라는 두 가지 토픽만 있다고 가정할 때 두 주제가 4:6 정도의 비율을 갖는 문서를 작성한다.
- 문서에 포함될 단어의 개수를 결정한다. 예를 들어, 일곱 개의 키워드로 이루어진 문서를 작성한다.
- 문서에 포함될 단어를 단어의 발생 확률에 따라 각 토픽(즉 단어주머니)으로부터 반복하여 추출한다. 예를 들어, 반려동물 토픽으로부터 전체 단어 개수의 40%에 해당하는 단어를 반려동물 토픽 내의 단어 발생 확률에 따라 추출하고, 먹거리 토픽으로부터 나머지 60%에 해당하는 단어를 먹거리 토픽 내의 단어 발생 확률에 따라 추출한다.
    - 첫 번째 단어는 반려동물 토픽으로부터 29%의 확률로 cute가 선택되어 문서에 포함된다. 두 번째 단어는 먹거리 토픽으로부터 30%의 확률로 fish가 선택되어 역시 문서에 포함된다. 세 번째 단어는 반려동물 토픽으로부터 29%의 확률로 kitten이 선택되고, 네 번째 단어는 먹거리 토픽으로부터 30%의 확률로 eat가 선택되고, 다섯 번째 단어는 반려동물 토픽으로부터 14%의 확률로 play가 선택되고, 여섯 번째 단어는 먹거리 토픽으로부터 30%의 확률로 fish가 선택되고, 일곱 번째 마지막 단어는 먹거리 토픽으로부터 20%의 확률로 milk가 선택되어 차례대로 모두 문서에 포함된다.
    - 반려동물 토픽으로부터 세 개의 단어가 추출되었고(cute, kitten, play), 먹거리 토픽으로부터 네 개의 단어가 추출되어(fish, eat, fish, milk) 각 토픽으로부터 추출된 단어가 각각

전체 문서의 43%와 57%를 차지한다(즉 대략 4:6 정도의 비율).

- 추출된 단어로 문서를 완성한다. 예를 들면, 'cute kitten play fish eat fish milk'라는 문장이 완성된다(토픽모델로부터 생성되는 문서는 단어주머니이다). 이러한 단어주머니를 바탕으로 한 실제 사용 가능한 문서는 다음과 같을 수 있다: 'Look at this cute kitten playing with fish. She likes to eat fish and milk.' 여기에서 {cute, kitten, play}는 반려동물 토픽을 반영하고, {fish, eat, fish, milk}는 먹거리 토픽을 반영한다. 반려동물과 그들이 먹는 먹거리(먹이)에 관한 글이 작성되었다.

여기에서는 예를 위해 두 개의 토픽과 각 토픽당 다섯 개의 단어로 한정하였지만 이러한 문서 생성 과정은 수십 개의 토픽과 수백 개의 단어 또는 그 이상으로 쉽게 확장될 수 있다. 토픽에 대한 분포를 다르게 선택함으로써(즉 토픽의 구성 비율을 달리함으로써) 다양한 내용을 갖는 서로 다른 문서를 얼마든지 만들 수 있다. 예를 들어, 앞의 예에서 병원 토픽이 추가된다고 했을 때 반려동물 토픽과 병원 토픽이 동일한 비중으로 결합된 문서를 작성하면 이 문서는 반려동물이 아파서 병원에 가는 내용의 글이 될 것이다. 또는 먹거리 토픽과 병원 토픽을 동일한 확률로 결합하면 음식 먹고 탈이 나서 병원에 가는 내용의 글이 될 가능성이 높다. 이처럼 토픽모델은 각 토픽을 개별적으로 해석할 수도 있고, 토픽 간 결합을 통한 해석도 가능하다. 또한 토픽은 문서 내용을 간결하게 표현하는 역할을 할 뿐만 아니라 문서를 계량적 관점에서 기술하는 수단을 제공한다. 어떤 문서가 다른 문서와 얼마나 유사한지는 토픽구성이 얼마나 유사한지 살펴봄으로써 비교할 수 있다.

우리는 지금 토픽모델을 이용하여 글을 쓰려는 것은 물론 아니다. 하지만 이러한 방법으로 문서를 성공적으로 모델링할 수 있다면, 즉 문서의 내용을 표현할 수 있다면 이는 그러한 모델링 방법을 역순으로 적용하여 이미 존재하는 문서로부터 그 안에 포함된 토픽을 찾을 수 있다는 것을 의미한다. 이러한 아이디어를 바탕으로 LDA(Latent Dirichlet Allocation)는 대규모의 문서 집합으로부터 문서에 내재되어 있는 토픽을 발굴한다. 예를 들어, 다음과 같은 세 개의 문서가 있다고 가정하자(괄호 안은 텍스트분석을 통해 추출된 단어).

문서1: My friend *adopted kitten* and *puppy* yesterday. They are *cute*. (→{adopt, kitten, puppy, cute})

문서2: I eat fish and eggs. I also eat milk for breakfast. (→{eat, fish, egg, eat, milk, breakfast})

문서3: Look at this *cute kitten playing* with fish. She likes to eat fish and milk.
(→{cute, kitten, play, fish, eat, fish, milk})

이 문서에 대해 LDA를 이용하여 토픽모델링을 수행했다고 가정해보자. 그러면 예를 들어, LDA는 파란색(이탤릭체) 단어는 토픽A로 분류하고 빨간색(밑줄) 단어는 토픽B로 분류한다. LDA는 토픽을 단어주머니로 정의하며, 단어주머니에 포함된 단어들이 문서를 설명하는 토픽이 된다. 여기에서 토픽A는 '반려동물'로 명명할 수 있고, 토픽B는 '먹거리'로 이름 붙일 수 있다. 이처럼 토픽과 단어 간의 관계가 정의되면 이를 바탕으로 LDA는 다음과 같은 분석결과를 제공한다.

- 각 문서가 어떤 토픽들로 구성되어 있는지 알 수 있다. 문서에서 각 토픽을 나타내는 단어가 차지하는 비중을 계산한다. 예를 들어, 문서1은 토픽A로부터 추출된 단어로만 구성되어 있기 때문에 100% 토픽A를 나타낸다고 볼 수 있으며, 문서2는 토픽B로부터 추출된 단어로만 구성되어 있기 때문에 100% 토픽B로 설명할 수 있다. 문서3은 43%($=\frac{3}{7}$)의 토픽A와 57%($=\frac{4}{7}$)의 토픽B로 구성되어 있다.
- 각 단어가 토픽에서 차지하는 비중을 알 수 있다. 예를 들어, 토픽A는 adopt 14%($=\frac{1}{7}$), kitten 29%($=\frac{2}{7}$), puppy 14%($=\frac{1}{7}$), cute 29%($=\frac{2}{7}$), play 14%($=\frac{1}{7}$)로 구성되어 있고, 토픽B는 eat 30%($=\frac{3}{10}$), fish 30%($=\frac{3}{10}$), egg 10%($=\frac{1}{10}$), milk 20%($=\frac{2}{10}$), breakfast 10%($=\frac{1}{10}$)로 구성되어 있다. 높은 비율을 갖는 단어는 해당 토픽과 관련성이 큰 단어이다.

LDA를 이용한 토픽모델링은 결국 단어를 토픽에 할당하는 과정으로 볼 수 있다. 최적의 단어-토픽 할당을 통해 각 토픽과 높은 연관관계를 갖는 단어들을 찾아내고 이를 통해 각 문서의 토픽구성을 파악한다. LDA 알고리즘은 다음과 같다.

- 토픽의 개수 K를 결정한다.[37)]
- 각 문서d에 대해 다음의 과정을 반복 수행한다.
  - 문서d에 포함된 각 단어w를 무작위로 K개 토픽 가운데 하나에 할당한다.[38)] 각 단어를

37) LDA의 단점 중의 하나는 이처럼 추출할 토픽의 개수를 미리 결정해야 한다는 것이다.
38) 정확히는 디리클레분포(Dirichlet distribution)에 따라 각 단어를 토픽에 할당한다. LDA에서 토픽과 단어는 디리클레분포를 따른다고 가정한다. LDA에서 D는 Dirichlet를 의미한다.

K개 토픽에 무작위 할당함으로써 토픽 내의 단어분포와 문서의 토픽구성에 대한 초기해를 생성한다. 다음의 과정을 통해 초기해를 개선한다.

- 문서d에 포함된 각 단어w에 대해 다음 과정을 반복 수행한다.
  - 각 토픽t에 대해 다음 두 가지 비율을 계산한다. ① P(토픽t | 문서d) = 문서d에서 토픽t가 차지하는 비율. 즉 문서d의 토픽t 구성 비율로서 토픽t에 할당된 단어들이 문서d에서 차지하는 비율로 계산한다. ② P(단어w | 토픽t) = 토픽t에 할당된 단어들 가운데 단어w가 차지하는 비율.
  - 단어w를 새로운 토픽에 할당한다. 이때 P(토픽t | 문서d) × P(단어w | 토픽t)의 확률로 토픽t가 결정된다.
  - 확률 P(토픽t | 문서d) × P(단어w | 토픽t)는 토픽모델에 따라 문서d에서 토픽t가 단어w를 생성한 비율을 의미한다. 이 비율이 클수록 단어w는 토픽t일 가능성이 증가한다. 따라서 이 확률로 현재 단어의 토픽을 업데이트(즉 재할당)하는 것은 충분히 일리가 있다. 또한 이는 토픽을 업데이트하고자 하는 현재 단어를 제외하고 나머지 모든 토픽 할당은 옳다는 가정하에서 문서생성 토픽모델을 이용하여 현재 단어의 토픽을 업데이트한다는 것을 의미한다(즉 새로운 토픽 할당은 기존의 토픽 할당이 성공적으로 이루어졌다는 조건하에서의 조건부확률에 의해 결정된다).[39)]

> 안정화된 최종 토픽 할당 결과를 바탕으로 각 토픽에 할당된 단어의 비율을 계산함으로써 각 토픽과 밀접한 관련을 갖는 단어를 추출한다. 그리고 각 문서 내에서 각 토픽과 관련된 단어의 비율을 계산함으로써 문서의 토픽구성을 추정한다.

LDA 알고리즘을 통한 토픽 할당 과정을 예를 통해 살펴보자. 앞에서 살펴보았던 세 개의 문서는 [그림 7-19]와 같은 단어들로 구성되어 있다. LDA를 이용한 토픽모델링을 수행하기 위해서는 먼저 토픽의 개수를 결정해야 한다. 여기에서는 두 개의 토픽을 추출한다. 토픽의 개수가 결정되면 LDA는 모든 단어를 임의의 토픽으로 할당한다.

---

39) 이러한 방식을 깁스 샘플링(Gibbs sampling)이라고 한다. 처음에 변수값을 무작위로 할당한 최초의 샘플을 결정한다. 그 다음 그 샘플에서 하나의 변수를 선택하여 그 변수를 제외한 나머지 변수값들을 바탕으로 해당 변수의 값을 결정한다. 이러한 과정을 모든 변수에 대해 한 번씩 번갈아 가면서 수행한다. 모든 변수에 대한 작업이 완료되면 그것이 하나의 깁스 샘플이 된다. 이 과정을 반복 수행한다. 우리의 토픽모델링 예에서 변수는 '단어'에 해당하며 변수값은 해당 단어에 할당되는 '토픽'에 대응된다.

[그림 7-19] **LDA 알고리즘1.** 세 개의 문서로부터 두 개의 토픽을 추출한다.

토픽	문서1
?	adopt
?	kitten
?	puppy
?	cute

토픽	문서2
?	eat
?	fish
?	egg
?	eat
?	milk
?	breakfast

토픽	문서3
?	cute
?	kitten
?	play
?	fish
?	eat
?	fish
?	milk

[그림 7-20] **LDA 알고리즘2.** 모든 단어를 임의의 토픽으로 할당한다.

토픽	문서1
A	adopt
A	kitten
A	puppy
A	cute

토픽	문서2
B	eat
B	fish
B	egg
B	eat
B	milk
B	breakfast

토픽	문서3
A	cute
A	kitten
A	play
A	fish
B	eat
B	fish
B	milk

세 개의 문서에 포함된 모든 단어는 [그림 7-20]과 같이 임의로 두 개의 토픽(A 또는 B)에 할당되었다. 어떤 단어가 두 번 나타나면 동일한 단어라도 서로 다른 토픽에 할당될 수 있다. 예를 들어, 여기에서 단어 'fish'는 문서2에서는 토픽B에 할당되었으나, 문서3에서는 토픽B뿐만 아니라 토픽A에도 할당되었다.

LDA는 현재의 토픽 할당을 검토하고 이에 대한 개선작업을 수행한다. 문서에 포함된 모든 단어에 대해 다음 두 가지 기준에 따라 토픽을 재할당한다. 문서3에서 토픽A로 할당되어 있는 fish에 대해 두 기준을 적용하여 토픽 재할당을 수행해보자([그림 7-21]).

[그림 7-21] LDA 알고리즘3. fish에 대한 토픽 재할당을 수행한다.

토픽	문서1
A	adopt
A	kitten
A	puppy
A	cute

토픽	문서2
B	eat
B	fish
B	egg
B	eat
B	milk
B	breakfast

토픽	문서3
A	cute
A	kitten
A	play
?	fish
B	eat
B	fish
B	milk

- 문서 내에서 토픽의 비중: P(토픽t | 문서d), 문서 내 다른 단어들이 토픽t에 많이 할당되어 있을수록 해당 단어는 토픽t일 확률이 크다.
- 토픽 내에서 해당 단어의 비중: P(단어w | 토픽t), 토픽t에 할당된 전체 단어 중에서 해당 단어의 점유율이 높을수록 그 단어는 토픽t일 확률이 크다.

첫 번째 기준에 의해 한 문서 내에 함께 등장하는 빈도가 큰 단어는 같은 토픽으로 묶일 가능성이 크다. 또한 이 기준에 의해 문서 내에 일단 지배적인 토픽이 형성되면 대부분의 단어는 이 토픽에 쏠릴 가능성이 증가한다. 그러나 이러한 편중 현상은 두 번째 기준에 의해 완화된다. 토픽에 할당되는 단어가 많아질수록 두 번째 기준에 의해 해당 토픽은 새로운 단어를 끌어당기는 힘이 약해지고(토픽의 소속 단어가 많아질수록 새로운 후보 단어의 토픽 내 점유율은 작아지므로), 반면에 할당된 단어가 얼마 없는 토픽은 새로운 단어를 강하게 끌어당긴다. 그래서 규모가 큰 토픽은 새로운 단어를 포함시킬 여력이 작아지게 되고, 규모가 작은 토픽에는 새로운 단어가 진입할 가능성이 커지게 된다. 이 두 가지 기준에 의해 연관성 높은 단어끼리 적당한 크기의 토픽을 형성하게 된다.

먼저 문서 내에서의 토픽의 비중을 살펴보면([그림 7-22]) 문서3에 있는 단어들은 토픽A와 토픽B에 50:50 동일한 비중으로 할당되어 있다. 즉 P(토픽A | 문서3) = P(토픽B | 문서3) $= \frac{3}{6}$ 으로 확률이 동일하므로 아직 소속을 정하지 못한 채 남아 있는 단어 fish는 어느 토픽으로도 할당될 수 있다.

[그림 7-22] LDA 알고리즘4. P(토픽t|문서d)를 계산한다.

토픽	문서1
A	adopt
A	kitten
A	puppy
A	cute

토픽	문서2
B	eat
B	fish
B	egg
B	eat
B	milk
B	breakfast

토픽	문서3
A	cute
A	kitten
A	play
?	fish
B	eat
B	fish
B	milk

[그림 7-23] LDA 알고리즘5. P(단어w|토픽t)를 계산한다.

토픽	문서1
A	adopt
A	kitten
A	puppy
A	cute

토픽	문서2
B	eat
B	fish
B	egg
B	eat
B	milk
B	breakfast

토픽	문서3
A	cute
A	kitten
A	play
?	fish
B	eat
B	fish
B	milk

다음으로 토픽 내에서의 fish의 비중을 살펴보면([그림 7-23]) 토픽A에는 세 개 문서로부터의 일곱 개의 단어 가운데 fish는 포함되어 있지 않으므로 $P(\text{단어}fish \mid \text{토픽}A)=\frac{0}{7}$이다. 반면에 토픽B에는 아홉 개의 단어 중 두 개가 포함되어 있어 $P(\text{단어}fish \mid \text{토픽}B)=\frac{2}{9}$이다. 따라서 fish는 토픽B에 속할 가능성이 높다.

위의 두 가지 기준을 동시에 고려하면 문서3에서 fish가 토픽A로 할당될 확률은 $P(\text{토픽}A \mid \text{문서3}) \times P(\text{단어}fish \mid \text{토픽}A)=\frac{3}{6} \times \frac{0}{7}=0$인 반면, 토픽B로 할당될 확률은 $P(\text{토픽}B \mid \text{문서3})$

$\times P(단어fish \mid 토픽B) = \frac{3}{6} \times \frac{2}{9} = \frac{1}{9}$이다. 따라서 문서3의 fish는 토픽B로 할당한다. 이런 방식으로 문서 내의 모든 단어에 대해 소속 토픽을 업데이트한다. 이 과정은 단어들의 소속이 안정화될 때까지 반복적으로 수행된다.

사례: 뉴스 기사

이제 실제 데이터를 이용하여 토픽모델링을 수행해보자. `textdata` 패키지로부터 다음과 같이 뉴스 기사 데이터셋을 다운로드한다. 뉴스 기사는 네 개의 카테고리(Business, Sci/Tech, Sports, World)로 구분되어 있으며 총 7,600개이다. 각 카테고리별로 동일하게 1,900개씩의 기사가 포함되어 있다.

```
> library(textdata)
> news <- dataset_ag_news(split="test")
> news
# A tibble: 7,600 x 3
   class   title                              description
   <chr>   <chr>                              <chr>
 1 Busine~ Fears for T N pension after talks  "Unions representing workers at Turne…
 2 Sci/Te~ The Race is On: Second Private T…  "SPACE.com - TORONTO, Canada -- A sec…
 3 Sci/Te~ Ky. Company Wins Grant to Study P… "AP - A company founded by a chemistr…
…(중략)
 8 Sci/Te~ FOAFKey: FOAF, PGP, Key Distribut~ "\\\\FOAF/LOAF  and bloom filters hav…
 9 Sci/Te~ E-mail scam targets police chief   "Wiltshire Police warns about \"phish…
10 Sci/Te~ Card fraud unit nets 36,000 cards  "In its first two years, the UK's ded…
# ... with 7,590 more rows
> table(news$class)

Business Sci/Tech   Sports    World
    1900     1900     1900     1900
```

여기에서는 `topicmodels` 패키지의 `LDA()` 함수를 이용하여 토픽모델링을 수행한다. `LDA()` 함수는 `tm` 패키지를 이용하여 생성한 `DocumentTermMatrix` 클래스의 문서-용어 행렬을 입력 데이터로 사용한다. 따라서 토픽모델링을 수행하기 위해서는 뉴스 기사 데이터셋을 문서-용어행렬로 변환해야 한다. 이를 위해 먼저 데이터셋을 코퍼스 형식으로 변환한다.

```
> library(tm)
> docs <- VCorpus(VectorSource(news$description))
> docs
<<VCorpus>>
Metadata:  corpus specific: 0, document level (indexed): 0
Content:  documents: 7600
> lapply(docs, content)[1:3]
$`1`
[1] "Unions representing workers at Turner   Newall say they are 'disappointed' after
talks with stricken parent firm Federal Mogul."

$`2`
[1] "SPACE.com - TORONTO, Canada -- A second\\team of rocketeers competing for the
#36;10 million Ansari X Prize, a contest for\\privately funded suborbital space
flight, has officially announced the first\\launch date for its manned rocket."

$`3`
[1] "AP - A company founded by a chemistry researcher at the University of Louisville
won a grant to develop a method of producing better peptides, which are short chains
of amino acids, the building blocks of proteins."
```

이어서 다음과 같이 기본적인 데이터정제 작업을 수행한다. URL, 불용어, 문장부호, 숫자, 공백 등을 차례로 제거한다.[40] 문장부호를 제거하기 전에 앞서 스팸 필터링 예('7.4 분류분석')에서 했던 것처럼 : ; / . \ 등을 공백으로 대체함으로써(toSpace() 함수를 이용하여) 문장부호를 제거하는 동안 예기치 않게 단어들이 합쳐져서 의미 없는 단어가 만들어지는 일이 발생하지 않도록 한다.

```
> docs <- tm_map(docs, content_transformer(tolower))
> myRemove <- function(x, pattern)
+   {return(gsub(pattern, "", x))}
```

40) 여기서 제거한 불용어는 하나의 예이다. 독자에 따라서는 다른 불용어 리스트를 작성할 수도 있다.

```
> docs <- tm_map(docs, content_transformer(myRemove), "(f|ht)tp\\S+\\s*")
> docs <- tm_map(docs, content_transformer(myRemove), "www\\.+\\S+")
> docs <- tm_map(docs, myRemove, "www\\.+\\S+")
> mystopwords <- c(stopwords("english"),
+                  c("first", "second", "one", "two", "three", "four", "another",
+                    "last", "least", "just", "will", "week", "weeks","quot",
+                    "ago", "day", "days", "night", "nights", "month","months",
+                    "years", "year", "next", "now", "today", "yesterday",
+                    "may", "new", "york", "according", "back", "say","says",
+                    "said", "can", "make","made", "reuters", "monday", "tuesday",
+                    "wednesday", "thursday", "friday", "saturday", "sunday"))
> docs <- tm_map(docs, removeWords, mystopwords)
> toSpace <- function(x, pattern)
+   {return(gsub(pattern, " ", x))}
> docs <- tm_map(docs, content_transformer(toSpace), ":")
> docs <- tm_map(docs, content_transformer(toSpace), ";")
> docs <- tm_map(docs, content_transformer(toSpace), "/")
> docs <- tm_map(docs, content_transformer(toSpace), "\\.")
> docs <- tm_map(docs, content_transformer(toSpace), "\\\\")
> docs <- tm_map(docs, removePunctuation)
> docs <- tm_map(docs, removeNumbers)
> docs <- tm_map(docs, stripWhitespace)
> docs <- tm_map(docs, content_transformer(trimws))
> lapply(docs, content)[1:3]
$`1`
[1] "unions representing workers turner newall disappointed talks stricken parent firm
federal mogul"

$`2`
[1] "space com toronto canada team rocketeers competing million ansari x prize contest
privately funded suborbital space flight officially announced launch date manned
rocket"

$`3`
[1] "ap company founded chemistry researcher university louisville won grant develop
method producing better peptides short chains amino acids building blocks proteins"
```

코퍼스로부터 문서-용어행렬을 생성한다. 7,600개의 문서로부터 모두 20,319개의 단어가 추출되었다. 분석의 편의를 위해 행 이름을 뉴스 기사 ID와 해당 뉴스 기사의 카테고리명으로 부여한다(즉 'ID-카테고리명'). 41)

```
> dtm <- DocumentTermMatrix(docs)
> rownames(dtm) <- paste0(rownames(dtm), "-", news$class)
> inspect(dtm)
<<DocumentTermMatrix (documents: 7600, terms: 20319)>>
Non-/sparse entries: 126245/154298155
Sparsity           : 100%
Maximal term length: 29
Weighting          : term frequency (tf)
Sample             :
              Terms
Docs            company corp government inc million oil president time united world
  1755-Sci/Tech       0    0          0   0       0   0         0    0      0     0
  2755-Sci/Tech       0    0          0   0       0   0         0    0      0     0
  3110-Sci/Tech       0    0          0   0       0   0         0    0      0     0
  5130-Business       1    0          0   0       0   0         0    0      0     0
  6-Sci/Tech          0    0          0   0       0   0         0    0      0     0
  6307-Sci/Tech       0    0          0   0       0   0         0    0      0     0
  6595-Sci/Tech       0    0          0   0       2   0         0    0      0     0
  7-Sci/Tech          1    0          0   0       0   0         0    0      0     0
  7000-Sci/Tech       0    0          0   0       1   0         0    0      0     0
  8-Sci/Tech          0    0          0   0       0   0         0    0      0     0
```

단어의 출현 빈도를 살펴보면 다음과 같다. 작게는 한 번 등장한 단어부터 많게는 최대 448번 등장한 단어까지 발생 빈도가 넓게 분포되어 있다. 하지만 전체 단어의 75%(3rd quantile)에 해당하는 대부분의 단어는 4회 이하 등장한다.

---

41) 문서명에 뉴스 기사의 카테고리명을 포함시킨 이유는 나중에 토픽모델링으로부터 추출한 토픽과 실제 뉴스 기사 카테고리 간의 일치 정도를 파악하기 위함이다. 이를 통해 토픽모델링이 얼마나 적절히 이루어졌는지 평가할 수 있다. 이는 현재의 데이터셋에 토픽에 해당하는 카테고리가 포함되어 있기 때문에 가능한 일이다. 토픽모델링은 기본적으로 카테고리에 해당하는 잠재된 토픽을 탐색하는 것이기 때문에 일반적으로 사전에 알려진 카테고리가 존재하지 않으며, 따라서 토픽모델링을 수행한 후 토픽이 얼마나 잘 추출되었는지는 분석자의 주관적 판단에 의존하는 경우가 많다.

```
> library(slam)
> summary(col_sums(dtm))
   Min. 1st Qu.  Median    Mean 3rd Qu.    Max.
   1.00    1.00    2.00    6.42    4.00  448.00
```

출현 빈도 상위 5개 단어와 250번 이상 등장한 단어는 다음과 같다.

```
> col_sums(dtm)[order(col_sums(dtm), decreasing=TRUE)][1:5]
      inc   company     world president   million
      448       425       387       338       319
> findFreqTerms(dtm, lowfreq=250)
 [1] "company"    "corp"       "government" "group"      "inc"        "million"
 [7] "oil"        "people"     "president"  "time"       "united"     "world"
```

이제 토픽모델링을 통해 뉴스 기사에 내재되어 있는 토픽을 추출해보자. topicmodels 패키지의 LDA() 함수를 이용한다. 다음과 같이 LDA() 함수를 실행한 후 분석결과를 객체로 저장한다.

```
> library(topicmodels)
> news.lda <- LDA(dtm, k=4, method="Gibbs",
+                 control=list(seed=123, burnin=1000, iter=1000, thin=100))
> class(news.lda)
[1] "LDA_Gibbs"
attr(,"package")
[1] "topicmodels
```

LDA() 함수의 첫 번째 인수에는 문서-용어행렬(DocumentTermMatrix 클래스의 객체)을 지정한다. LDA() 함수는 많은 인수를 가지고 있으며 대부분은 기본값을 사용해도 무방하다. 여기에서는 주로 토픽 할당을 위한 깁스 샘플링과 관련된 인수를 설정하기로 한다. method="Gibbs"를 지정하여 깁스 샘플링을 기반으로 한 토픽 할당을 수행한다. 깁스 샘플링의 초기 단계는 분포의 특성을 제대로 반영하지 못한 불안정한 샘플링 결과를 가져오기 때문에 이 단계에서 생성된 결과는 사용하지 않는다. burnin=1000을 지정하여 처음 1,000번의 실행결과는 버린다. iter=1000을 지정하여 샘플링을 1,000번 반복 수행한다. 이와 함께 thin=100을 지정하여 100개 단위로 매 100번째 결과가 다음 샘플링을 위해 사용되도록 한다. 인접한 샘플 간에는 상관관계가 높기 때문에 이러한 과정을 통해 서로 상관관계가 적은 독립 샘플을 얻을 수 있다. 이를 체인의 연결고리를 약화시킨다 하여 'thinning'이라고 한다. k 인수에는 추출할 토픽의 개수를 지정한다. 일반적으로 토픽의 개수를 달리하면서 반복적으로 토픽모델링을 수행하고 분석결과를 검토하여 적정 토픽의 개수를 결정한다. 여기에서는 뉴스 기사의 카테고리 개수와 같은 네 개의 토픽을 추출하여 토픽모델링의 결과 추출된 토픽과 실제 카테고리가 얼마나 유사한지 비교해보도록 한다.

토픽모델링 분석결과 몇 가지를 살펴보자. 우선 문서별(즉 뉴스 기사별) 대표 토픽을 확인할 수 있다. 토픽모델링에서 문서는 하나의 토픽으로만 구성되는 것이 아니라 구성 확률에 있어서 차이는 있지만 모든 토픽(여기에서는 네 개 토픽)이 섞여 있는 것으로 가정한다. 문서별 대표 토픽은 이 가운데 가장 높은 확률을 갖는 토픽이다. topics() 함수를 이용하여 문서별 대표 토픽을 확인할 수 있다. 다음은 처음 다섯 개 뉴스 기사의 대표 토픽이며 문서별로 토픽번호가 출력된다.

```
> topics(news.lda)[1:5]
1-Business 2-Sci/Tech 3-Sci/Tech 4-Sci/Tech 5-Sci/Tech
         3          4          2          4          3
```

네 개 토픽별로 문서의 분포를 살펴보면 다음과 같다. 뉴스 기사가 네 개 토픽에 비교적 고르게 분산되어 있다.

```
> table(topics(news.lda))

   1    2    3    4 
2109 2031 1808 1652 
```

토픽별로 연관성이 높은 대표 단어를 확인할 수 있다. 각 토픽에는 연관성의 정도에 있어서 차이는 있지만 전체 문서에 등장하는 단어가 모두 포함된다. 이 가운데 해당 토픽에 속할 확률이 높은 단어가 토픽별 대표 단어이다. terms() 함수를 이용하여 토픽별 대표 단어를 확인할 수 있다. 다음은 각 토픽별 상위 10개 대표 단어이다.

```
> terms(news.lda, 10)
      Topic 1      Topic 2   Topic 3         Topic 4
 [1,] "president"  "world"   "inc"           "microsoft"
 [2,] "united"     "time"    "company"       "announced"
 [3,] "people"     "game"    "million"       "software"
 [4,] "government" "season"  "corp"          "internet"
 [5,] "iraq"       "team"    "oil"           "plans"
 [6,] "state"      "win"     "percent"       "security"
 [7,] "afp"        "league"  "prices"        "news"
 [8,] "minister"   "top"     "stocks"        "service"
 [9,] "officials"  "victory" "group"         "technology"
[10,] "states"     "home"    "international" "computer"
```

의미 있는 토픽이 비교적 잘 추출된 것으로 보인다. 토픽별 대표 단어를 관찰함으로써 각 토픽이 어떤 내용을 다루고 있는지 추론해볼 수 있다. 토픽1에는 president, government, iraq 등이 대표 단어로 포함되어 있으며, 이는 토픽1이 국제관계 뉴스라는 것을 나타낸다. 토픽2에 포함된 game, season, team 등의 단어는 이 토픽이 스포츠와 관련된 뉴스라는 것을 보여준다. 토픽3은 company, million, stocks 등의 단어를 포함하고 있어 비즈니스 또는 금융과 연관된 뉴스라는 것을 짐작하게 한다. 토픽4의 경우 microsoft, software, internet 등이 대표 단어로서 기술 관련 주제를 다루고 있는 뉴스로 보인다. 뉴스 기사의 원래의 카테고리에 따라 분류해보면 토픽1은 World(국제정세), 토픽2는 Sports(스포츠), 토픽3은 Business(비즈니스), 토픽4는 Sci/Tech(과학기술)와 관련이 깊다.

토픽모델링 결과 생성된 토픽모델 객체에는 다음과 같이 분석결과에 대한 다양한 정보가 담겨 있다. 이 가운데 **beta** 슬롯과 **gamma** 슬롯은 토픽모델링의 핵심적인 정보를 제공한다. 단어, 토픽, 문서 간의 관계에서 **beta** 슬롯은 단어-토픽 확률(베타 확률)을 나타내며, **gamma** 슬롯은 문서-토픽 확률(감마 확률)을 나타낸다.

```
> str(news.lda, max.level=2, nchar.max=50)
Formal class 'LDA_Gibbs' [package "topicmodels"] with 16 slots
  ..@ seedwords       : NULL
  ..@ z               : int [1:130442] 2 3 3 1 3 3 1 3 1 3 ...
  ..@ alpha           : num 12.5
```

```
..@ call          : language LDA(x = dtm, k = 4, method = "Gibbs| __truncated__
..@ Dim           : int [1:2] 7600 20319
..@ control       : Formal class 'LDA_Gibbscontrol' [package "topicmodels"] with 14 slots
..@ k             : int 4
..@ terms         : chr [1:20319] "aakash" "aapl" "aaron" "aarons" ...
..@ documents     : chr [1:7600] "1-Business" "2-Sci/Tech" "3-Sci/Tech" "4-Sci/Tech" ...
..@ beta          : num [1:4, 1:20319] -10.4 -12.7 -12.8 -12.7 -10.4 ...
..@ gamma         : num [1:7600, 1:4] 0.25 0.201 0.221 0.217 0.261 ...
..@ wordassignments: List of 5
.. ..- attr(*, "class")= chr "simple_triplet_matrix"
..@ loglikelihood  : num -1049375
..@ iter          : int 100
..@ logLiks       : num(0)
..@ n             : int 130442
```

토픽모델 객체의 beta 슬롯이 제공하는 단어-토픽 확률은 각 토픽으로부터 특정 단어가 생성될 확률, 즉 특정 단어가 각 토픽에서 출현할 확률을 의미한다. beta 슬롯에는 로그값으로 저장되어 있기 때문에 실제 확률을 계산하려면 exp() 함수를 이용하여 변환한다. 예를 들어, 처음 다섯 단어가 네 개의 각 토픽에서 발생할 확률은 다음과 같이 구할 수 있다. 행은 토픽이고 열은 단어인 토픽×단어 행렬 형식으로 출력된다.

```
> news.lda@beta[, 1:5]
          [,1]       [,2]       [,3]      [,4]      [,5]
[1,] -10.37187 -10.371868  -9.725241 -10.37187 -12.76976
[2,] -12.74548 -12.745483 -12.745483 -12.74548 -12.74548
[3,] -12.76047  -9.326485 -12.760472 -12.76047  -9.71595
[4,] -12.74575 -10.347850  -9.701223 -12.74575 -12.74575
> exp(news.lda@beta[, 1:5])
             [,1]         [,2]         [,3]         [,4]         [,5]
[1,] 3.130077e-05 3.130077e-05 5.975602e-05 3.130077e-05 2.845525e-06
[2,] 2.915460e-06 2.915460e-06 2.915460e-06 2.915460e-06 2.915460e-06
[3,] 2.872086e-06 8.903466e-05 2.872086e-06 2.872086e-06 6.031380e-05
[4,] 2.914696e-06 3.206165e-05 6.120861e-05 2.914696e-06 2.914696e-06
```

토픽별로 발생 확률이 가장 높은 상위 다섯 개 단어를 추출하여 이들의 분포를 그래프로 그려보자. 이를 위해 우선 tidy() 함수를 이용하여 다음과 같이 베타 확률 행렬을 한 행에 토픽, 단어, 단어-토픽 확률이 하나씩 나란히 배치된 타이디-텍스트 형식으로 변환한다.[42)]

```
> library(tidytext)
> news.term <- tidy(news.lda, matrix="beta")
> news.term
# A tibble: 81,276 x 3
  topic term          beta
  <int> <chr>        <dbl>
 1     1 aakash 0.0000313
 2     2 aakash 0.00000292
 3     3 aakash 0.00000287
…(중략)
 8     4 aapl   0.0000321
 9     1 aaron  0.0000598
10     2 aaron  0.00000292
# ... with 81,266 more rows
```

예를 들어, 여기에서 첫 번째 단어 aakash가 토픽1에 포함될 확률은 0.0000313이고, 토픽2에 포함될 확률은 0.00000292이다. 이 데이터셋으로부터 토픽별로 출현할 가능성이 가장 큰 상위 다섯 개 단어를 추출한다. 다음과 같이 토픽별로 다섯 개씩 모두 20개의 토픽별 단어별 발생 확률을 추출할 수 있다.

```
> library(dplyr)
> news.term.top <- news.term %>%
+   group_by(topic) %>%
+   slice_max(order_by=beta, n=5) %>%
+   ungroup() %>%
+   arrange(topic, -beta)
```

42) tidy() 함수는 LDA 클래스의 객체가 주어지면 내부적으로 lda_tidiers() 하위 함수를 호출하여 토픽 모델 객체의 beta 슬롯과 gamma 슬롯으로부터 정보를 추출한 후 타이디-텍스트 형식의 데이터셋으로 변환한다.

```
> news.term.top
# A tibble: 20 x 3
   topic term          beta
   <int> <chr>        <dbl>
 1     1 president  0.00959
 2     1 united     0.00780
 3     1 people     0.00774
…(중략)
18     4 software   0.00665
19     4 internet   0.00601
20     4 plans      0.00542
```

이 토픽별 상위 다섯 개 단어가 해당 토픽에서 발생할 확률은 다음과 같이 그래프로 그릴 수 있다. 생성된 그래프는 [그림 7-24]와 같다.

```
> library(ggplot2)
> ggplot(news.term.top,
+        aes(reorder_within(x=term, by=beta, within=topic),
+            beta, fill=factor(topic))) +
+   geom_col(show.legend=FALSE) +
+   facet_wrap(~ paste("Topic", topic), scales="free") +
+   scale_x_reordered() +
+   coord_flip() +
+   theme_minimal() +
+   labs(x=NULL, y="Word-Topic Probability (Beta)",
+        title="News") +
+   theme(plot.title=element_text(face="bold"),
+         strip.text=element_text(face="bold"))
```

토픽모델링은 각 토픽을 단어의 혼합체로서뿐만 아니라 각 문서를 토픽의 혼합체로서 모델링한다. 각 토픽이 문서에 할당될 확률, 즉 문서의 토픽구성 비율은 토픽모델 객체의 gamma 슬롯에서 확인할 수 있다. 예를 들어, 처음 다섯 개의 뉴스 기사가 네 개의 각 토픽에 귀속될 확률은 다음과 같다. 행은 문서이고 열은 토픽인 문서×토픽 행렬 형식으로 출력된다.

[그림 7-24] **뉴스 기사.** 토픽별로 발생 확률이 높은 상위 다섯 개 단어를 확인할 수 있다. 높은 베타값은 단어와 토픽 간의 관련성이 높다는 것을 나타낸다.

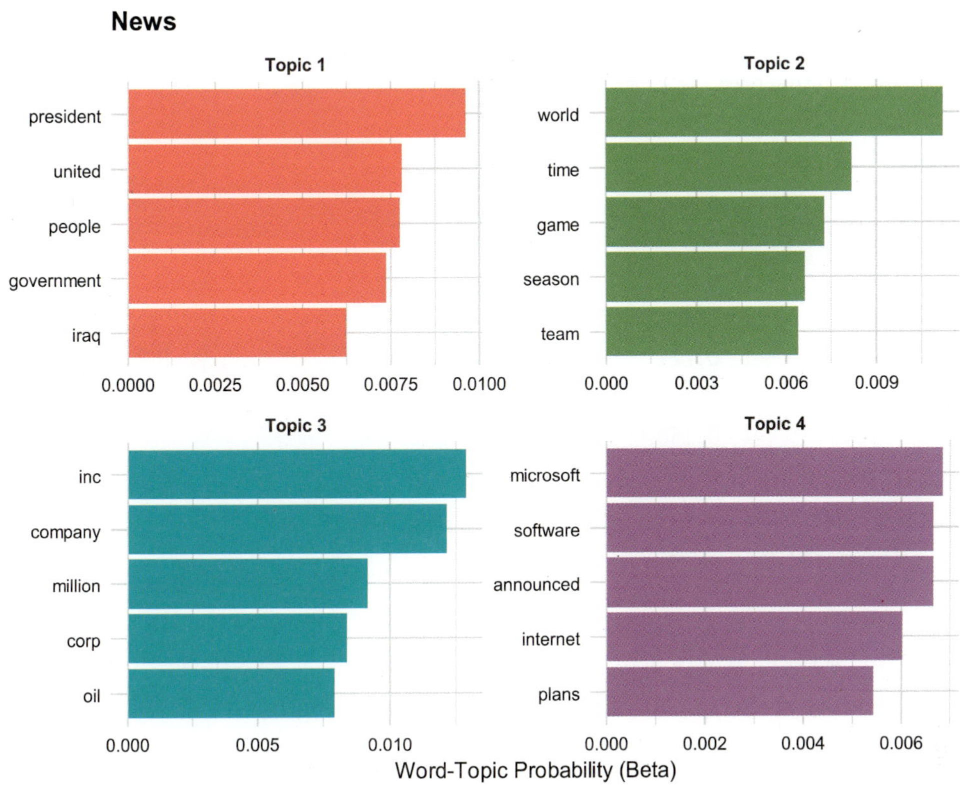


```
> news.lda@gamma[1:5,]
          [,1]      [,2]      [,3]      [,4]
[1,] 0.2500000 0.2177419 0.3145161 0.2177419
[2,] 0.2013889 0.2152778 0.2152778 0.3680556
[3,] 0.2214286 0.3357143 0.2214286 0.2214286
[4,] 0.2171053 0.2302632 0.2302632 0.3223684
[5,] 0.2611940 0.2313433 0.2910448 0.2164179
```

각 토픽별 뉴스 기사의 발생 확률을 추출하여 뉴스 기사의 실제 카테고리별로 이들의 분포를 그려보자. 그러면 각 카테고리별로 어떤 토픽이 우세한지 시각적으로 확인할 수 있고, 이를 통해 추출한 토픽과 사전에 정의된 카테고리 간의 관련성을 유추해볼 수 있다. 이를 위해 우선

tidy() 함수를 이용하여 다음과 같이 감마 확률 행렬을 한 행에 문서(즉 뉴스 기사), 토픽, 문서-토픽 확률이 하나씩 나란히 배치된 타이디-텍스트 형식으로 변환한다.

```
> news.doc <- tidy(news.lda, matrix="gamma")
> news.doc
# A tibble: 30,400 x 3
   document     topic gamma
   <chr>        <int> <dbl>
 1 1-Business       1 0.25
 2 2-Sci/Tech       1 0.201
 3 3-Sci/Tech       1 0.221
…(중략)
 8 8-Sci/Tech       1 0.150
 9 9-Sci/Tech       1 0.233
10 10-Sci/Tech      1 0.254
# ... with 30,390 more rows
```

예를 들어, 여기에서 첫 번째 뉴스 기사 1-Business는 토픽1로 배정될 확률이 0.250이고, 두 번째 뉴스 기사 2-Sci/Tech는 토픽1로 배정될 확률이 0.201이다. 이는 다시 말해 1-Business 기사는 토픽1에 속하는(즉 토픽1로부터 생성되는) 단어의 25.0%를 포함하고 있다는 의미이고, 2-Sci/Tech 기사는 토픽1에 속하는 단어의 20.1%를 포함하고 있다는 것을 나타낸다.

우리는 뉴스 기사의 실제 카테고리를 알고 있고 토픽모델링을 통해 뉴스 기사가 특정 토픽으로 배정될 확률을 알고 있으므로 이제 이러한 정보를 이용하여 토픽모델링이 얼마나 성공적으로 수행되었는지 평가해볼 수 있다. 즉 토픽모델링에 의해 추출한 토픽과 원래의 뉴스 기사 카테고리가 어느 정도 일치하는지 살펴본다. 토픽모델링이 성공적이라면 같은 카테고리 내의 뉴스 기사들은 대부분 대응되는 하나의 토픽으로부터 생성될 것으로 기대할 수 있다. 뉴스 기사의 카테고리별로 토픽 배정 확률의 분포를 시각화해서 각 카테고리 내에 다른 토픽들에 비해 상대적으로 높은 확률분포를 보이는 토픽이 존재하는지 살펴본다. 이러한 토픽이 존재하면 토픽모델링을 통해 추출한 토픽은 실제 카테고리와 밀접한 관련을 갖는다고 볼 수 있다.

개별 카테고리 내에서 뉴스 기사의 토픽별 배정 확률을 시각화하기 위하여 우선 다음과 같이 카테고리 정보를 별도의 열로 분리한다.

```
> library(tidyr)
> news.doc <- news.doc %>%
+   separate(document, c("id", "category"), sep="-", convert=TRUE)
> news.doc
# A tibble: 30,400 x 4
      id category topic gamma
   <int> <chr>    <int> <dbl>
 1     1 Business     1 0.25
 2     2 Sci/Tech     1 0.201
 3     3 Sci/Tech     1 0.221
…(중략)
 8     8 Sci/Tech     1 0.150
 9     9 Sci/Tech     1 0.233
10    10 Sci/Tech     1 0.254
# ... with 30,390 more rows
```

이 데이터셋을 이용하여 [그림 7-25]와 같은 그래프를 그릴 수 있다. 뉴스 기사의 카테고리별로 뉴스 기사의 각 토픽 배정 확률의 분포를 시각적으로 확인할 수 있다.

```
> library(ggplot2)
> ggplot(news.doc, aes(factor(topic), gamma, fill=category)) +
+   geom_boxplot(color="gray50", show.legend=FALSE,
+               outlier.shape=21, outlier.color="black", outlier.fill="gray") +
+   facet_wrap(~ factor(category), scales="free") +
+   scale_fill_brewer(palette="Dark2") +
+   theme_bw() +
+   labs(x="Topic", y="Document-Topic Probability (Gamma)",
+        title="News") +
+   theme(strip.background=element_rect(fill="aliceblue"),
+         strip.text=element_text(face="bold", color="steelblue"),
+         plot.title=element_text(face="bold"),
+         panel.grid.major.x=element_blank(),
+         panel.grid.minor.x=element_blank())
```

[그림 7-25] **뉴스 기사.** 뉴스 카테고리별로 뉴스 기사의 각 토픽 배정 확률의 분포를 확인할 수 있다. 높은 감마값 분포는 해당 카테고리의 주요 토픽을 나타낸다.

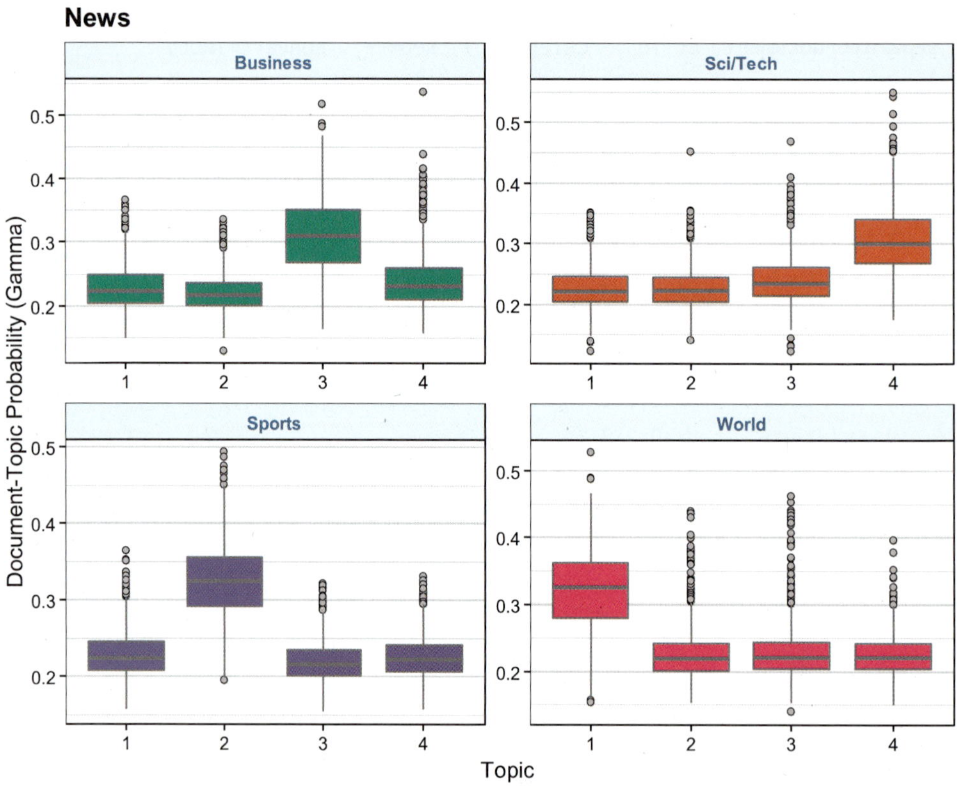

[그림 7-25]의 그래프를 보면 각 카테고리별로 우세한 토픽이 존재한다. 예를 들어, Business 카테고리에서는 토픽3이, Sci/Tech 카테고리에서는 토픽4가, Sports 카테고리에서는 토픽2가, World 카테고리에서는 토픽1이 다른 토픽에 비해 상대적으로 높은 발생 확률을 갖고 있어 각 카테고리를 대표한다. 즉 토픽모델링을 통해 추출한 토픽과 실제 카테고리는 일 대 일의 대응관계를 갖는다. 따라서 토픽1, 토픽2, 토픽3, 토픽4는 각각 국제정세, 스포츠, 비즈니스, 과학/기술과 관련된 토픽이라고 추론할 수 있다.

부록

Appendix

데이터전처리

APPENDIX

데이터전처리[1)]

A.1 분할-적용-결합

데이터의 전처리는 대부분 주어진 데이터를 분할하고, 분할된 데이터에 특정 함수를 적용하여 계산하고, 그 결과를 모아서 결합하는 일련의 과정으로 이루어진다. 이러한 일련의 과정을 SAC(split, apply, combine), 즉 분할-적용-결합 과정이라고 한다. 여기에서 소개할 **dplyr** 패키지는 데이터프레임 형식의 데이터셋을 대상으로 이러한 일련의 데이터 변환 과정을 지원하는 유용한 함수를 제공한다.

dplyr 패키지는 다섯 개의 기본 함수를 이용하여 기초적인 데이터전처리 작업을 수행할 수 있다. 원하는 행과 열을 추출할 수 있고(`filter()` 함수, `select()` 함수), 행을 소팅할 수 있으며(`arrange()` 함수), 기존 변수를 이용하여 새로운 변수를 생성할 수 있고(`mutate()` 함수), 요약 통계량을 계산할 수 있다(`summarise()` 함수).

R의 표준패키지에 내장되어 있는 `airquality` 데이터셋을 이용하여 **dplyr** 패키지가 제공하는 함수를 살펴보자. `airquality` 데이터셋에는 뉴욕시의 5개월간의 대기상태가 네 개 측정변수로 기록되어 있다.

---

1) '부록. 데이터전처리'는 'R 기초와 활용'(곽기영 2022)을 바탕으로 작성하였다. 곽기영 교수의 유튜브 채널에서 R을 이용한 데이터전처리 방법을 포함한 다양한 R 프로그래밍 동영상 강의를 시청할 수 있다(https://www.youtube.com/곽기영).

```
> head(airquality)
  Ozone Solar.R Wind Temp Month Day
1    41     190  7.4   67     5   1
2    36     118  8.0   72     5   2
3    12     149 12.6   74     5   3
4    18     313 11.5   62     5   4
5    NA      NA 14.3   56     5   5
6    28      NA 14.9   66     5   6
```

filter() 함수는 데이터프레임으로부터 조건과 일치하는 행을 추출한다. 첫 번째 인수에 데이터프레임을 지정하고 두 번째 이후 인수에 추출 조건을 지정한다.

```
> library(dplyr)
> filter(airquality, Month == 6)
  Ozone Solar.R Wind Temp Month Day
1    NA     286  8.6   78     6   1
2    NA     287  9.7   74     6   2
3    NA     242 16.1   67     6   3
…(중략)
28   NA      98 11.5   80     6  28
29   NA      31 14.9   77     6  29
30   NA     138  8.0   83     6  30
```

filter() 함수에서 AND 조건은 , 연산자나 & 연산자를 사용하며 OR 조건은 | 연산자를 이용한다.

```
> filter(airquality, Month == 6, Temp > 90)
  Ozone Solar.R Wind Temp Month Day
1    NA     259 10.9   93     6  11
2    NA     250  9.2   92     6  12
> filter(airquality, Month == 6 & Temp > 90)
  Ozone Solar.R Wind Temp Month Day
1    NA     259 10.9   93     6  11
2    NA     250  9.2   92     6  12
```

```
> filter(airquality, Ozone > 80 | Temp > 90)
  Ozone Solar.R Wind Temp Month Day
1   115     223  5.7   79     5  30
2    NA     259 10.9   93     6  11
3    NA     250  9.2   92     6  12
…(중략)
21   78     197  5.1   92     9   2
22   73     183  2.8   93     9   3
23   91     189  4.6   93     9   4
```

단순히 특정 위치의 행을 추출하려면 다음과 같이 slice() 함수를 이용한다. 첫 번째 인수에 데이터프레임을 지정하고 두 번째 인수에 추출하려는 행 번호를 지정한다.

```
> slice(airquality, 6:10)
  Ozone Solar.R Wind Temp Month Day
1    28      NA 14.9   66     5   6
2    23     299  8.6   65     5   7
3    19      99 13.8   59     5   8
4     8      19 20.1   61     5   9
5    NA     194  8.6   69     5  10
```

이 밖에도 slice_*() 형태로 정의된 다양한 함수를 이용하여 행 추출작업을 보다 효과적으로 수행할 수 있다. 예를 들어, slice_max() 함수와 slice_min() 함수는 인수로 주어진 변수의 값을 기준으로 상위 n개 행과 하위 n개 행을 추출한다. order_by 인수에 추출 기준으로 사용할 열을 지정하고 n 인수에 추출할 행의 개수를 지정한다. n 인수를 지정하지 않으면 최소값과 최대값을 갖는 한 개의 행이 출력된다. 동률이 발생할 경우 n 인수에 지정된 행의 개수보다 더 많은 행이 추출될 수도 있다. 동률을 무시하고 지정된 행의 개수만큼만 추출하려면 추가로 with_ties=FALSE를 지정한다.

```
> slice_max(airquality, order_by=Ozone, n=3)
  Ozone Solar.R Wind Temp Month Day
1   168     238  3.4   81     8  25
2   135     269  4.1   84     7   1
3   122     255  4.0   89     8   7
> slice_min(airquality, order_by=Temp, n=3)
  Ozone Solar.R Wind Temp Month Day
1    NA      NA 14.3   56     5   5
2     6      78 18.4   57     5  18
3    NA      66 16.6   57     5  25
4    NA      NA  8.0   57     5  27
```

열을 추출하려면 select() 함수를 이용한다. 첫 번째 인수에는 데이터프레임을 지정한다. 두 번째 이후 인수에 추출할 열을 지정한다. 여러 열을 추출할 때는 , 연산자로 구분하며, 인접한 열을 추출할 때는 : 연산자를 이용할 수 있다.

```
> select(airquality, Month, Day, Temp)
    Month Day Temp
1       5   1   67
2       5   2   72
3       5   3   74
…(중략)
151     9  28   75
152     9  29   76
153     9  30   68
> select(airquality, Temp:Day)
    Temp Month Day
1     67     5   1
2     72     5   2
3     74     5   3
…(중략)
151   75     9  28
152   76     9  29
153   68     9  30
```

select() 함수 내에서 함께 사용할 수 있는 많은 헬퍼 함수(helper function)가 있다. 헬퍼 함수는 특정 열을 보다 편리하게 추출할 수 있도록 도와준다.[2)] starts_with(), ends_with(), contains() 함수 등은 각각 특정 문자열로 시작하거나 끝나는 열을 매칭하거나 특정 문자열을 포함하고 있는 열을 매칭해서 해당 열을 추출할 수 있도록 도와준다. everything() 함수는 모든 열을 매칭하고 last_col() 함수는 마지막 열을 식별한다. 예를 들어, everything() 헬퍼 함수를 select() 함수와 함께 사용하면 다음과 같이 특정 변수를 데이터프레임의 시작 열 위치로 쉽게 이동할 수 있다.

```
> select(airquality, Month, Day, everything())
    Month Day Ozone Solar.R Wind Temp
1       5   1    41     190  7.4   67
2       5   2    36     118  8.0   72
3       5   3    12     149 12.6   74
…(중략)
151     9  28    14     191 14.3   75
152     9  29    18     131  8.0   76
153     9  30    20     223 11.5   68
```

arrange() 함수는 지정한 열을 기준으로 오름차순으로 데이터프레임을 소팅한다. 첫 번째 인수에 데이터프레임을 지정하고 두 번째 이후의 인수에 소팅 기준 열을 지정한다. 두 개 이상의 열을 지정하면 동률이 발생할 때 추가로 지정한 열에 의해 소팅된다. 내림차순으로 소팅할 때는 desc() 함수를 함께 사용한다.

```
> arrange(airquality, Temp, Month, Day)
    Ozone Solar.R Wind Temp Month Day
1      NA      NA 14.3   56     5   5
2       6      78 18.4   57     5  18
3      NA      66 16.6   57     5  25
…(중략)
151    85     188  6.3   94     8  31
152    84     237  6.3   96     8  30
153    76     203  9.7   97     8  28
```

2) select() 함수 내에서 함께 사용할 수 있는 헬퍼 함수에 대한 보다 자세한 설명은 select() 함수의 도움말(?select)을 참고한다.

```
> arrange(airquality, desc(Temp), Month, Day)
    Ozone Solar.R Wind Temp Month Day
1      76     203  9.7   97     8  28
2      84     237  6.3   96     8  30
3     118     225  2.3   94     8  29
…(중략)
151    NA      66 16.6   57     5  25
152    NA      NA  8.0   57     5  27
153    NA      NA 14.3   56     5   5
```

mutate() 함수는 새로운 열을 추가할 때 사용한다. mutate() 함수를 이용하여 다음과 같이 기존 열을 바탕으로 새로운 열을 생성할 수 있다. 첫 번째 인수에 데이터프레임을 지정하고 두 번째 이후의 인수에 새롭게 생성할 변수에 대한 표현식을 지정한다.

```
> mutate(airquality, Temp.C=(Temp-32)/1.8, Diff=Temp.C - mean(Temp.C))
  Ozone Solar.R Wind Temp Month Day   Temp.C         Diff
1    41     190  7.4   67     5   1 19.44444  -6.04575163
2    36     118  8.0   72     5   2 22.22222  -3.26797386
3    12     149 12.6   74     5   3 23.33333  -2.15686275
4    18     313 11.5   62     5   4 16.66667  -8.82352941
5    NA      NA 14.3   56     5   5 13.33333 -12.15686275
6    28      NA 14.9   66     5   6 18.88889  -6.60130719
…(중략)
```

summarise() 함수(또는 summarize() 함수)는 평균, 중위수, 표준편차, 최소값, 최대값 같은 요약 통계량을 계산한다. 계산결과는 단일 행으로 이루어진 데이터프레임 형식으로 출력된다. 첫 번째 인수에 데이터프레임을 지정하며 두 번째 이후 인수에 사용할 요약 통계량 계산 함수를 지정한다. mean(), median(), sd(), min(), max() 등과 같은 표준패키지에서 제공하는 요약 통계량 계산 함수를 사용할 수 있다. dplyr 패키지는 그 밖에 summarise() 함수와 함께 사용할 수 있는 몇 가지 유용한 요약 통계량 계산 함수를 추가로 제공한다. 예를 들어, n()은 데이터셋의 행의 개수를 반환한다. n_distinct(x)는 x에 포함된 중복되지 않는 고유한 값의 개수를 출력한다. first(x), last(x), nth(x, n)는 각각 x[1], x[length(x)], x[n]에 해당하는 기능을 수행한다.

```
> summarise(airquality, mean(Temp))
  mean(Temp)
1   77.88235
> summarise(airquality,
+           Min=min(Temp, na.rm=TRUE),
+           Median=median(Temp, na.rm=TRUE),
+           Mean=mean(Temp, na.rm=TRUE),
+           SD=sd(Temp, na.rm=TRUE),
+           Max=max(Temp, na.rm=TRUE),
+           N=n(),
+           Distinct.Month=n_distinct(Month),
+           First.Month=first(Month),
+           Last.Month=last(Month))
  Min Median     Mean      SD Max   N Distinct.Month First.Month Last.Month
1  56     79 77.88235 9.46527  97 153              5           5          9
```

지금까지 살펴본 함수들은 그 자체로도 유용하지만 group_by() 함수와 함께 사용하면 더욱 강력한 기능을 발휘한다. group_by() 함수는 주어진 데이터셋으로부터 집단변수의 레벨별로 분할된 그룹화된 객체를 생성한다. 첫 번째 인수에 데이터프레임을 지정하고 두 번째 인수에 집단변수를 지정한다. group_by() 함수에 의해 생성된 그룹화된 객체는 외관상으로는 기존의 데이터셋과 구별할 수 없으나 이후 적용되는 함수를 통해서 그룹화된 특성이 드러난다. 다음과 같이 group_by() 함수에 Month를 집단변수로 지정함으로써 월별로 그룹화된 객체를 생성할 수 있다.

```
> air.group <- group_by(airquality, Month)
> class(air.group)
[1] "grouped_df" "tbl_df"     "tbl"        "data.frame"
> air.group
# A tibble: 153 x 6
# Groups:   Month [5]
   Ozone Solar.R  Wind  Temp Month   Day
   <int>   <int> <dbl> <int> <int> <int>
 1    41     190   7.4    67     5     1
 2    36     118   8      72     5     2
 3    12     149  12.6    74     5     3
…(중략)
```

```
8    19        99  13.8    59      5      8
9     8        19  20.1    61      5      9
10   NA       194   8.6    69      5     10
# ... with 143 more rows
```

일단 그룹화된 객체를 생성하면 이 객체에 앞에서 살펴본 함수들을 적용하여 집단별 처리를 수행할 수 있다. 이 함수들은 입력된 데이터가 group_by() 함수에 의해 생성된 그룹화된 객체이면 자동으로 집단별 작업을 수행한다. 앞에서 생성한 월 단위로 그룹화된 데이터 객체 air.group을 이용하여 다음과 같이 월별 통계량을 구할 수 있다.

```
> summarise(air.group, Mean.Temp=mean(Temp, na.rm=TRUE))
# A tibble: 5 x 2
  Month Mean.Temp
  <int>     <dbl>
1     5      65.5
2     6      79.1
3     7      83.9
4     8      84.0
5     9      76.9
> summarise(air.group,
+           Number.of.Days=n(),
+           Mean.Temp=mean(Temp, na.rm=TRUE),
+           SD.Temp=sd(Temp, na.rm=TRUE))
# A tibble: 5 x 4
  Month Number.of.Days Mean.Temp SD.Temp
  <int>          <int>     <dbl>   <dbl>
1     5             31      65.5    6.85
2     6             30      79.1    6.60
3     7             31      83.9    4.32
4     8             31      84.0    6.59
5     9             30      76.9    8.36
```

그룹화를 해제하려면 다음과 같이 ungroup() 함수를 이용한다. 그룹화되었을 때와 달리 전체 데이터셋에 대한 통계량이 계산된다.

```
> air.ungroup <- ungroup(air.group)
> class(air.ungroup)
[1] "tbl_df"     "tbl"        "data.frame"
> summarise(air.ungroup, Mean.Temp=mean(Temp, na.rm=TRUE))
# A tibble: 1 x 1
  Mean.Temp
      <dbl>
1      77.9
```

dplyr 패키지는 파이프 연산자(pipe operator) %>%를 제공한다.[3] 파이프 연산자는 한 함수로부터의 출력결과나 데이터를 다음 함수의 첫 번째 인수로 전달한다. 예를 들어, %>%는 다음과 같은 방식으로 동작한다.

```
> iris %>% head
  Sepal.Length Sepal.Width Petal.Length Petal.Width Species
1          5.1         3.5          1.4         0.2  setosa
2          4.9         3.0          1.4         0.2  setosa
3          4.7         3.2          1.3         0.2  setosa
4          4.6         3.1          1.5         0.2  setosa
5          5.0         3.6          1.4         0.2  setosa
6          5.4         3.9          1.7         0.4  setosa
> 1:10 %>% mean
[1] 5.5
```

iris 데이터셋이 head() 함수의 인수로 전달되어 데이터셋의 처음 여섯 개 행이 출력되었으며, 1부터 10까지의 숫자 벡터가 mean() 함수의 인수로 전달되어 그 숫자들의 평균이 계산되었다.

%>%를 이용하면 일련의 작업을 연결해서 한 번에 수행할 수 있다. 즉 최종결과를 얻기 위하여 중간에 임시로 데이터프레임을 생성할 필요가 없다. dplyr 패키지가 제공하는 함수에는 공통적으로 첫 번째 인수에 데이터프레임을 지정한다. %>%를 이용하면 선행작업의 결과가

---

3) %>%는 사실 magrittr 패키지에 포함되어 있다. 그러나 dplyr 패키지는 자동으로 magrittr 패키지를 적재하기 때문에 magrittr 패키지를 추가로 메모리에 적재할 필요는 없다.

뒤에 오는 함수의 입력값으로 사용되기 때문에 매번 함수에 데이터프레임을 지정할 필요가 없게 된다. 다음과 같은 예를 보자.

```
> a1 <- select(airquality, Ozone, Temp, Month)
> a2 <- group_by(a1, Month)
> a3 <- summarise(a2,
+                 Mean.Ozone=mean(Ozone, na.rm=TRUE),
+                 Mean.Temp=mean(Temp, na.rm=TRUE))
> a4 <- filter(a3, Mean.Ozone > 30 | Mean.Temp > 70)
> a5 <- arrange(a4, desc(Mean.Temp))
> a6 <- left_join(a5, tibble(Month=1:12, Month.Name=month.name), by="Month")
> a6
# A tibble: 4 x 4
  Month Mean.Ozone Mean.Temp Month.Name
  <int>      <dbl>     <dbl> <chr>
1     8       60.0      84.0 August
2     7       59.1      83.9 July
3     6       29.4      79.1 June
4     9       31.4      76.9 September
```

이 예는 airquality 데이터셋으로부터 Ozone, Temp, Month 세 열을 선택한 후(a1), 월별로 그룹화하고(a2), 집단별(즉 월별) Ozone과 Temp의 평균을 구한 후(a3), Ozone 평균값이 30보다 크거나 Temp 평균값이 70보다 큰 월(즉 행)을 추출하여(a4), 그 결과를 Temp 평균값의 내림차순으로 소팅한 다음에(a5) 최종적으로 월 이름 데이터셋과 결합하여 영문 월 이름을 함께 출력하는(a6) 일련의 작업을 단계별로 수행한 코드이다. 이러한 일련의 작업을 다음과 같이 파이프 연산자 %>%를 이용하여 중간 단계 없이 한 번에 수행할 수 있다.

```
> air <- airquality %>%
+   select(Ozone, Temp, Month) %>%
+   group_by(Month) %>%
+   summarise(Mean.Ozone=mean(Ozone, na.rm=TRUE),
+             Mean.Temp=mean(Temp, na.rm=TRUE)) %>%
+   filter(Mean.Ozone > 30 | Mean.Temp > 70) %>%
```

```
+   arrange(desc(Mean.Temp)) %>%
+   left_join(tibble(Month=1:12, Month.Name=month.name), by="Month")
> air
# A tibble: 4 x 4
  Month Mean.Ozone Mean.Temp Month.Name
  <int>      <dbl>     <dbl> <chr>
1     8       60.0      84.0 August
2     7       59.1      83.9 July
3     6       29.4      79.1 June
4     9       31.4      76.9 September
```

A.2 반복 적용

데이터분석을 위한 전처리 작업 중에 어떤 함수를 일련의 데이터 원소에 반복적으로 적용해야 할 때가 있다. R은 이런 경우 사용할 수 있는 함수들을 제공한다. 이 함수들은 함수 이름이 모두 'apply'로 끝나는 공통점을 갖고 있어 'apply family'라고도 불린다. 가장 많이 사용되는 apply(), lapply(), sapply() 함수를 살펴본다. 적용하려는 데이터 객체 유형에 따라 사용할 수 있는 함수가 결정된다.

apply() 함수는 적용하려는 데이터 객체가 행렬(또는 배열)일 때 이용할 수 있다. 데이터프레임이 주어지면 내부적으로 행렬로 변환된다.[4] apply() 함수는 세 개의 인수를 갖는다. 첫 번째 인수(X)에는 함수가 적용되는 행렬을 지정한다. 두 번째 인수(MARGIN)에는 함수가 적용될 데이터셋의 차원을 지정한다. 행렬의 경우 1은 행을 나타내며 2는 열을 의미한다. 세 번째 인수(FUN)에는 함수를 지정한다. 함수가 추가로 인수를 필요로 할 경우 세 번째 인수 이후에 추가 인수를 지정할 수 있다. apply() 함수는 두 번째 인수에 지정된 차원에 대해 세 번째 인수에 지정된 함수를 반복하여 적용하고 그 결과를 모아서 하나의 벡터나 행렬 형식으로 반환한다.

예를 위해 다음과 같은 간단한 행렬을 생성해보자.

---

4) 적용하려는 데이터 객체가 데이터프레임일 때 apply() 함수를 이용하면 R은 데이터프레임을 우선 행렬로 변환한 후 작업을 수행한다. 따라서 데이터프레임이 하나의 데이터 유형(즉 전부 숫자 또는 전부 문자)으로만 구성되어 있으면 문제 없이 동작한다. 그러나 데이터프레임에 여러 유형의 데이터가 섞여 있으면 R은 모든 열을 동일한 데이터 유형으로 변환하기 때문에 의도한 결과를 얻지 못할 수도 있다.

```
> x <- matrix(1:20, nrow=4, ncol=5)
> x
     [,1] [,2] [,3] [,4] [,5]
[1,]    1    5    9   13   17
[2,]    2    6   10   14   18
[3,]    3    7   11   15   19
[4,]    4    8   12   16   20
```

각 행의 최대값을 구하기 위해서는 각 행에 차례대로 max() 함수를 적용하면 된다. 이때 다음과 같이 apply() 함수를 이용할 수 있다. 첫 번째 인수에는 적용 대상 행렬을, 두 번째 인수에는 행을 의미하는 1을, 세 번째 인수에는 최대값을 구해주는 max() 함수를 지정한다.

```
> apply(X=x, MARGIN=1, FUN=max)
[1] 17 18 19 20
```

각 열의 최소값을 구하기 위해서는 apply() 함수에 다음과 같이 인수를 지정한다.

```
> apply(x, 2, min)
[1]  1  5  9 13 17
```

lapply() 함수와 sapply() 함수는 apply() 함수와 달리 적용하려는 데이터 객체가 리스트 또는 벡터일 때 사용할 수 있다. 데이터프레임이 주어지면 내부적으로 리스트로 변환된다. 이 두 함수는 두 개의 인수를 갖는다. 첫 번째 인수(X)에는 함수를 적용할 리스트를 지정한다. 두 번째 인수(FUN)에는 함수를 지정한다. 리스트 내의 모든 원소에 대해 지정된 함수가 반복적으로 적용된다. lapply() 함수는 실행결과를 항상 리스트 형식으로 반환한다. 'lapply'에서 'l'은 'list'를 의미한다.

반면에 sapply() 함수는 실행결과를 될 수 있는 대로 벡터 또는 행렬로 반환하려고 한다. 'sapply'에서 's'는 'simplify'를 의미하며 sapply() 함수는 실행결과를 가능한 벡터 또는 행렬로 단순화한다. 벡터 또는 행렬로 단순화되기 위해서는 실행결과 반환되는 값이 모두 동일한 길이를 가져야 한다. 길이가 모두 동일하게 1이면, 즉 결과값이 한 개인 경우 벡터로 반환되고 길이가 모두 동일하나 결과값이 두 개 이상이면 행렬로 반환된다. 실행결과 반환되는 값들의 길이가 서로 다르면 단순화는 불가능해지며 리스트 형식으로 반환된다. 이 경우 **lapply()** 함수와 **sapply()** 함수는 출력결과에 있어서 차이가 없다.

예를 위해 다음과 같이 네 개 학년도의 시험성적이 기록된 데이터셋을 생성해보자. 매 학년도마다 학생 수가 서로 다르기 때문에 리스트 형식으로 데이터를 생성한다.

```
> exams <- list(s1=c(78, 89, 91, 85, 95, 98),
+               s2=c(85, 86, 97, 99, 90),
+               s3=c(98, 96, 89, 90, 93, 85, 92),
+               s4=c(98, 96, 91, 88, 93, 99))
> exams
$s1
[1] 78 89 91 85 95 98

$s2
[1] 85 86 97 99 90

$s3
[1] 98 96 89 90 93 85 92

$s4
[1] 98 96 91 88 93 99
```

length() 함수를 이용하여 각 학년도의 학생 수를 구할 수 있다. **lapply()** 함수는 **length()** 함수의 실행결과를 리스트 형식으로 출력한다. 각 학년도에 적용된 **length()** 함수의 실행결과는 길이가 1로서 모두 동일하므로 **sapply()** 함수는 그 결과를 벡터로 출력한다.

```
> lapply(exams, length)
$s1
[1] 6

$s2
[1] 5
```

```
$s3
[1] 7

$s4
[1] 6

> sapply(exams, length)
s1 s2 s3 s4
 6  5  7  6
```

sapply() 함수를 이용하면 학년도별 시험점수의 평균 및 표준편차도 쉽게 구할 수 있다. 평균을 구하는 mean() 함수나 표준편차를 구하는 sd() 함수 모두 하나의 값만을 반환하기 때문에 각 학년도의 평균과 표준편차를 집계한 sapply() 함수의 출력결과는 다음과 같이 벡터로 반환된다.

```
> sapply(exams, mean)
      s1       s2       s3       s4
89.33333 91.40000 91.85714 94.16667
> sapply(exams, sd)
      s1       s2       s3       s4
7.174027 6.348228 4.375255 4.262237
```

만일 호출한 함수가 길이 2 이상의 벡터를 반환하면 sapply() 함수는 반환된 벡터를 모아 최종결과를 행렬로 만들어 반환한다. 예를 들어, range() 함수는 두 개의 원소(범위 내의 최소값과 최대값)를 갖는 벡터를 반환하기 때문에 sapply() 함수에서 range() 함수를 호출하면 출력결과는 다음과 같이 행렬로 반환된다.

```
> sapply(exams, range)
     s1 s2 s3 s4
[1,] 78 85 85 88
[2,] 98 99 98 99
```

lapply() 함수와 sapply() 함수는 적용하려는 데이터 객체가 데이터프레임일 때도 사용할 수 있다. 예를 들어, iris 데이터프레임을 구성하는 각 열의 클래스를 확인하기 위해서 다음과 같이 lapply() 함수를 이용할 수 있다. 각 열의 클래스가 리스트 형식으로 출력된다.

```
> lapply(iris, class)
$Sepal.Length
[1] "numeric"

$Sepal.Width
[1] "numeric"

$Petal.Length
[1] "numeric"

$Petal.Width
[1] "numeric"

$Species
[1] "factor"
```

sapply() 함수를 이용하면 단순화된 형태인 벡터로 출력된다.

```
> sapply(iris, class)
Sepal.Length  Sepal.Width Petal.Length  Petal.Width      Species
   "numeric"    "numeric"    "numeric"    "numeric"     "factor"
```

표준패키지에서 제공되는 'apply family'의 함수뿐만 아니라 purrr 패키지에는 반복 적용 작업을 효과적으로 수행하도록 도와주는 많은 유용한 함수가 포함되어 있다. map() 함수는 리스트 또는 벡터를 입력으로 받아서 각 원소에 특정 함수를 적용하여 작업을 수행하고 그 결과를 입력 데이터와 같은 길이의 리스트 구조로 반환한다.

예를 들어, 다음과 같이 네 개 학년도의 시험성적이 기록된 데이터셋으로부터 map() 함수를 이용하여 학년도별 시험점수의 평균을 구할 수 있다. map() 함수의 첫 번째 인수(.x)에는 리스트 또는 벡터를 지정하고 두 번째 인수(.f)에는 적용할 함수를 지정한다. 결과는 리스트 형식으로 출력된다.


```
> exams <- list(s1=c(78, 89, 91, 85, 95, 98),
+               s2=c(85, 86, 97, 99, 90),
+               s3=c(98, 96, 89, 90, 93, 85, 92),
+               s4=c(98, 96, 91, 88, 93, 99))
> exams
$s1
[1] 78 89 91 85 95 98

$s2
[1] 85 86 97 99 90

$s3
[1] 98 96 89 90 93 85 92

$s4
[1] 98 96 91 88 93 99

> library(purrr)
> map(.x=exams, .f=mean)
$s1
[1] 89.33333

$s2
[1] 91.4

$s3
[1] 91.85714

$s4
[1] 94.16667
```

map() 함수는 수행결과를 항상 리스트 형식으로 출력하지만 이 함수를 확장한 map_*() 형태의 함수를 이용하면 보다 다양한 데이터 유형의 벡터 형식으로 출력할 수 있다. 함수

이름에서 * 부분은 데이터 유형을 나타낸다. map_lgl(), map_int(), map_dbl(), map_chr() 함수는 수행결과를 각각 논리 벡터, 정수 벡터, 실수 벡터, 문자 벡터로 출력한다. 예를 들어, 다음과 같이 학년도별 시험점수의 평균을 리스트 형식이 아닌 실수로 표현된 숫자 벡터 형식으로 출력할 수 있다.

```
> map_dbl(exams, mean)
      s1       s2       s3       s4
89.33333 91.40000 91.85714 94.16667
```

map_*() 계열의 함수에는 반복 적용할 함수에서 사용할 인수를 추가로 지정할 수 있다. 두 번째 인수(.f)인 반복 적용 함수 다음에 지정한다. 예를 들어, 다음과 같이 map_dbl() 함수에 mean() 함수의 trim 인수를 추가로 지정하여 상하 30%의 관측값이 제거된 절삭평균을 구할 수 있다.

```
> map_dbl(exams, mean, trim=0.3)
      s1       s2       s3       s4
90.00000 91.00000 91.66667 94.50000
```

purrr 패키지의 함수는 모두 일관되게 첫 번째 인수로 데이터셋을 받기 때문에 파이프 연산자 %>%와 함께 사용하면 코드를 보다 간결하게 만들 수 있다. 앞서의 작업을 %>%를 이용하여 다음과 같은 방식으로 수행할 수도 있다.

```
> exams %>%
+   map_dbl(mean, trim=0.3)
      s1       s2       s3       s4
90.00000 91.00000 91.66667 94.50000
```

일련의 함수를 순차적으로 적용하는 연속된 작업을 수행할 때 %>%는 특히 유용하다. 예를 들어, 다음과 같이 두 개의 map_*() 계열의 함수를 차례대로 적용하여 각 학년도별 시험점수의 범위(=최대값-최소값)를 계산할 수 있다.

```
> exams %>%
+   map(range) %>%
+   map_dbl(diff)
s1 s2 s3 s4
20 14 13 11
```

여기에서 첫 번째의 map() 함수는 학년도별 시험점수의 최소값과 최대값을 리스트 형식으로 출력하며, 이어서 이 결과를 받아서 두 번째의 map_dbl() 함수는 두 값의 차이를 계산하여 시험점수의 범위를 벡터 형식으로 산출한다.

map_*() 계열 함수의 .f 인수에는 사용자 정의 함수를 지정할 수도 있다. 예를 들어, 다음과 같이 map() 함수에 사용자 정의 함수를 지정하여 시험점수에 10%씩 가산점을 부여하는 작업을 수행할 수 있다.

```
> exams %>%
+   map(function(x) x*1.1)
$s1
[1]  85.8  97.9 100.1  93.5 104.5 107.8

$s2
[1]  93.5  94.6 106.7 108.9  99.0

$s3
[1] 107.8 105.6  97.9  99.0 102.3  93.5 101.2

$s4
[1] 107.8 105.6 100.1  96.8 102.3 108.9
```

포뮬러(formula) 형식을 사용하면 다음과 같이 좀 더 간단한 방식으로 함수를 지정할 수 있다. 포뮬러 형식은 자동으로 함수로 변환된다. function() 부분을 없애고 함수의 실제 실행 부분만을 ~를 붙여서 지정한다. 이때 함수 내에서 참조하는 인수는 . 또는 .x로 지정한다. 여기에서 . 또는 .x는 함수로 넘겨줄 리스트 또는 벡터의 개별 원소를 나타낸다.

```
> exams %>%
+   map(~.x*1.1)
$s1
[1]  85.8  97.9 100.1  93.5 104.5 107.8

$s2
[1]  93.5  94.6 106.7 108.9  99.0

$s3
[1] 107.8 105.6  97.9  99.0 102.3  93.5 101.2

$s4
[1] 107.8 105.6 100.1  96.8 102.3 108.9
```

이러한 포뮬러 형식의 지정 방식은 사용자 정의 함수뿐만 아니라 일반적인 R 함수에도 동일하게 적용된다. 예를 들어, 문자열을 이어 붙이는 작업은 다음과 같이 두 가지 방식으로 수행할 수 있다.

```
> fruits <- c("Apple", "Banana", "Strawberry")
> library(purrr)
> fruits %>%
+   map_chr(paste, "Juice", sep="-")
[1] "Apple-Juice"      "Banana-Juice"      "Strawberry-Juice"
> fruits %>%
+   map_chr(~paste(.x, "Juice", sep="-"))
[1] "Apple-Juice"      "Banana-Juice"      "Strawberry-Juice"
```

첫 번째 코드는 함수 지정 방식이고 두 번째 코드는 포뮬러 지정 방식이다. 포뮬러 방식은 반복작업에 사용하는 함수(여기에서는 paste() 함수)의 원래의 인수 지정 형식을 동일하게 유지할 수 있어 함수의 익숙한 형태를 그대로 사용할 수 있는 장점이 있다.

A.3 형태 변환

데이터셋은 변수와 값을 어떻게 배열하는지에 따라 일반적으로 와이드포맷(wide format)과 롱포맷(long format)이라는 두 가지 형태(shape)를 갖는다. 와이드포맷은 말 그대로 너비는 넓고 길이는 짧게 데이터를 배열하는 것이고, 롱포맷은 그와 반대로 길이는 길게 너비는 좁게 데이터를 배열하는 것이다.

와이드포맷의 데이터셋에는 변수들이 각각 하나의 열로 표현되어 한 행에 관련된 변수와 값이 차례대로 옆으로 넓게 배열된다. 한 분석 대상의 모든 측정값이 하나의 행에 나타난다. 한 분석 대상은 하나의 행으로 표현된다. 예를 들어, [그림 A-1]은 와이드포맷의 데이터셋이다.

롱포맷은 데이터셋에 포함된 모든 변수 목록을 나타내는 하나의 열과 이 변수들에 대한 값을 나타내는 또 하나의 열을 갖는다. 따라서 두 개의 열을 갖는 형태로 데이터가 아래로 길게 배열된다. 하나의 행에는 하나의 변수에 대한 측정값만이 포함되며, 따라서 분석 대상의 변수가 여러 개일 경우 변수값은 여러 행에 걸쳐 나타난다. 한 분석 대상은 여러 행으로 표현된다. 예를 들어, 롱포맷의 데이터셋은 [그림 A-2]와 같은 형태를 갖는다.

[그림 A-1] **와이드포맷의 데이터.** 변수들이 각각 하나의 열로 표현되며 한 분석 대상은 하나의 행으로 표현된다.

country	import	export
A	100	250
B	350	720
C	530	990

[그림 A-2] **롱포맷의 데이터.** 하나의 행에는 하나의 변수에 대한 측정값만이 포함되며 한 분석 대상은 여러 행으로 표현된다.

country	type	amount
A	import	100
A	export	250
B	import	350
B	export	720
C	import	530
C	export	990

데이터분석 함수에 따라 요구하는 데이터 형태가 다를 수 있다. 어떤 데이터분석에는 와이드포맷의 데이터셋이 필요하고 또 다른 데이터분석을 위해서는 롱포맷의 데이터셋이 필요하다. 이처럼 함수마다 요구하는 데이터셋의 형태가 다르기 때문에 데이터전처리 과정 중에 데이터셋을 한 형태에서 다른 형태로 변환할 필요성이 종종 발생한다. 와이드포맷을 주로 사용하는 SPSS와 같은 일반적인 통계 소프트웨어와 달리 R에서는 롱포맷의 데이터셋도 흔히 사용된다. 예를 들면, 고급 그래픽 패키지인 ggplot2는 그래프를 생성할 때 롱포맷의 데이터셋을 선호한다. 또한 많은 통계 및 데이터분석 함수에서도 롱포맷의 데이터셋이 종종 사용된다.

R은 와이드포맷과 롱포맷 간 데이터셋 형태를 변환하는 유용한 함수들을 제공한다. 여기에서는 그 가운데 비교적 선호도가 높은 tidyr 패키지를 소개한다. tidyr 패키지의 pivot_longer() 함수는 와이드포맷을 롱포맷으로 변환하며, pivot_wider() 함수는 롱포맷을 와이드포맷으로 변환한다.[5]

airquality 데이터셋을 대상으로 tidyr 패키지를 이용한 형태 변환을 수행해보자. airquality 데이터셋에는 뉴욕의 대기환경 정보가 여섯 개의 변수로 기록되어 있다. airquality 데이터셋은 와이드포맷이므로 우선 이 데이터셋을 롱포맷으로 변환한다. tidyr 패키지의 pivot_longer() 함수를 이용하여 주어진 데이터셋을 다음과 같이 롱포맷으로 변환한다.

```
> library(tidyr)
> head(airquality)
  Ozone Solar.R Wind Temp Month Day
1    41     190  7.4   67     5   1
2    36     118  8.0   72     5   2
3    12     149 12.6   74     5   3
4    18     313 11.5   62     5   4
5    NA      NA 14.3   56     5   5
6    28      NA 14.9   66     5   6
```

5) tidyr 패키지의 pivot_longer()/pivot_wider() 함수는 기존에 사용중이던 gather()/spread() 함수를 대체한 함수이다. gather()/spread() 함수는 더 이상 새로운 개선작업은 이루어지지 않지만 여전히 사용할 수 있다. 이 밖에 reshape2 패키지의 melt() 함수와 dcast() 함수 또한 많이 사용되는 형태 변환 함수이다. 와이드포맷을 롱포맷으로 변환하기 위해서는 melt() 함수를 이용한다. 반대로 롱포맷을 와이드포맷으로 변환하기 위해서는 dcast() 함수를 이용한다.

```
> aq.long <- pivot_longer(data=airquality, cols=c(Ozone, Solar.R, Wind, Temp),
+                         names_to="Factor", values_to="Measurement")
> head(aq.long)
# A tibble: 6 x 4
  Month   Day Factor  Measurement
  <int> <int> <chr>         <dbl>
1     5     1 Ozone          41
2     5     1 Solar.R       190
3     5     1 Wind            7.4
4     5     1 Temp           67
5     5     2 Ozone          36
6     5     2 Solar.R       118
> tail(aq.long)
# A tibble: 6 x 4
  Month   Day Factor  Measurement
  <int> <int> <chr>         <dbl>
1     9    29 Wind            8
2     9    29 Temp           76
3     9    30 Ozone          20
4     9    30 Solar.R       223
5     9    30 Wind           11.5
6     9    30 Temp           68
```

pivot_longer() 함수의 첫 번째 인수(data)에는 변환 대상 데이터셋을 지정한다. 두 번째 인수(cols)에는 롱포맷으로 변환할 변수 리스트를 지정한다. names_to 인수와 values_to 인수에는 변수명을 포함할 열의 이름과 변수값을 포함할 열의 이름을 지정한다(지정하지 않으면 "name"과 "value"가 사용된다).

연속된 변수를 지정할 때는 : 연산자를 사용할 수 있다. 또는 - 기호를 이용하여 롱포맷 대상 변수가 아닌 변수를 제외하는 방식으로도 변수를 지정할 수 있다.

```
> pivot_longer(data=airquality, cols=Ozone:Temp,
+              names_to="Factor", values_to="Measurement")
> pivot_longer(data=airquality, cols=c(-Month, -Day),
+              names_to="Factor", values_to="Measurement")
```

롱포맷을 와이드포맷으로 변환하기 위해서는 다음과 같이 pivot_wider() 함수를 이용한다. pivot_wider() 함수의 첫 번째 인수(data)에는 변환 대상 데이터셋을 지정한다. names_from 인수와 values_from 인수에는 변수명을 포함하고 있는 열의 이름과 변수값을 포함하고 있는 열의 이름을 지정한다(지정하지 않으면 name 열과 value 열에 변수명과 변수값이 포함되어 있는 것으로 간주한다).

```
> aq.wide <- pivot_wider(data=aq.long, names_from=Factor, values_from=Measurement)
> head(aq.wide)
# A tibble: 6 x 6
  Month   Day Ozone Solar.R  Wind  Temp
  <int> <int> <dbl>   <dbl> <dbl> <dbl>
1     5     1    41     190   7.4    67
2     5     2    36     118   8      72
3     5     3    12     149  12.6    74
4     5     4    18     313  11.5    62
5     5     5    NA      NA  14.3    56
6     5     6    28      NA  14.9    66
> tail(aq.wide)
# A tibble: 6 x 6
  Month   Day Ozone Solar.R  Wind  Temp
  <int> <int> <dbl>   <dbl> <dbl> <dbl>
1     9    25    14      20  16.6    63
2     9    26    30     193   6.9    70
3     9    27    NA     145  13.2    77
4     9    28    14     191  14.3    75
5     9    29    18     131   8      76
6     9    30    20     223  11.5    68
```

| 참고문헌 |

곽기영 2023. R을 이용한 통계데이터분석, 서울: 도서출판 청람.

곽기영 2022. R을 이용한 웹스크레이핑과 데이터분석, 서울: 도서출판 청람.

곽기영 2022. R 기초와 활용, 서울: 도서출판 청람.

Adler, J. 2012. *R in a Nutshell*, Sebastopol, CA: O'Reilly.

Blei, D. M. 2012. "Probabilistic Topic Models," *Communications of the ACM* (55:4), pp. 77-84.

Chang, W. 2013. *R Graphics Cookbook*, Sebastopol, CA: O'Reilly.

Eminağaoğlu, M and Gökşen, Y. 2020. "A New Similarity Measure for Document Classification and Text Mining," *Knowledge E*, DOI: 10.18502/kss.v4i1.5999.

Kabacoff, R. 2022. *R in Action*, Shelter Island, NY: Manning.

Lantz, B. 2019. *Machine Learning with R*, Birmingham, UK: Packt Publishing.

Ledolter, J. 2013. *Data Mining and Business Analytics with R*, Hoboken, NJ: John Wiley & Sons.

Matloff, N. 2011. *The Art of R Programming*, San Francisco, CA: No Starch Press.

R-bloggers. https://www.r-bloggers.com.

Silge, J., and Robinson, D. 2017. *Text Mining with R: A Tidy Approach*, Sebastopol, CA: O'Reilly.

Stackoverflow. https://stackoverflow.com.

Teetor, P. 2019. *R Cookbook*, Sebastopol, CA: O'Reilly.

Tidyverse. https://www.tidyverse.org.

University of Cincinnati R Programming. https://uc-r.github.io.

Vries, A. and Meys, J. 2015. *R for Dummies*, West Sussex, England: John Wiley & Sons.

Wickham, H. 2016. *ggplot2: Elegant Graphics for Data Analysis*, Baltimore, MD: Springer.

Wickham, H., and Grolemund, G. 2017. *R for Data Science*, Sebastopol, CA: O'Reilly.

| 찾아보기 |

국문

영문

기타

| 저자약력 |

곽기영 교수(kykwahk@kookmin.ac.kr)는 국민대학교 경영대학과 비즈니스IT전문대학원에 재직 중이다. 서울대학교 경영대학을 졸업하였으며 KAIST에서 석사 및 박사 학위를 취득하였다. 한국경영학회, 한국경영정보학회, 한국경영과학회, 한국지식경영학회, 한국지능정보시스템학회, 한국정보시스템학회, 디지털산업정보학회 등으로부터 논문상을 수상하였다. 『R 기초와 활용』, 『R을 이용한 통계데이터분석』, 『R을 이용한 웹스크레이핑과 데이터분석』, 『SPSS를 이용한 통계데이터분석』, 『소셜네트워크분석』 등의 저서를 출간하며, 통계 및 데이터분석 분야에서 활발한 저술 활동을 하고 있다. 삼성SDS에서 정부기관 및 기업을 상대로 정보전략계획, 비즈니스 프로세스 리엔지니어링, e-비즈니스 등과 관련된 프로젝트를 수행하며 IT 컨설턴트로 재직한 경험이 있으며 CISA(Certified Information Systems Auditor), PMP(Project Management Professional), CGEIT(Certified in the Governance of Enterprise IT) 등의 국제자격을 보유하고 있다.

▶ YouTube: https://www.youtube.com/곽기영
⬇ GitHub: https://github.com/kykwahk

R을 이용한 머신러닝과 텍스트마이닝

2023년 4월 10일 1판 1쇄 인쇄
2023년 4월 15일 1판 1쇄 발행

저　자 | 곽기영
발행인 | 이수영
발행처 | 도서출판 청람
서울시 마포구 독막로 288(대흥동, 세양상가 109호)
전　화 | 02)3272-2601~2
팩　스 | 02)3272-2603
이메일 | crbooks@daum.net
홈페이지 | http://www.crbooks.co.kr
등　록 | 2000년 8월 26일 제6-0509호

ISBN 978-89-5972-957-9 93320 [정가 26,000원]